兩岸大眾文化比較

趙淑梅、王書洋、唐淑宏、張雪英 著

崧燁文化

目　　錄

序　言

第一篇　電影篇
第一章　大眾文化視野下的兩岸電影／００２
　第一節　各個時期兩岸電影的發展／００３
　　一、歷史的開端／００３
　　二、早期的探索（1905～1945）／００４
　　三、形式的各異（1950～1976年）／００６
　　四、迅速的發展（1977～1995年）／０１１
　　五、嶄新的挑戰（2000年以後）／０１５
　第二節　兩岸電影類型比較／０１９
　　一、武俠類型比較／０２０
　　二、喜劇類型比較／０２５
　　三、鄉村（土）類型比較／０３３
　　四、愛情類型比較／０４０
　第三節　兩岸電影的現狀與思考／０５０
　　一、大陸電影現狀分析／０５０
　　二、大陸電影現狀的思考／０５４
　　三、台灣電影的現狀與思考／０５７
　第四節　兩岸電影的交流與合作／０６３
　　一、合作趨熱／０６４
　　二、合作之道／０６６
　　三、著眼新人／０６７
　結　語／０６８

第二章　兩岸電影大師的身影 / ０７０
　第一節　台灣影人 / ０７０
　　　一、光影詩人侯孝賢 / ０７０
　　　二、知性哲人楊德昌 / ０８２
　　　三、文化行者李安 / ０９１
　第二節　大陸影人 / １０４
　　　一、光榮與夢想：陳凱歌 / １０４
　　　二、跨界與轉型：張藝謀 / １１６
　　　三、刀刃上的舞者：馮小剛 / １２８

第三章　兩岸電影節漫談 / １４０
　第一節　金馬獎的歷史 / １４０
　　　一、代表本土精神的初創時期 / １４２
　　　二、代表新浪潮精神的鼎盛時期 / １４５
　　　三、在困境中尋求發展的艱難時期 / １４８
　第二節　金馬影帝與影后 / １５１
　　　一、金馬影帝的風采 / １５１
　　　二、金馬影后的故事 / １５６
　第三節　金雞百花電影節的歷程 / １６３
　　　一、金雞百花電影節的由來 / １６３
　　　二、金雞百花電影節的發展歷程 / １６８
　第四節　金雞百花影帝與影后 / １７５
　　　一、影帝風華 / １７５
　　　二、影后風采 / １８３

第二篇　音樂篇
第一章　大眾文化視野下的流行音樂 / １９２
　　第一節　兩岸流行音樂發展的各個階段 / １９２
　　　　一、早期的兩岸流行音樂 / １９２
　　　　二、兩岸流行音樂的崛起階段 / １９５
　　　　三、９０年代至今——繼續前進的兩岸流行音樂 / １９７
　　第二節　兩岸流行音樂的比較 / ２００
　　　　一、兩岸流行歌曲的發展軌跡不同 / ２００
　　　　二、兩岸流行歌曲的差異 / ２０２
　　　　三、形成差異的原因 / ２０４
　　第三節　兩岸流行音樂的交流與合作 / ２０５
　　　　一、兩岸流行音樂的交流歷程 / ２０５
　　　　二、兩岸流行音樂未來的合作交流之道 / ２０７
　　第四節　兩岸流行音樂的現狀與思考 / ２０９
　　　　一、流行音樂的走向 / ２１０
　　　　二、流行音樂找尋的光明之路 / ２１１

第二章　兩岸流行音樂人及比較 / ２１４
　　第一節　台灣音樂人 / ２１４
　　　　一、記憶中的歌聲：鄧麗君、羅大佑、李宗盛 / ２１４
　　　　二、台灣音樂新生代：周杰倫、蔡依林 / ２３５
　　第二節　大陸音樂人 / ２４６
　　　　一、歌壇常青樹：崔健、劉歡 / ２４６
　　　　二、校園民謠的代言人——老狼、高曉松 / ２５８
　　　　三、實力唱將：那英、孫楠 / ２６６

第三章　兩岸流行音樂大獎漫談 / 272
　　第一節　台灣金曲獎 / 272
　　　　一、金曲獎的歷史 / 272
　　　　二、金曲獎的由來 / 272
　　　　三、金曲獎的現狀 / 273
　　第二節　大陸音樂盛典：中國歌曲排行榜 / 274
　　　　一、中歌榜創建簡史 / 274
　　　　二、中歌榜的成長歷程 / 276

第三篇　戲曲篇
第一章　世代傳承的戲曲 / 280
　　第一節　兩岸戲曲的發展歷程 / 280
　　　　一、大陸戲曲的發展進程 / 280
　　　　二、台灣戲曲的發展歷程 / 284
　　第二節　兩岸戲曲種類 / 287
　　　　一、大陸戲曲種類 / 287
　　　　二、台灣戲劇種類 / 297
　　　　三、兩岸戲曲一脈相承 / 230
　　第三節　兩岸戲曲的現狀與思考 / 303
　　　　一、大陸戲曲現狀分析 / 303
　　　　二、大陸戲曲現狀思考 / 304
　　第四節　兩岸戲曲的交流與合作 / 307
　　　　一、歌仔戲的兩岸情緣 / 307
　　　　二、兩岸京劇交流 / 309

第二章　戲劇名家和戲曲節漫談 / ３１２
　　第一節　大陸戲曲名家 / ３１２
　　　　一、京劇「四大名旦」之首：梅蘭芳 / ３１２
　　　　二、頭牌京劇老生：于魁智 / ３１５
　　　　三、豫劇皇后：常香玉 / ３１７
　　第二節　台灣戲曲名家 / ３１９
　　　　一、布袋宗師：黃海岱 / ３１９
　　　　二、梅派在台再傳弟子：魏海敏 / ３２１
　　　　三、台灣歌仔戲天王：楊麗花 / ３２２
　　第三節　戲曲節漫談 / ３２３
　　　　一、中國戲劇梅花獎 / ３２３
　　　　二、電視戲曲蘭花獎 / ３２４

第四篇　兩岸綜藝節目
第一章　兩岸綜藝節目發展歷程 / ３２６
　　第一節　台灣綜藝節目發展歷程 / ３２６
　　　　一、初露鋒芒的電視綜藝 / ３２６
　　　　二、形態各異的電視綜藝 / ３２８
　　　　三、創新求變的電視綜藝 / ３３０
　　第二節　大陸綜藝節目發展歷程 / ３３１
　　　　一、以綜藝節目為主的階段 / ３３２
　　　　二、以遊戲節目為主的階段 / ３３３
　　　　三、以益智節目為主的階段 / ３３４
　　　　四、以真人秀為主的階段 / ３３５
　　　　五、以版權引進節目為主的階段 / ３３６

第二章　兩岸經典綜藝節目介紹與比較 / ３３７
　　第一節　大陸綜藝節目的代表 / ３３７
　　第二節　大陸經典綜藝節目介紹 / ３３８
　　　　一、永遠不敗的收視王牌——《快樂大本營》/ ３３８
　　　　二、迅速崛起的娛樂新貴——《天天向上》/ ３４１
　　第三節　台灣綜藝節目的代表 / ３４４
　　第四節　台灣經典綜藝節目介紹 / ３４５

序　言

　　大眾文化（mass culture）是一種可複製的模式化、批量化、類像化、平面化、普及化的文化形態，其根植於大眾社會，以大眾傳播媒體為載體，並以大眾為對象，既娛樂大眾又發揮社會整合功能、動員功能、教化功能，真實地反映同時代社會大眾的日常生活和文化品位等。由於社會制度、隔海相望等原因，台海兩岸大眾文化的差異不言而喻，但異同之所在卻少有人研究。

　　基於此，趙淑梅博士等對台海兩岸大眾文化進行系統探索，並撰寫《兩岸大眾文化比較》。本書共分電影篇、音樂篇、戲曲篇和兩岸綜藝節目等四部分，在各篇中，既有橫向比較又有縱向比較，既闡述其差異又明了其共性；在以發展觀視角下的精準闡述中，提出自己的獨特見解。電影篇中，首先對兩岸電影文化的發展進行比較，繼以從武俠類型、喜劇類型、鄉村（土）類型和愛情類型等角度比較電影文化在各個方面的異同；在此基礎上，對兩岸電影文化的現狀進行分析，提出各自存在的問題及其應該作為的方向；同時，對兩岸電影大師進行介紹並系統闡述他們的藝術特長，如台灣影人侯孝賢、楊德昌、李安等和大陸影人陳凱歌、張藝謀、馮小剛等；在介紹兩岸電影節中，既簡要勾勒金馬獎、金雞百花獎，又扼要介紹兩岸影帝、影后，漫閱之，兩岸影帝、影后的風采躍然紙上。迄今，兩岸電影在合作中取得許多發展，如何在發展中共贏，成為電影人面對的重要問題，而本書從合作趨熱、合作之道、著眼新人方面提出了獨到觀點。在音樂篇中，從流行音樂方面闡述兩岸文化的異同；在勾勒流行音樂發展軌跡中，挖掘兩岸文化的差異，深度探討二者差異的根本原因；從敘述兩岸流行音樂的交流與合作歷程中，提出兩岸流行音樂未來的合作交流之道，在此基礎上，對

其進行思考，挖掘流行音樂的發展方向；在漫談兩岸流行音樂大獎中，對兩岸音樂人進行介紹，並對其獨特風格進行經典評價。在戲曲篇中，既闡述兩岸一脈相承戲曲的發展歷程，又對其種類進行細說：既有戲曲的現狀分析又有現狀思考；在描繪戲曲大師中，經典點評大師們的藝術特色；更有對中國戲劇梅花獎、電視戲曲蘭花獎等戲曲節的娓娓道來。在兩岸綜藝節目中，簡單述評兩岸綜藝節目的發展歷程，對兩岸經典綜藝節目本身內容與形式的介紹對比，使得其藝術特色一覽無餘。

　　未曾看到《兩岸大眾文化比較》書稿時，被要求撰序是頗感忐忑的，但當很榮幸地第一時間通覽書稿後，欣然撰之。我並非專業於該課題，但通覽時，卻根本不曾感覺到艱澀難懂，很是為其在「通俗易懂、言簡意賅」之筆法中溶融新穎見解所憾，故謹以記之。

張冬梅
2014.10.16

第一篇　電影篇

第一章　大眾文化視野下的兩岸電影

　　1895年誕生於法國的電影,作為人類藝術史中最年輕也最富於生機與活力的藝術門類,進入華語地區已有百年的歷史了。這一百年間,華語電影以其獨特的東方魅力創造了含蓄而深沉的電影語言,記錄下了百年間華人世界的滄桑巨變。在電影藝術發展的最初時期,尤其是1930、40年代,電影在中國上海曾經呈現出難以想像的繁榮,甚至與歐洲、美國並稱為世界三大電影中心,也就在這時,世界電影的格局與流派就此劃分清楚了。歐洲電影以藝術性著稱,而美國尤其是好萊塢電影則以追求商品性而聞名於世,只有在中國上海,因為受到中國傳統文化的影響,電影這一新興藝術門類才具有了中國文化特有的韻味與風格。一直到了1949年,隨著國民黨退台,海峽兩岸長期隔絕,這種情況才發生了巨大變化。中國大陸由於受到蘇聯文化的影響,再加上十年動亂,使得電影工業受到重創,上海時期的電影精神幾乎難尋蹤影。而在台灣,由於相對封閉的社會環境以及眾多熱愛藝術的電影人的推動,電影在早期反而繼承了上海電影的風骨,汲取了更多中華文化的血脈與風格。可是,無論時代與歷史怎樣變換,兩岸的電影雖然有過分離與隔絕,但中國文化的情感始終流淌在兩岸電影人的心中,使我們在無數的作品中隨處可以尋覓到屬於華人共同的語言方式與情感呈現。隨著兩岸關係的逐漸融洽與發展,兩岸電影文化交流越來越細膩、廣泛,將日益呈現出一個越來越多姿多彩的電影世界。

第一節　各個時期兩岸電影的發展

一、歷史的開端

　　回顧中國電影史的開端，與近代史中一個傳奇的女性聯繫在一起。1904年，慈禧太后慶賀70壽辰之際，英國駐華公使進獻了一架放映機、數套影片，第一套電影專業器材和專業素材從此進入中國。而這個時候，距離電影誕生僅僅十年時間，電影作為一種最初的娛樂手段被迅速掌握了。1905年北京豐泰照相館的老闆任慶泰拍了第一部黑白無聲電影，當年恰逢京劇老生譚鑫培60壽辰，於是任慶泰就為其拍了中國第一部電影《定軍山》，譚鑫培自然而然就成為了中國的第一位電影演員。但是後人從來沒有看見過《定軍山》的電影拷貝，就連存世的唯一一幀照片也來源不明，一切都是透過當時照相館的伙計口述形成的模糊歷史。大家都公認譚鑫培主演的《定軍山》是華人拍攝的第一部電影，電影史書上依據前人的口述說一共拍攝了「請纓」、「舞刀」和「交鋒」三場戲，可是譚鑫培到底是哪一天拍的電影卻並沒有現存史料可以查考，至於這部電影究竟在什麼時候於北京公演，更沒有人能夠斷言。華人電影史的首頁真相，就這樣在混沌迷霧中展開。

　　在電影於法國誕生的同年，腐敗的清政府與日本簽訂了喪權辱國的《馬關條約》，台灣淪為日本的殖民地。此後，在長達半個世紀的漫長歲月裡，在台灣拍攝和放映的基本上都是日本電影。1901年11月，一位日本人在台北放映了從日本帶來的十幾部新聞短片，雖然這次放映只提供給日本人觀看，但電影這個新鮮事物總算是進入了台灣。1918年，日本的天然活動寫真社在台灣拍攝了影片《哀之曲》，由此，電影作為一種新鮮的娛樂樣式逐步在台灣

得到普及和發展。但是，由於殖民地的社會性質，在這以後的50年裡，雖然曾經陸續有大陸電影進入台灣，但是審查制度極為嚴格，在殖民地當局的殘酷打壓下，台灣本土的華語電影在嚴重營養不良下艱難成長。

一邊在混沌中開始，一邊在壓制中成長，兩岸的華語電影開始時都帶著一絲的遺憾和懵懂，而這也正是電影的魅力所在。

二、早期的探索（1905～1945）

雖然電影作為一種舶來品進入中國，但中國的電影人很快掌握了如何運用它來演繹中國式的故事。1913年鄭正秋、張石川在上海拍攝了中國最早的短故事片《難夫難妻》，到1923年上海明星影片公司生產出第一部長故事片《孤兒救祖記》，十年時間過去，終於成功地迎來了中國無聲電影時代的繁榮歲月。由於看到了電影帶來的巨大商業前景，1920年代，內地的製片公司如雨後春筍般地建立起來，堪比今天的電影盛世。幾經淘汰，最終形成了明星、長城、神州、天一、上海影戲等幾個較大的電影公司並存的局面。這些公司的創作宗旨和風格都各有不同，但商業利益和教化功能一直成為早期推動內地電影發展的兩隻巨擘。

在黎民偉、張石川、鄭正秋等一批早期電影先驅的努力下，默片時代下明星輩出：胡蝶、阮玲玉、黎莉莉、徐來等成為早期中國電影史上第一批璀璨的明星，他們受到了老百姓的喜愛，也影響了最初的中國電影審美情趣。與此同時，一群思想開放、勇於創新的導演也拍出了很多影響深遠的電影作品，如《勞工之愛情》、《漁光曲》、《神女》、《大路》、《新女性》等等，這些作品直到今天仍散發著光芒。這個時期的電影以新鮮事物的姿態進入中國百姓的生活，大多數都呈現為具有現實意義的生活小品，因此在當時都

具有極深的啟蒙意義。雖然1930年代的大陸電影有著這樣那樣的缺憾，但它畢竟奠定了中國電影的現實主義傳統，形成了中國電影史上的第一次高潮，為1940年代中國民族電影的全面成熟打下了基礎。

同時期在台灣，1925年劉喜陽、李松峰等人組織了一個電影研究團體「台灣映畫研究會」，致力於電影的研究和製作，這也是第一個由台灣人自己組織的電影創作團體。不久，他們拍攝完成了自己創作的第一部影片《誰之過》於同年9月在台灣上映。由於製作粗糙、票房慘淡，這部影片並沒有在當時的台灣引起反響，台灣映畫研究會也就此解散。早期探索的失敗並沒有阻止電影的腳步，1928年，台灣人在歌仔戲班的舞台表演中穿插了電影的放映，利用電影來表現一些在舞台上難以表現的災難、戰爭等場面，吸引了很多觀眾。在這樣的鼓舞下，台灣人在1929年創建了百達影片公司，製作了劇情長片《血痕》。這部俠義愛情片在當時放映後大受台北市民歡迎。但是，由於社會屬性與現實，由台灣人自己獨立製作影片的過程極為艱難，這樣的盛景難以持續。

從1930年代直到台灣光復前，台灣的電影創作主要是和日本合作拍片。由日本人和台灣人合作籌資成立的「台灣映畫製作所」，於1930年合作拍攝了《義人吳鳳》等。1937年5月，台北成立了由台灣人投資創辦的第一電影製作所，創作拍攝了以台北藝妓身世為題材的《望春風》，這是台灣人參與創作的影片中藝術水準較高的作品，產生了一定的社會影響。

由此可見，無論在大陸還是在台灣，電影的起步之時中國正處於苦難深重、領土分裂的半殖民地半封建社會當中，電影拍攝在資金、設備、技術上都要依仗外國資本，由此帶來其半殖民地性質。此外，中國早期電影創作從觀念、取材到表現形式上都可以看到各種民族戲劇元素，如京劇、文明戲、粵劇、歌仔戲等帶來的深厚影

響，這是中國傳統文化打在早期中國電影上的一塊明顯「胎記」。

1930年代開始，中華民族進入了漫長且動盪的戰爭歲月，經歷「抗日戰爭」、「國共內戰」的幾番風雨，幾乎摧毀了一切的電影設備，電影拍攝以及製作的條件非常惡劣，但是一群愛國的電影製作人仍舊堅持拍攝電影，而電影也真正從純粹的精神消費品變成承擔社會民族責任的媒體。當時的電影主要體現了民族主義和愛國精神，以反映現實生活和社會制度為主。這時上海成為了淪陷時期一個文化避風的碼頭。一群逃難的中國新貴族聚在上海的黃浦江上，他們迫切需要電影文化的撫慰，使得上海電影得到迅猛的發展，電影公司紛紛成立，每年拍片的量數以百計，讓上海成為全中國的電影夢工廠。當年的明星像周璇、趙丹、白楊等等都擁有大批的影迷，還出現了像1948年費穆導演作品《小城之春》這樣的經典。值得一提的就是來自太平洋彼岸的好萊塢電影也開始進入中國，讓中國的電影製作人能吸納不同風格的電影元素，提高了創作電影的素質。

而同時期的台灣電影卻是停滯不前的。由於日本發動了侵華戰爭，對台灣的言論控制極為嚴苛，日本的殖民當局禁止閩南語和國語的影片公映，台灣的華語電影徹底陷入了絕望的境地。在1950年之前，台灣只製作過少量的新聞片，沒有拍攝過一部劇情長片。這一時期台灣電影發展緩慢的主要原因無外乎：日本殖民者對電影審查的嚴格控制，限制了電影創作的發展；電影缺乏必要的製作資金，民間資金的收集非常困難；沒有形成相對穩定的創作隊伍，也缺乏優秀的表現時代背景的電影劇本。因此，和同時期的大陸電影相比，台灣電影處在非常滯後的狀態，當然，這也是歷史和時局造成的無奈。

三、形式的各異（1950～1976年）

隨著多年戰爭的結束，電影開始了一段新的旅程，並在兩岸之間呈現出不同的風貌，在各自的道路上迅速發展起來。1945年，日本政府無條件投降，二戰勝利及國共內戰基本結束後，兩岸電影工作者重新開始電影創作。同時，華語電影隨兩岸的不同意識形態，進入了形式各異、各自發展的時代。

1. 大陸電影——火紅年代

　　新中國的成立掀開了中國電影史上嶄新的一頁，火紅的年代裡，電影人在用自己的方式和熱情去書寫這個時代最濃重的色彩。在1950年代初，大陸電影更多地秉承著教育群眾的使命，大部分影片都具有正面的教育意義。在這一時期，表現抗戰題材的戰爭片和歌頌新中國的頌歌片占據了電影作品的主體，使得電影的整體風貌呈現出一派欣欣向榮的景象。首先，戰爭電影數量巨大、品質較高，影響深遠，如教育和影響了一代人的經典戰爭電影《趙一曼》、《中華兒女》、《千山萬水》、《南征北戰》、《野火春風鬥古城》等。影片中表現的英雄主義和樂觀主義精神在中國電影的美學史上寫下了濃墨重彩的一頁，塑造的那些光輝的藝術形象也深入人心，成為了那一代人心中珍藏的不可磨滅的記憶。

　　其次，歌頌新中國建立和誕生的頌歌片也是這一時期重要的電影內容，頌歌片的特性正是源於人們對於舊社會的痛斥，對新生活的禮讚，因此，影片中處處洋溢著浪漫主義色彩和蓬勃的生機。《我們村裡的年輕人》、《老兵新傳》、《草原晨曲》、《五朵金花》、《今天我休息》、《錦上添花》等一系列的影片以激情和浪漫的筆調描寫了新時期社會主義國家良好的精神面貌和美好的人際關係，激發了人們無限的鬥志和昂揚的創造力。雖然影片中的意識形態顯得過於明顯，人物刻畫模式也偏單一僵硬，但電影所透露出的人們對幸福生活的嚮往、善良和進取的積極態度以及所描繪的主

人翁們的美好情操都為那個時代添加了永恆的魅力，電影也體現了其巨大的藝術力量。今天當我們重新觀賞這一時期的影片，仍會像置身於燦爛的陽光下一樣倍感溫暖。

但此後不久，由於政治因素的變化，使原本春意盎然的大陸電影面臨一場肅殺的春寒。進入「文化大革命」的非常時期，電影文化受到嚴重打擊，電影製作題材受到限制，僅剩下八套「樣板戲電影」：包括京劇類型的《智取威虎山》、《奇襲白虎團》、《紅燈記》、《海港》、《杜鵑山》；芭蕾舞類型的《白毛女》、《紅色娘子軍》；交響樂類型的《沙家濱》。雖然這些影片具有濃厚的政治意味，但撇開革命式的象徵意念來講，依然有著極高的藝術價值，塑造了如楊子榮、阿慶嫂、李玉和等一批栩栩如生、光彩照人的藝術形象，培養了整整一代人的審美趣味，作為一種心靈的載體，它們將沉澱為我們民族集體無意識的一部分。

直到1973年，正規的電影創作才開始逐漸恢復。長春電影製片廠首先開始改編和拍攝了故事片《艷陽天》，隨後又拍攝了《火紅的年代》、《青松嶺》、《戰洪圖》、《創業》和《海霞》等一批影片。這些影片有著很強的政治意味，階級鬥爭的思想隨處可見。「文革」後期拍攝的《春苗》、《反擊》等更是反映了反黨內「走資派」的題材。在這個特殊的歷史階段，電影不再是藝術，而是戰場。

從1960年代造成「文革」結束，這些「十七年電影」具有了沉重的時代烙印，它們在敘事編碼、鏡像表達及主題和人物的設置上都將政治語法推向極致。這個時期的影片，無論從故事題材、劇本創作、藝術手法和表演模式上都體現出強烈的政治性和形式感：反差極大的俯仰鏡頭、對比強烈的色彩影調、暗示性極強的封閉式結尾等，在聲光化的夢幻催眠中讓觀眾如痴如醉，從而將附著在這些視聽元素中的政治話語不動聲色地深入到觀眾的大腦皮層中。隨

著時間的流逝，這些電影終於以它毫不掩飾的表演和僵化的語境厭膩了觀眾的審美口味，它的敘事模式在接下來的時代文化和藝術語境中再也找不到市場，這個火紅的年代就這樣留在這些電影當中了。

2. 台灣電影——寶島情懷

這個階段的台灣電影一直在尋找著屬於自己的電影語言和適合這片土壤的敘事風格。1945年後，一群伴隨著國民黨政權的上海電影製作人來到了台灣，同時把他們的製作經驗、電影風格和模式一同帶入台灣的電影製作中。因此1950~60年代台灣電影進步神速，但部分題材仍保留著舊上海電影寫實浪漫的風格。除此之外還出現了閩南語片、名著改編的古裝片、具有濃厚台灣本土特色的鄉土片、俠士武打片、敘述國共內戰陰影的戰爭片以及聊齋靈異性的鬼片等豐富的電影類型。

1955年，何基明導演的閩南語片《薛平貴與王寶釧》，由於根植於台灣民間的深厚土壤，填補了當時被反共政治電影所遮蔽下的民間娛樂訴求，上映後頗受歡迎，打破了當時的上座紀錄，從而促使閩南語片的創作進入一個興旺時期，每年拍攝的數量都有所增加，到了1958年達到了80部左右。這些影片大都取材於民間故事和神話傳說，使用閩南語表演，如《紅塵三女郎》、《六才子西廂記》、《青山碧血》等。不過，由於生產速度過快，閩南語片普遍呈現粗製濫造的現象，也未能孕育出優秀的導演，這樣的盛況很快退潮，到了1960年代，閩南語片的第一波盛產高峰匆匆結束。

1960年代台灣的經濟開始起飛，官方資金和私人資金流入電影產業，推動了電影的創作和發展。台灣當局採取了鼓勵本土電影的發展政策，設立「金馬獎」等獎項，這些積極的政策鼓勵了台灣

本土第一批真正意義的電影人才的成長。一批有才華的電影導演如李行、白景瑞、宋存壽等的創作因此進入了成熟階段，促使台灣電影進入了一個繁榮發展的時期。1963年初，李行借鑑義大利新現實主義電影的手法，拍攝了寫實電影《街頭巷尾》，頗受好評，成為健康寫實主義電影的開山之作。1964年，李行與李嘉聯袂執導的《蚵女》和李行獨立執導的《養鴨人家》問世，將台灣民間的真實生活搬上銀幕，成為早期台灣鄉土電影的代表。加上白景瑞導演的《家在台北》、《再見阿郎》等洋溢著濃濃鄉土氣息和溫馨人倫親情的電影，使得「健康寫實主義」一時成為潮流，成為當時台灣當仁不讓的「主旋律電影」。

到了1970年代，當時的台灣民眾非常厭倦國民黨政治性的社會環境，於是以抒情文藝為主的「三廳電影」大受歡迎。所謂的「三廳」指的是餐廳、客廳、咖啡廳，它們遠離時代也遠離現實，作家筆下充滿了浪漫多情而虛幻浪漫的愛情故事。在文藝愛情片為主流的1970年代，以瓊瑤作品改編的，「雙林雙秦」扮演的愛情電影最受歡迎。所謂的「雙林」是指林青霞和林鳳嬌，而「雙秦」則是秦祥林和秦漢，配合鄧麗君柔情悅耳的歌喉，成為當時台灣電影的主要格調。這些電影包括《婉君表妹》《心有千千結》《我是一片雲》《燃燒吧，火鳥》等。由於愛情電影製作成本低、容易通過審查、市場回報豐厚，因此眾多導演均參與到了這種電影的創作中去，使其成為台灣電影的特有類型和標籤。台灣的愛情文藝片不僅幫助台灣電影在島內站穩市場，還進一步開拓了島外市場，使台灣電影打破兩岸政治的隔閡，流傳到大陸民眾的視野中，加強了兩岸的文化交流與溝通。如今很多人提到台灣電影，還是會想到那些製作精美，詩情畫意，充滿了青春男女愛恨糾葛，讓人柔腸寸斷的電影，它們作為很多人的愛情啟蒙，彷彿記錄下了整整一個時代的青春期一樣。

此外，從1970年代末起，台灣也陸續出現了一些尋「根」溯

「源」的尋根電影，反映台灣和大陸血緣關係的影片，如徐進良的《香火》、李行的《原鄉人》等。無論從歷史、地理和文化還是從兩岸人民的風俗習慣上看，台灣和大陸不可割捨的內在聯繫促使了這些台灣影人表達「認同」和「回歸」的迫切渴望。

四、迅速的發展（1977～1995年）

踏入1980年代，大陸、台灣經濟都在迅猛發展中：大陸實行改革開放政策，在經濟和精神雙層面上都進入到一個前所未有的開放和活躍期；台灣經濟躍居「亞洲四小龍」，富有責任感的台灣導演紛紛思考著價值裂變中的台灣文化走向，這些都整體地豐富了華語電影題材、深度和製作技術，中國電影進入輝煌的創作時期。

1. 大陸電影──開放的風采

1978年大陸實行改革開放政策，電影也重新進入一個前所未有的創作狀態中。首先是一連串訴說「文革」苦難的電影，重新展開了電影創作向人性的回歸和藝術的追求。其中令人最為矚目的是以謝晉為代表的「第四代」導演。他們創作的《天雲山傳奇》、《人到中年》、《牧馬人》、《芙蓉鎮》等影片以強烈的社會責任感和藝術良知直擊新中國歷史上那段最為黑暗、不堪回首的歲月，用冷靜的鏡頭重新揭開我們民族的心靈瘡疤，喚起人民的思索。他們的膽識與氣魄、深刻的主題性使第四代導演成為中國新時期電影的一座里程碑。但「第四代」導演受到成長背景與創作環境的侷限，缺乏「第五代」導演的冷峻與深刻，對人性「負面」、歷史和社會的陰暗面挖掘得不夠。

到了1980年代，隨著陳凱歌、田壯壯、張藝謀等「第五代」

導演的出現，伴著《黃土地》那懾人心魄的大西北風貌類型的電影的風行，大陸的華語電影終於開創出了一條自己的路。陳凱歌的《霸王別姬》、張藝謀的《紅高粱》紛紛在坎城影展、柏林電影節等國際電影節上獲得大獎，中國電影終於揚眉吐氣，「第五代」在歷史上的重要地位得以奠定。他們成為了中國電影導演的分水嶺，如果說以前的中國電影是傳統的、影戲的，「第五代」則是現代的、影像的。他們風格迥異、追求不盡相同，但在早期作品中卻呈現出一種相當程度的一致性和共同性。首先是其影片中表現出來的濃重的寓言性，如田壯壯的《盜馬賊》、陳凱歌的《黃土地》、張藝謀的《紅高粱》等。那種寓言化的空間和命運感的象徵，使這一時期的電影充滿了哲理意味。其次是對歷史的批判和反思。「第五代」的反思不像「第四代」一樣囿於傳統道德的規範之中，而是顯得顛覆和決裂。他們的反思是全方位的，否認是深刻的、徹底的、不可逆轉的，如田壯壯的《藍風箏》、張軍釗的《一個和八個》、張藝謀的《活著》、陳凱歌的《霸王別姬》等。這些作品充滿了濃郁的哲理思辨色彩，但同時因為其主題先行、晦澀難解而使其顯得曲高和寡。第五代的電影改變了中國電影的走向，創造出了新的美學形態，宣告了一個與世界電影同步發展的新電影時代的開啟，在中國電影史上留下了最為輝煌的一頁。

　　進入1990年代，電影的市場化需求加強，「第四代」作為一個群體已經不復存在，「第五代」的整體風格開始解體。市場經濟、主流意識形態和大眾文化的語境深刻地制約著他們的創作，他們進入了各自的探索和追尋期。而這一時期，大陸的「主旋律」電影以資金、技術投入和發行保證為手段，強勢領導導演的創作，使其呈現出快速發展的態勢。反映歷史題材的《開天闢地》、《周恩來》、《開國大典》、《重慶談判》等與反映現實題材的《蔣築英》、《焦裕祿》、《鳳凰琴》、《離開雷鋒的日子》等一同構成了一股主旋律電影的洪流。所謂「主旋律電影」是指以表達國家主

流意識形態，弘揚民族精神和民族文化傳統為目的的一種影片類型，這些影片以宏大題材、宏大敘事為手段，顯示了磅礡氣勢和歷史厚度。但在塑造人物方面由於受到意識形態的侷限，難免充滿一味歌頌和仰視，缺乏親切和真實感，其中有些作品以過於強烈的道德與教育意味影響了影片本身的藝術力量。

1990年代，由於內地電影審查制度的相對嚴格，讓很多有主張和思想的年輕導演開始走向地下獨立作品的道路，人們稱之為地下導演，也有人稱他們為「第六代」導演。其中的代表人物有賈樟柯、路學長、王小帥、婁燁、張元、管虎等。他們創作的影片大多從民生的角度出發，反映社會底層的小人物的生存狀態以及描繪大陸快速轉型期各階層領域的訴求為主，拍攝了《冬春的日子》、《蘇州河》、《過年回家》、《巫山雲雨》、《站台》、《小武》等一系列影片，而這些電影大部分在當時都無法進入正常的放映市場。「第六代」電影人用城市的簡體書寫代替了「第五代」宏大的鄉村敘事，以先鋒前衛的理念講述了青春、愛情以及世紀末在現代都市裡瀰漫的後現代情緒，記錄下了一代中國人的精神歷程，電影呈現出豐富多彩的多元性為中國電影帶來了新鮮的血液和活力。

2. 台灣電影——悲情的風格

1980年代，電視的興起使得台灣進入「影院空座期」，台灣電影整體品質不高，缺乏新意，導致市場萎縮，製片減少，危機四伏，台灣電影的黃金時代也因此告終。就在此時，香港影壇正在掀起一股新電影創作的浪潮，台灣受其影響也開始了新電影之路。1982年，虧損中的「中影公司」大膽採用四位導演合拍一部四段式影片，取名《光陰的故事》，透過各自敘述一段人生的經歷，來透視1960年代到80年代社會的變遷。影片在敘述方式、藝術技巧上均有創新，受到了電影界和觀眾的好評，成為台灣新電影浪潮的

先聲。

　　這個時期一群年輕的導演如侯孝賢、楊德昌、王童、李安、蔡明亮等人以自成一格的電影語言帶起了台灣的「新電影運動」。台灣新電影的參與者們雖然沒有制定過統一的行動綱領，但是和香港新浪潮的導演們相比，新電影的創作者們擁有更為一致的藝術追求和美學目標。新電影之所以被稱為「新」電影，首先就表現為他們在題材上的求新求變，打破1970年代以來台灣影壇上充斥的武打片和言情片的沉悶氣息。「新電影導演與上一代電影導演最大的不同，是他們徹底拋棄了商業企圖的逃避主義，不再強作浪漫地編製愛情環境，也不依賴鋼索彈簧床製造的飛天遁地的英雄。他們都努力從日常生活細節或是已有的文學傳統中尋找素材，以過去難得一見的誠懇，為這一代台灣人的生活、歷史及心境塑像。」[1]

　　新電影的作品諸多，首先出現了陳坤厚的《小畢的故事》、侯孝賢的《風櫃來的人》、楊德昌的《海灘的一天》等一系列作品，在社會和國際影壇上獲得聲譽，形成了一定的影響力。此後，在1984年到1985年之間，又相繼出現了一批在形式和題材上都有所拓展的影片，如李佑寧的《老莫的第二個春天》、侯孝賢的《冬冬的假期》、《童年往事》、陳坤厚的《最想念的季節》、楊德昌的《青梅竹馬》和萬仁的《超級市民》等一系列影片，使新電影運動彰顯出較為強勁的勢頭。台灣新電影主要是以對個人成長的記錄及鄉土情懷的回憶為內容，以坎坷人生和現實殘酷為主調，注入了大量針對弱勢群體及貧苦大眾的人文關懷，顯得非常動人。

　　新電影所開創的另一個大的、全新的題材是對台灣歷史的反思。特別是以侯孝賢導演的《悲情城市》為代表的一系列影片，這些影片正面觸及1940～50年代台灣社會的禁忌，是與1980年代後期台灣社會的政治變化分不開的。這一系列的變化使得電影人開始對過去的歷史進行反思和總結，並勇敢地表達自己的認識。這一系

列的「悲情」影片，以影像的手法在銀幕上構造台灣社會的成長歷史，解讀特有的中國文化精髓。我們在影片中甚至可以明顯地看出其中對中國古典詩詞、繪畫技巧等的借鑑，對以費穆為代表的中國早期詩情電影的傳承和發展。隨著《悲情城市》在「威尼斯影展」獲得最高榮譽「金獅獎」，台灣電影的淒美風格也同時受到島內外華人乃至世界各地的認同。時至今天，各種深入探討現實社會親情、愛情、友情的悲情電影風格還一直在台灣延續。

進入1990年代以後，台灣的電影生存狀態並不如意，但一批台灣電影人仍然在堅持追求著自己的藝術理想，其中最有代表性的是李安和蔡明亮。李安的《推手》、《喜宴》、《飲食男女》等影片，均從家庭、倫理的角度挖掘中華民族傳統文化的精神內涵，並在東西文化的碰撞中體現出時代的脈搏。蔡明亮以《愛情萬歲》、《河流》等影片表達他對台灣社會各類人的生存狀態和內心情緒的持續關注。

五、嶄新的挑戰（2000年以後）

新世紀開始，隨著中國加入「世貿」和電影政策的進一步開放，兩岸電影正在發生翻天覆地的變化。電影製作日益多元化，海外市場進一步擴大，電影反映現實的深度和廣度正在加強。同時，新生代導演輩出，新老導演正在此消彼長地交替，不斷地豐富和探索著新的電影方式和電影風格。

1. 大陸電影——多元前進

這個時期，「第五代」導演都已年近半百，但在大陸影壇的地位仍然無法被取代。他們紛紛在新時代來臨之時進軍電影市場，追

趕潮流、邁向國際。張藝謀接連拍攝了《英雄》、《十面埋伏》、《滿城盡帶黃金甲》三部古裝武俠大片。影片大氣磅礡、畫面美輪美奐，將造型和電影的視覺衝擊力發揮到極致，其中《英雄》與《十面埋伏》在國際市場上均有斬獲，使中國電影在海外市場占據了一席之地。然而畫面的唯美難掩內裡的空洞，使形式大於內容，因此詬病頗多。特別是其推出的古裝賀歲片《三槍拍案驚奇》，聯袂喜劇明星走搞笑路線往與他以往厚重、嚴肅的影片風格截然相反，令觀眾感嘆在市場化的巨大洪流中「第五代」導演的蛻變與妥協。與張藝謀同時代的陳凱歌也經歷了《無極》的尷尬，推出了回歸其原語境的歷史人物傳記《梅蘭芳》和《趙氏孤兒》，雖然在同時代影片中顯得更為精緻和理性，但再也無法達到其在《霸王別姬》中達到的思想和人性的深度。在「第五代」導演陷入商業與藝術的糾結無法超越的同時，同為「第五代」的顧長衛卻如一匹黑馬，拍出堅持文藝氣質的《孔雀》、《立春》和《最愛》，用樸實無華的電影語言去展現普通百姓的平凡生活以及弱勢群體的生存境遇，把人生做成一個個切片，透過電影的顯微鏡讓人們觀察理想和青春的幻滅，將命運對渺小個體的殘酷無情演繹得淋漓盡致。

　　對於「第六代」而言，新世紀則成為了他們最好的機遇，成為他們改變創作姿態，大顯身手的舞台。在浮出「地表」之前，「低成本、小製作和個體化的影像體驗，這些特徵基本能夠概括十餘年來中國新生代導演的影像實踐與美學傾向」。[2]一旦浮出「地表」，這些潛在的文化資本積累就可能會轉化為院線票房中的直接經濟收益。《世界》與《青紅》作為2004年初「解禁」後最早進入院線的「第六代」影片，宣告了這種勝利。第六代導演群體中有相當一部分人不再願意囿於「小眾」電影的窠臼，回歸體制內創作的目的就是為了能夠廣泛參與國內電影市場的運營。以導演王小帥為例，相比他早前在《冬春的日子》、《極度寒冷》中對紀實影像和實驗情節的熱衷，新世紀以來王小帥的創作越來越趨向於精緻電

影美學的實踐。在《左右》、《日照重慶》中，那些中規中矩的鏡頭、流暢明快的剪輯和線索清晰的敘事結構中，我們很難發現所謂「非主流」的影像特徵。這表明導演在堅持追問邊緣命題的同時也有意識地開始了形式方面的轉型，不再把電影作為個人情緒的表達方式，而是期望它成為與大眾共同交流的藝術形式。

繼「第六代」之後，新生代的崛起也令人關注。他們一開始就顯示出了其在商業與藝術上的天然悟性。不同於張元、賈樟柯的「第六代」，以張楊、陸川、寧浩為代表的新生代導演立足於中國本土，在中國現有的體制框架內生存，表現出強大的生命力。新生代導演走出了一條市場與藝術相融合的道路，為中國電影工業的發展提供了新的路徑選擇。從張楊的《洗澡》、《落葉歸根》、《飛越老人院》，陸川的《尋槍》、《可可西里》《南京！南京！》，到寧浩的《瘋狂的石頭》、《瘋狂的賽車》、《黃金大劫案》，徐靜蕾的《一個陌生女人的來信》、《夢想照進現實》、《杜拉拉升職記》……均表現出對電影屬性的回歸——立足於本土，既在商業上獲得成功，又在藝術上取得突破。近年來，滕華濤導演的《失戀33天》、徐錚導演的《人再囧途之泰囧》、趙薇導演的《致我們終將逝去的青春》都以過億的票房宣告小成本的類型片在商業運作上的成功，並再次顯示出了未來大陸電影在市場騰挪中的靈活和潛力。在這些變革的同時，大陸電影在數量與品質、藝術與商業、創作與市場等諸多環節上還存在著很多的矛盾與不和諧，在機遇與危機下，大陸電影正在探索著一條多元並進的道路。

2. 台灣電影——艱難復興

2000年以後的台灣電影年產量急劇下降，前三年平均只有每年十幾部的產量。造成這樣窘境的主要原因是延續2000年以前的衰頹：一方面是好萊塢大片和香港電影大規模占據台灣電影市場，

另一方面的原因則是產銷關係崩解，早期投資電影輔導金的片商，即使無法賺錢尚能贏得聲譽，如今幾乎完全喪失市場機能，片商已經毫無投資回報率可言，於是形成不斷壓縮投資、製作淪於粗糙的局面。票房更形成慘淡的惡質循環，居然會有賣座破百萬、登上年度冠軍因而「含淚慶祝」的荒謬場面。電影產量太少的情況下，必然會衍生出兩個問題：一是按照常態分配原則，量少則不易質優。二是樣貌窄化，無法開發出千姿百態的題材與類型，如此一來，更容易讓人緬懷起那年產量超過百部的1960年代。

　　面對電影創作如此嚴酷的生態環境，一些執著的電影人仍鍥而不捨地從事著電影創作，拍攝了一批體現個人風格的影片，如侯孝賢的《千禧波曼》、《最好的時光》，楊德昌的《一一》，蔡明亮的《你那邊幾點》和《天邊一朵雲》，林正盛的《愛你愛我》，張作驥的《美麗時光》，張艾嘉的《20，30，40》等。這些作品雖然具有個人特色，飽含藝術價值，但卻因與大眾口味的疏離而無法獲得更大的影響和市場回報，也無法扭轉台灣電影整體頹敗的現實。而此時的李安，雖然依靠《斷背山》獲得了奧斯卡最佳導演獎，成為第一個獲此殊榮的華語導演，但台灣早已不再是李安的創作視野，他的成就也無法為台灣電影提供成功摹本。

　　然而，在艱難中前行的台灣電影卻慢慢摸索出了一條低成本之路。從《藍色大門》、《十七歲的天空》、《盛夏光年》，到《最遙遠的距離》和《沉睡的青春》，台灣電影以青春片作為突破口，始終堅持清新的風格和文藝路線，保留下了台灣電影的情懷與氣質。2008年，魏德聖導演執導的《海角七號》，這部以台灣小鎮「恆春」為背景，反映原汁原味的鄉土風情以及小人物生活狀態的電影卻在島內掀起驚濤巨浪，在台灣創造了票房奇蹟，僅在台灣地區就擁有了破5億新台幣的票房成績，創下了台灣華語電影史的最高票房紀錄。一部純粹出於台灣本土製作班底之手的影片獲得了如此巨大的成功，這也使得關注台灣電影的人開始認為台灣電影的前

景或許並不是那麼黯淡無光。此後由李烈監製的《囧男孩》和《艋舺》都獲得了口碑和票房上的成功，這在不同程度上似乎預示著台灣電影的復興。緊接下來的《雞排英雄》、《翻滾吧！阿信》等影片連續讓台灣電影人喜出望外。2011年，魏德聖執導的台灣史詩英雄劇作《賽德克·巴萊》，作為有史以來台灣投資最大的影片，在上映3天半時，票房已衝破1億新台幣，打敗數部同期上映的好萊塢新片，成為周票房冠軍，這些都讓我們感到欣慰和希望。

本土路線，黑幫與青春的電影類型結合，拒絕苦情，貼近生活，成為了台灣電影走出落寞的原因。在近年來的台灣電影熱潮當中，對台灣本土文化的挖掘，對濃郁的台灣生活的描繪，眾多青年導演以時下眼光對台灣歷史的全新解讀掀起了青年一代對本土電影的支持。然而，當下台灣電影的本土路線的勝利，有強烈的有意為之的自覺意識在裡頭，還相當脆弱，在藝術、市場之間，台灣電影還缺乏大膽嘗試，簡單地依靠觀眾一時的興趣是無法取得徹底成功的。

第二節　兩岸電影類型比較

「類型電影」源自於好萊塢，是好萊塢在全盛時期的一種電影創作方法，實際上就是一種藝術產品標準化的生產規範，即按照不同類型的要求而創作出來的影片。經過近一百年的發展、完善、成熟，好萊塢類型電影已經成為世界電影工業的領軍者和主流電影，成為電影和其他媒介爭奪觀眾的砝碼。同樣，經過近百年的發展，中國電影歷經了家庭倫理片、武俠片、喜劇片、愛情片等類型片創作熱潮的起起伏伏，也在類型電影之路上走出了一片光明。在眾多的類型電影中，根據社會發展階段和文化格局的差異，大陸和台灣在摸索中形成了具有各自歷史文化特色的類型電影，這其中既有共

性,又有差異,呈現出了豐富多彩的類型電影世界。

一、武俠類型比較

武俠片是中國電影的一朵奇葩,它曾經是上海商業電影體系中的一個重要類型,誕生於1920年代的後半期,並在20年代末得以興盛。由於當時國民黨政府對這類電影的限制政策以及左翼勢力的興起,武俠片在30年代前半期接近消失。30年代末,中國大陸電影人第一次南下香港以後,武俠片在香港又一次流行起來。二戰結束後,上海再次出現了武俠片,在香港,電影人也重新嘗試了武俠片並且一直延續到今天。但在1949年以後相當長的一段時間裡,大陸和台灣地區基本上都沒有再製作武俠片,直到80年代之後,武俠片風雲再起,並創造了無數個票房神話。武俠電影對於中國古典文化的汲取與創新影響著中國人的審美觀念並成為中國製作的最早也最為成熟的類型電影,一度成為中國電影的國際標籤,其美學意義在世界範圍內產生影響,是中國電影最重要的類型之一。

1. 大陸武俠電影的發展歷程

1)第一次浪潮與衰落

1928年,在上海中央大戲院首映的《火燒紅蓮寺》造就了巨大的轟動,帶動了大陸武俠電影的第一次浪潮。《火燒紅蓮寺》在三年時間裡連續拍攝了18集,銀幕上火海一片。在1929年到1931年間,上海50多家影片公司共拍攝武俠電影250多部,占據出片總量的60%,武俠電影首次顯示出了巨大的市場號召力。

在1931年後,上海進入孤島時期,武俠電影再次成為了消解現實矛盾、淡化人生痛苦的工具。這個時期的武俠電影呈現出殖民

地電影的特殊狀態，有些是「新瓶裝舊酒」的複製品，如《王氏四俠》；有些是模仿西方類型片的作品，如《中國羅賓漢》等。

1941年以後，隨著日寇進駐上海租界，孤島電影結束，許多的大陸電影工作者南下到香港，給香港的電影世界帶來了歷史性的發展。武俠電影在這塊最沒有文化歸屬感的地方找到了它的歸屬之地。

1949年以後，大陸的武俠電影幾乎銷聲匿跡，但武俠電影的精神觀念並未真正消失，而是以各種各樣不同的形式延續著其思想和精神。這一時期的革命與戰爭電影借鑑了許多武俠電影的元素：《紅旗譜》中手持大刀的朱老忠、《林海雪原》裡深入虎穴的楊子榮、《平原游擊隊》裡神出鬼沒的李向陽……這些英雄人物的身上多少都帶著中國古代俠士那種捨生取義的精神。中國電影完成了由傳奇到革命、由俠客到英雄、由刀劍到戰爭的歷史性轉變。

2）1980年代武俠電影的復興

這個時期，香港和台灣的武俠電影雖然並未在大陸影院中公開放映，但整個中國文化思想界已經開始解凍，武俠電影也正在醞釀當中。1980年拍攝的《神祕的大佛》引起了人們的注意。在此之前，大陸的觀眾已經很久沒有看到過激烈的表演性的武打場面。這部影片其實並非一部標準的武俠電影，更像是一部風光旅遊和尋寶相結合的傳奇電影，但它與過去中國電影的形式相比較卻透露出了新時期電影向武俠片致敬的訊息。

改革開放以後，沉寂了30年的武俠電影再度復生，以《神祕的大佛》為先聲，以《少林寺》、《少林寺弟子》、《武當》、《武林志》為代表作，加上《自古英雄出少年》、《木棉袈裟》、《大刀王五》、《南拳王》、《黃河大俠》等影片的加入，匯聚成了大陸武俠電影的另一次高潮。其中《少林寺》成為了大陸武俠電影的經典之作。這部影片將復仇、愛情、喜劇等元素糅合在一起，

集合了各地拳法、刀劍、棍術的招式，故事曲折，人物形象鮮明生動，其中走出來的李連杰至今仍然是動作電影的常青樹。此後的一段時期內，大陸的武俠電影主要採用與港台合拍片的方式完成，這也使得娛樂性成為了這一時期武俠電影的主要表現特性。

3) 新時期武俠電影的格局

1990年代以後，大陸獨立拍攝的武俠電影幾乎沒有，我們印象深刻的武俠片幾乎都是港台製造或合拍片。這個時期經典的武俠電影數不勝數，形成了一股潮流和氣勢，並具有一定的東方美學意義：如李連杰飾演的「黃飛鴻系列」；徐克導演的其他作品《青蛇》、《笑傲江湖》、《新龍門客棧》、《蜀山》等等；成龍飾演的《醉拳3》、王家衛導演的《東邪西毒》、周星馳飾演的《大內密探》等。但這些影片中大陸作品猶如鳳毛麟角。1999年，大陸共拍攝故事片99部，出品的武俠電影只有5部，其中4部是與海外合拍的影片，獨立製作的武俠電影只有1部，這表明市場低落的形勢已經影響到了大陸武俠電影的發展。在合拍片中，主創人員包括編劇、導演、主演等基本上都由海外電影人擔任，大陸製片廠只提供廠標、製片等方面的支持，武俠電影失去了大陸的特色與聲音。

2003年，張藝謀導演拍攝了武俠大片《英雄》，採用了「第五代」導演獨特的語言方式為我們講述了一個古老而熟悉的故事。這部影片重新喚起了中國電影觀眾對本土武俠電影的期待和熱情，多年不進電影院的人們也重新走進影院。影片注重宣傳與明星效應，隨著票房的不斷攀升，《英雄》幾乎成為當時文化生活的時尚標誌，也引發了空前的評價與爭議。《英雄》以文化事件的姿態開啟了本土電影與外國大片市場化的爭奪戰。這一動作引發了國產電影的武俠情節再度回歸：何平導演的《天地英雄》，張藝謀的《十面埋伏》、《滿城盡帶黃金甲》，陳凱歌的《無極》，馮小剛的《夜宴》……雖然這些影片多數面臨著「叫座不叫好」的尷尬，也

帶來了觀眾的審美疲勞，但我們可以看出，武俠電影作為當代電影中的一種「新賣點」有著不可忽視的市場潛力。從近年來的《功夫熊貓》、《功夫之王》等好萊塢大片中我們已經可以看到這種獨特的文化資源的「被占有」和「被挪用」。在全球化過程的新格局中，許多潛在的文化衝突正在呈現，中國的武俠電影面臨著多種選擇與挑戰，武俠電影的未來任重而道遠。

2. 台灣武俠電影的發展歷程

1950年代末，通俗文藝在台灣興起，其中，武俠小說尤其受到歡迎，金庸、古龍等人的「新派武俠小說」非常暢銷。1958年，陳澄三拍攝了台灣第一部彩色影片《金壺玉鯉》，這也是閩南語武俠片的發端之作。1959年《羅小虎與玉嬌龍》問世，不久又有《天下第一劍》等五部閩南語武俠片跟風而出。1959年，香港新華公司赴台拍攝武俠片《青城十九俠》、《刀光劍影》、《女俠飛紅巾》等，轟動一時，然而這些還只能被視為台灣武俠片熱潮的序曲。

1962年香港「新武俠電影」興起，香港邵氏公司出品的《獨臂刀》、《大醉俠》、《金燕子》等以及和台灣聯合出品的《龍門客棧》等武俠片在台、港和東南亞地區大受歡迎。其中《龍門客棧》在台北連續放映兩個月之久，成為台灣年度電影中外電影票房冠軍。至此，台灣很多公司紛紛拍攝武俠電影，這才真正大規模地掀起了武俠片的熱潮。1968年，台灣製作了128部武俠電影，超過全年電影總量的三分之一。1960年代的武俠電影大多是違反情理的故事，再加上蹩腳的表現方式，最後不自覺地淪為只是表現武打場面或武俠招式的空泛影片。

台灣武俠片中最著名的編劇是武俠小說家古龍，最突出的導演

是郭南宏。在情節上，武俠片不外乎爭霸、復仇、奪寶三大模式，一般不會直接涉及政治話題，易於打開市場，因此受到很多民營電影公司的追捧。1970年代，台灣製作的武俠片有500多部，成為銀幕上不變的刀光劍影。1970年代後期，台灣電影加強了行業自律，修改了電影檢查尺度，對於殘殺、暴力的影片內容加大控制，武俠片受到限制，言情片再度興起。

　　1950年代到70年代，台灣武俠片和功夫片在內容和形式上都受到香港同類電影的影響，許多武俠導演、演員和動作指導都來自香港。80年代，香港電影順利地完成了產業升級，而台灣電影則繼續停留在中小企業的規模上。此後，香港功夫片在製作和包裝上均領先於台灣，導致台灣武俠電影在競爭中處於劣勢。

　　80年代以後，台灣武俠片顯示了衰敗，一度滑至低谷。1986年，台灣著名商業片導演朱延平拍攝了《好小子》，啟用三位童星，用喜劇的方式拍攝了一部全新的武俠電影。在本片中功夫只是噱頭，並不是影片表現的主要內容，它借鑑了成龍功夫喜劇的美學特徵和敘事技巧，但將成龍的成人功夫喜劇改寫成兒童功夫喜劇。這部影片成為當年票房第二。接下來朱延平又執導了《天生一對》和《老少江湖》等其他兒童功夫電影。1994年，朱延平啟用了年僅4歲的釋小龍，與台灣童星郝邵文搭檔，拍攝了《卜派小子》、《新烏龍院》等一系列兒童功夫電影，在東南亞地區獲得了巨大的票房收益。

　　2000年，李安執導的《臥虎藏龍》成為了台灣武俠電影的經典和救市之作。他繼承和開拓了胡金銓的武俠片創作理念，書寫了台灣武俠電影新的歷史。他不僅拓展了胡金銓武俠片的創作模式，而且將豐富的思想內涵和文化情感融入到武俠片中，致力於表現中國式的理智與情感的矛盾、闡釋儒家與道家的思想文化衝突。這部影片在商業性與藝術性中達到了良好的平衡，片中的中國功夫與俠

士風骨吸引了眾多外國觀眾，加之周潤發、楊紫瓊等演員出色的演繹，使得這部影片在北美創下當時外語片票房的最高紀錄，並獲得了四項奧斯卡大獎，為台灣武俠電影提供了一種嶄新的創作思路和良好的國際視野。在這部電影的影響與啟發下，大陸的導演們也紛紛亮出武俠沖奧的招牌，引發了持續直至今天的武俠大片之熱。前有張藝謀的《英雄》，後有陳凱歌的《無極》、馮小剛的《夜宴》，這股滾滾而來的武俠熱潮對國產電影的發展造成了重要的影響。

此後，陳坤厚執導的《雙鏢》、台灣新生代導演執導的《國士無雙》等影片中，繼續沿用著武俠片中的動作元素。但遺憾的是，《臥虎藏龍》之後，台灣並沒有真正具有影響力的武俠電影出現。

二、喜劇類型比較

通俗意義上講，喜劇是人類本性的一種表現；從生存角度來說，喜劇是人們對生存狀態的一種反抗形式。前者是對人類生活需求的一種自然流露，要生存，就會產生審美的東西，通常它和現實之間有著不小的距離，因之導致令人發笑的因素。後者則是人類在對生存現狀不滿時表現的某種無奈的尷尬或是無言的諷刺，這種喜劇是具有一定批判性的。在人類剛剛開始對電影開始進行探索的階段，就已經嘗試了喜劇類型的創作。盧米埃爾的影片《水澆園丁》中就展現了生活中的喜劇情節。而拍攝於1913年的《莊子試妻》和《難夫難妻》作為中國最早的兩部電影，在把敘事引入電影的同時，也把喜劇元素引入了電影。中國早期的影片大都是以滑稽的內容和誇張的動作為主。似乎應當說，電影這種最大眾化的形式天然地和喜劇有關，考察中國電影的類型發展，喜劇這種類型形成的時間比較早，而且在各個歷史時期的電影中都能找到它的影子。

1. 大陸喜劇電影的發展歷程

1）傳統喜劇電影的變遷

喜劇的變化是時代的折射。新中國喜劇電影發展經歷了幾個重要的階段，從表現內容和藝術形態上均反映了時代的特色與社會的變遷。1950年代的喜劇電影以諷刺性喜劇為主，例如表現諷刺舊制度黑暗腐朽的《烏鴉與麻雀》，以及表現社會習俗的《太太萬歲》等；1960年代的喜劇電影更多地呈現為充滿濃郁的生活樂趣，如丁然導演的《女理髮師》、謝晉導演的《大李、小李和老李》、魯韌導演的《李雙雙》等。這一時期的喜劇片以現實生活為題材，表現情節和人物故事都相當生活化，善於反映人際生活中的小矛盾，結局無一例外是家庭團結、夫妻和睦、改邪歸正的大團圓，藝術手法上也少用誇張，多用詼諧幽默的表現方式，輕鬆歡快，多以輕喜劇為主。

到了1980年代，喜劇的內容漸漸轉為自嘲的風格。這個時期大陸的喜劇電影開始大量生產，如《快樂的單身漢》、《小小得月樓》、《丈夫的祕密》、《愛情啊你姓什麼》、《二子開店》、《父與子》、《京都球俠》等一系列影片。這一時期的喜劇更為關注平凡人的性格矛盾與個人精神世界同時代變遷之間的誤解，伴隨著改革開放的新都市的建立，主人翁從尷尬到適應的過程。和新中國前30年的喜劇相比較，新時期的喜劇電影裡的都市開始顯得具有親和力。同時，以《黑炮事件》為代表的荒誕喜劇又將喜劇中的批判與諷刺精神推向高潮。《高朋滿座》就是一部充滿諷刺精神和苦澀意味的都市喜劇片；《站直嘍，別趴下》也達到了一般喜劇所不具有的訊息密集度與頗具內涵的思想深度。這些影片在具有黑色幽默特徵的嬉笑怒罵中達到了較高的思想性、藝術性和娛樂性。

1990年代中後期以後，喜劇的類型漸漸豐富，不再過多描寫

都市生活的尷尬、無奈與困境，而是在一種雖有節制卻不乏狂歡的娛樂化潮流中，逐漸適應著時代變遷。一方面表現為王朔電影中對人生的調侃以及對正統思想的顛覆和戲謔，如根據王朔小說改編的《頑主》、《大喘氣》、《一半是火焰，一半是海水》等。這些影片對於當時中國大部分觀眾的審美觀和價值觀是一種顛覆，但同時又是一種培養；另一方面，1997年以後，從《甲方乙方》開始到1998年的《不見不散》、1999年的《沒完沒了》，馮小剛的賀歲系列電影正式誕生，其電影語言中對王朔精神的繼承加之其自身獨到的親民和幽默感使得這一時期的「馮氏喜劇」越發成熟，形成了一種熱潮和現象。馮氏喜劇以小人物的瑣碎生活作為表現主體，同時折射出一定的社會問題，如《一聲嘆息》、《手機》和《非誠勿擾》，其電影當中的親民性與溫情感成為了現代都市人心靈的安慰，因此獲得了巨大的票房成功。

除了馮氏喜劇之外，這個時期其他導演的喜劇作品也都以較高的品質呈現，如張揚導演的《愛情麻辣燙》、張藝謀導演的《有話好好說》、施潤玖導演的《美麗新世界》、楊亞洲導演的《沒事偷著樂》、夏鋼導演的《玻璃是透明的》等。這一系列影片都以喜劇的外衣探究著都市生活裡的現實，以輕鬆愉快的氣氛、小悲大喜的通俗樣式、啟用廣受歡迎的喜劇明星化解了中國老百姓在現實境遇中感受到的無奈、困惑和期盼。

2）新時期商業喜劇的崛起

2000年以後，喜劇電影發展與演變的另一個重要現象，就是商業喜劇的迅速崛起。除了馮小剛繼續處於領跑位置之外，出現了以寧浩、阿甘、張建亞等為代表人物的一系列新式作品。這些影片在取得不錯的票房業績的同時，也具有其共同的類型特點。

其一，表現在商業元素方面。在寧浩的《瘋狂的石頭》中，圍繞著一塊寶石，多路人馬展開激烈爭奪，不僅喜劇效果連綿不斷，

而且懸念迭起、扣人心弦。其後的《瘋狂的賽車》，同樣是多種敘事齊頭並進，然後被巧妙地編織在一起，在極其快速而簡潔的講述中，誰也猜不透最後的結局與下一段的情節發展。於是，難以捉摸的人物命運、變幻莫測的情節進展，以及豐富多樣的喜劇效果，都成為寧氏影片吸引大眾的獨特魅力。

其二，表現在娛樂品質方面。商業喜劇的一個重要標識，就在於其所蘊涵的娛樂品質。使其目標觀眾得到愉悅和滿足，是這一類型的首要目的。在張建亞的兩部《愛情呼叫轉移》中，無論是「一男多女」還是「一女多男」，以及大量明星的參與，其基本設計的出發點，都是商業考量。而影片敘事所採取的輕鬆、詼諧的敘述風格，也絕對不會使觀眾由於片中所展現出的社會弊病而產生出深度憂慮或者高度不安的情感。於是，娛樂成為了創作者與觀賞者之間的「第一默契」，而所謂教化的功能，雖然看似不太明顯，卻也一定會在不斷的笑聲之中悄然抵達。

其三，表現在黑色幽默的使用方面。無論是馮小剛、寧浩、阿甘等人的商業作品，還是黃建新的影片，乃至如孟京輝《像雞毛一樣飛》一般的先鋒派電影，黑色幽默都是主導的或者重要的喜劇手段。比如，在《瘋狂的石頭》以及《瘋狂的賽車》中，從結構、情節到人物、情境，現實的世界被作者予以誇張和變形的處理。而荒誕化的結果，則是產生了某種獨具特色的幽默的力量。此外，誤會、巧合、鬧劇、誇張、反諷等喜劇元素得到充分的使用也使得這些喜劇電影特別的熱鬧。舉例而言，在《高興》中，鬧劇與誇張的手法，隨處可見，而歌舞的插入，在以往的中國喜劇電影中，更是頗為罕見。而誤會、巧合等喜劇因素，更是在《我叫劉躍進》、《瘋狂的石頭》、《瘋狂的賽車》等眾多影片中被大量使用。

其四，主流意識形態在喜劇中的強化。從文化與審美來看，大部分影片以主流意識形態為其基本文化內涵，從《愛情呼叫轉

移》、《桃花運》裡的愛情世界，到《我叫劉躍進》、《自娛自樂》、《高興》中的農民工或者農民的新生活，再到《血戰到底》、《大話股神》裡的地域風情，乃至《十全九美》中的古代傳奇，社會中的主流意識形態，一直在影片中居於主導地位。而在諸如美與醜、善與惡、愛與恨這些基本的道德判斷方面，這些影片也都沒有偏離大眾的普適價值。不過，近年來喜劇電影的發展與演變，也存在著一些值得憂慮的方面。比如，一些影片中思想深度與文化品位的逐漸消逝，是喜劇電影比較突出的問題。但這也許就是中國電影市場化要付出的某種代價，就像我們的現代化與城市化進程中所顯現出的情形一樣。

2. 台灣喜劇電影的演變

台灣電影中的喜劇傳統與喜劇元素在多種影片類型當中有所滲透，以幽默的格調、輕鬆的視角去展現台灣人民的生活是很多導演的追求。在李安導演的家庭三部曲《喜宴》、《推手》和《飲食男女》中，對於那種中華文化中的幽默精神的拿捏，在多元文化的碰撞中產生的歡笑與思考都成為了其獨有韻味的喜劇追求。總而言之，台灣電影始終沒有放棄在敘事的趣味中去呈現其思想內涵，而台灣電影中的喜劇和幽默感往往又是含蓄、雋永、耐人深思和會心一笑的。

台灣的喜劇電影經歷了幾個時期的演變，逐漸形成了自己的幽默質感和風格。台灣喜劇電影起始於「寫實化風格」，延續了1930、40年代上海喜劇電影現實主義的路線，將鏡頭對準台灣社會底層民眾，圍繞台灣小人物的真實狀況，準確地演繹市井小人物的苦辣酸甜和他們的生存困境，借由家庭倫理模式或新舊矛盾將戲劇衝突展示出來。到了五六十年代，台灣的喜劇片題材和形式嘗試包括歌頌式喜劇等各種形式，將小人物的無奈、困惑、期盼和憤

怒，台灣民眾的夢想和尷尬處境以小品似的故事、小悲大喜的方式展示出來。如《阿三哥出馬》、《寶石花》和李行導演的《王哥李哥遊台灣》等系列的遊記式笑劇，帶動了閩南語片喜劇的風潮。1960年代是台語爆笑電影盛行的年代，吳文超、洪信德、鄭正雄、梁哲夫、李泉溪等人共拍攝了119部喜劇電影，其中的《阿西阿西》系列電影引起了很大的轟動。這個時期，台灣導演選擇觀眾喜歡的演員和明星，用幽默的笑話、滑稽和嬉鬧的動作表情，使觀眾忍俊不禁。1960年代後期，隨著閩南語片的衰退和國語片的興起，閩南語喜劇電影逐漸被國語喜劇電影取代，更加強調劇本的品質，注重主題內涵，題材也從鄉村轉向城市，如白景瑞導演的《新娘與我》等，建立了台灣現代喜劇的風格。

1970年代以後，台灣的喜劇電影進行了調整和轉型，主要表現在精彩的人物刻畫和環境設計以及恰到好處的節奏把握；純真而機智的幽默、比興手法的運用和日常生活瑣事的穿線，構架出多姿多彩的人物關係。1970年到1979年期間，台灣多達25位導演拍攝了90多部國語喜劇片。其中李行導演了《愛情一二三》、《婚姻大事》，白景瑞導演了《老爺酒店》、《晴時多雲偶陣雨》陳耀圻導演了《初戀風暴》、《愛情跑跳碰》等。他們大多聘用當時紅極一時的明星，如林青霞、徐鳳嬌、秦漢祥等人來吸引觀眾，取得了不錯的票房效果。

1980年代之後，小人物依然是喜劇電影的主體，但一反70年代「二林二秦」的俊男美女形象，社會底層或社會邊緣的三教九流等形象進入到了喜劇電影當中。這一時期的喜劇電影內容和類型複雜，熱衷於多重因素的混合，例如將偵探片、警匪片、殭屍片、賭博片等類型中混合喜劇元素，形成大雜燴式的電影。如《粉紅平兵團》和《粉紅大對決》等。這個時期也出現了台灣喜劇界的「喜丑」許不了，他飾演了很多經典的喜劇人物，1980年扮演了朱延平的電影《小丑》，十分賣座，成為台灣最紅的喜劇明星。

1990年代以後台灣的喜劇電影達到了一個新的境界，清新、樸實，寫實與內涵均有。無論從主體、選材還是從敘事結構上，都富有鮮明的創作個性以及濃郁的台灣地域色彩。新生代的喜劇電影以社會的邊緣人物、中產階級為主要講述對象，尤其對中產階級的心理和情感做了較為深刻的剖析，具有一定的批判色彩。這個時期的代表是李安導演的「家庭三部曲」、白景瑞導演的《今天不回家》、陳玉勳導演的《熱帶魚》以及王小棣導演的《我的神經病》。

在台灣喜劇電影的發展中，有幾位導演造成了重要的作用，其開創的清新而活潑的喜劇風格深深影響了台灣電影的美學思想。

1）國語片喜劇大師白景瑞

白景瑞是台灣喜劇電影的代表人物。他於1931年出生於遼寧，1948年投考了海軍軍官學校，被國民黨軍送到澎湖。在台灣，他曾擔任過編輯、教師、記者等職業，後來受到義大利新現實主義的影響，決心把電影導演作為自己的終生職業。隨後，他輾轉到了義大利求學，在義大利電影實驗中心學習電影，畢業後懷著對台灣電影事業的雄心壯志，風塵僕僕地回到台灣。

白景瑞第一部獨立執導的影片是《寂寞的十七歲》。他採用了唯美浪漫的手法處理這個題材，用細膩的鏡頭描寫了一個十七歲少女初戀感情的發展過程，引發了人們對青春少女情感世界的關注。1970年代，正是瓊瑤言情電影在台灣大受歡迎的時代，白景瑞拍攝了其中的《第六個夢》、《女朋友》、《一簾幽夢》《人在天涯》等，在這個過程中奠定了其喜劇電影風格的基礎。他的影片延續了60年代活潑花哨的風格，但卻雅而不俗。白景瑞刻畫的人物性格鮮明活潑，在唯美中不乏幽默，在他拍攝的一系列喜劇電影《新娘與我》、《大三元》、《靜靜的下午》、《晴有時多雲有陣雨》中，不僅在結構和鏡頭語言上新穎花哨，演員的表演靈活幽

默，還運用蒙太奇和音響對位來創造喜感，以快節奏的手法展現喜趣，他因此博得了「國片喜劇大師」的稱號。此後，白景瑞拍攝了以家庭為中心的溫情喜劇《今天不回家》，透過三個故事交錯進行，節奏輕快，其中穿插了義大利歌劇的唱腔，富於現代都市的喜劇效果。

白景瑞的主要成就集中於喜劇片和文藝片領域，他的電影結構和運鏡技巧不斷求新、求變，推動了台灣電影語言和喜劇類型片在美學形態上的進程。他在創作中引入西方電影理念，注重故事性和剪輯技巧，曾經贏得「國片喜劇大師」的美譽，70年代與李行、胡金銓、李翰祥並稱為台灣影壇四大導演。

2）都市通俗喜劇代表陳玉勳

陳玉勳，台灣宜蘭人，1962年出生於台北。小時候對布袋戲情有獨鍾，對其中的音樂、劇情、效果、表演，尤其是當中的幽默手法非常感興趣，這對他後來在電影中表現出來的幽默感造成了啟蒙的作用。大學畢業後，陳玉勳在蔡明亮的電視劇《快樂車行》裡擔任場記，並陸續參加了一些影視作品的創作。1993年，他編劇的《熱帶魚》獲得了「新聞局優良劇本」的第一名，獲得拍攝輔導金400萬元。《熱帶魚》從一名連考的學生被綁票的案件入手，結合千奇百怪的社會現象，完成了一部極具想像力與批判性的喜劇電影。其中對台灣社會的教育、家庭、媒體、城鄉差距等問題做了大膽的諷刺，顯得清新幽默又不乏深度。這部影片獲得了第32屆金馬獎最佳原著劇本獎，並在1996年法國第12屆蒙佩利爾市的「中國電影節」上獲得金熊貓獎。

1997年，陳玉勳拍攝了由非職業演員和新人主演的影片《愛情來了》。這是一部輕鬆的都市喜劇，延續了其浪漫、輕巧的風格，又兼顧了一定的藝術性、觀賞性和趣味性。影片用成人的男女愛情和少年的戀愛幻想混合，用誇張的演出、卡通的造型、流行音

樂的陪襯，構築了都市通俗喜劇的類型特色。

陳玉勳的喜劇電影善於關注或選擇荒誕、平庸的生活片段，將本來嚴肅、有意義的事件進行幽默的讀解，使其中的人物顯得滑稽可笑。他注重講故事的技巧，影片拍得輕鬆易懂、愉悅好看，其中塑造的喜劇人物給人以親切、真實、貼近生活的感覺，在生活幽默感的把握上和大陸的馮小剛導演有著類似的創作風格。

三、鄉村（土）類型比較

農村在中國近代歷史中起著重要的作用，也是歷史變幻的晴雨表，因此表現農民情感生活、農村社會問題和文化特徵的「農村題材電影」，也始終體現出中國電影創作的時代主潮。隨著社會文化多樣性的變革，農村電影已經成為了一個超越了其地域概念的敘事題材與電影類型。不論是在大陸還是台灣，表現鄉村城市化進程所帶來的城鄉矛盾與差距、對鄉村田園生活的抒情與嚮往的影片均不在少數，這些影片表現出了在現代都市化的壓力下隱藏在民族肺腑深處對土地的依戀和熱愛。

1. 大陸農村題材電影的變遷

1）早期的農村電影

大陸的農村電影創作的熱潮開始於新中國成立初期。在「為億萬農民服務」的文化方針的指導下，很多創作者們紛紛投入到田間地頭去深入觀察農村生活，積累了較為豐富的素材，催生了創作的高潮。當時新中國的文藝政策在對電影控制方面還較為寬鬆，使得當時的很多農村電影在美學風格上不失浪漫，但在電影的敘事主題上仍然緊扣當時的文化和時事政治，帶有濃厚的革命教化色彩。如

以個人命運揭示社會階級問題的電影《白毛女》、根據魯迅同名小說改編的《祝福》、第一部反映舊社會藏族人民苦難生活的影片《農奴》等等，這些電影使用富有象徵性的光影效果，營造出豐富的情感表現力，具有鮮明的民族風格，追求樸素、含蓄的藝術表現效果。

除了對歷史進行真切的書寫之外，農村電影也對新社會下的農村生活進行了一定的諷喻，這種諷喻主要以喜劇的形式進行呈現。如拍攝與1962年的《李雙雙》，透過新舊兩種矛盾的對比和解決，展現了貧下中農在人民公社化道路上的思想變化。這一時期，也有表現新時代農民特別是農村青年人情感生活的影片，其中《柳堡的故事》、《咱們村裡的年輕人》、《五朵金花》、《花好月圓》等作品都是其中的代表。這些影片在敘事風格上相對輕鬆，情感質樸，多以喜劇為主，在講述故事的同時再現了農村的美麗風光，渲染出鄉村生活的動人意境，也將具有地域風情的民族文化融入其中，在明快的節奏中展示了濃郁的時代氣息，展現了新一代年輕人建設社會主義新農村的繁榮景象。

「文革」後，農村電影的正常拍攝開始於1973年，這一年有三部電影引人注目，分別是《艷陽天》《青松嶺》和《戰洪圖》。作品中的階級矛盾和鬥爭意識成為這一時期最基本也是最敏感的敘事主題，在情感處理和人物性格的塑造上顯得單一化和臉譜化。

2）新時期的農村電影

隨著「文革」的遠去，農村電影開始了新的旅程。首先，有相當多的導演在影片中表現人們在政治陰影下生活的苦難，以紀實的筆觸再現了「文革」時期普通農民的曲折命運和悲慘遭遇，如《柳岸花明》《本人王老大》等；還有一些作品表現了普通農民在新舊歷史時期截然不同的精神狀態和生活境遇，如具有輕喜劇風格的《月亮灣的笑聲》；這時期的作品還善於以家庭的聚散離合為縮

影，表現出在特殊的政治和歷史背景下人性的扭曲和世態無常，如《許茂和他的女兒們》，這部影片以質樸的現實主義敘事手法真實塑造出農村中各類人物的形象，反映了農民之間的情感糾葛和恩怨情仇；還有一些作品也善於以個人情感的悲喜劇結局來反映時代風潮的新舊對比，如影片《被愛情遺忘的角落》刻畫出傳統女性在社會動盪環境中對情感和生活的選擇。

1980年代前後，一大批關於人性思考的文藝作品相繼問世，隨著知青小說和傷痕文學在文藝界的廣泛傳播，電影界的知識分子們也開始在銀幕上呈現自己對這場歷史浩劫的理解。其中有許多作品直接表現了這種思想情感和個人遭遇，並試圖從人文主義角度來剖析社會問題。如《我們的田野》、《牧馬人》、《芙蓉鎮》等影片，這些影片講述了在畸形年代中不曾泯滅的人性和情感，展現出一種唯美主義式的傷懷之心和理想主義情懷。

在一部分農村題材電影追求紀實敘事和詩化風格的同時，「第五代」導演也隨之迅速崛起。他們不僅以個性化的敘事理念和影像風格促進了電影語言的全面革新，同時也對中國千百年來固有的傳統文化模式進行深刻的反思。雖然他們描述的這些故事多數發生在農村，但他們的精神指向和象徵意義已經超出了狹義的農村電影所能涵蓋的範圍，更像是為整個民族歷史和文化所設定的參照一樣。

在敘事和電影語言方面，都具有里程碑意義的影片是陳凱歌導演的《黃土地》。這部影片深深影響了「第五代」導演早期的敘事傾向和風格基調，影片在一系列強烈的視覺衝擊和象徵隱喻的符號之下蘊含著對民族特質的追問、疑惑和思考，充滿了蒼涼意味。而由張藝謀導演的影片《紅高粱》則以無比豪放的氣質和突破創新的象徵主義手法講述了一段人性的寓言。導演試圖以這種極致誇張的文化闡釋和影像風格去張揚一種生命的力量，借此擺脫中國千百年來的壓抑天性。在這些導演驚心建構的影像體系中，那些極度視覺

化的意向和符號開始聚集成為某種頑強的隱喻力量，竭力顯現出自身被賦予的某種象徵意味。

3）多元發展的農村電影

進入社會歷史的穩定時期之後，隨著商業運作和市場化規模的日益發展和成熟，農村電影在藝術觀念、價值取向、風格類型和文化功能等問題上也出現了新的分化。

20世紀90年代以「第五代」導演為創作主體的電影，例如《菊豆》、《香魂女》、《秋菊打官司》、《被告山杠爺》等，這部分品中以展現中國鄉間風俗為主題，但這些看似帶有紀錄片性質的民俗影片並不是對鄉村生活的真實寫照，而是一種經過浪漫化、奇觀化處理的民間景觀。這種圖解式的改造行為一方面源於中國電影為了獲得世界認同而採取的商業和文化策略，一方面也源於作者對民間傳統情境的另類解釋。

這一時期的農村電影中，敘事的價值往往是以社會道德理想化的實現方式來表現的，如以「孝」為主旨的《背起爸爸上學》、反映女性道德的《喜蓮》、苦情風格的《九香》、表現農村教育工作的《鳳凰琴》等等，這些影片在一定層面上貫穿著明顯的政治主題，仍舊以主旋律的方式承載著意識形態的功能。

還有一些農村電影則充滿了懷舊的詩意和唯美的影像，農村不再是飽受現代文明和困擾的地方，而是成為了人們發自內心、嚮往寧靜與自然的歸屬。如充滿憂鬱與詩意的《草房子》、唯美而感人的《那山那人那狗》以及張藝謀帶有回憶錄性質的《我的父親母親》，這些影片含蓄而浪漫，影像通常唯美，音樂考究，色彩溫暖，充滿了對鄉村單純、平凡、靜謐的生活的嚮往。

2. 台灣鄉土電影的興衰

鄉土電影是台灣電影類型中一道獨特的風景線，也是台灣電影中最具有地域風味與情感的電影類型。它真實地記錄著台灣的歷史，反映著台灣現實，表達著台灣人民的生活和情感，傳播著台灣本土文化。半個世紀以來，台灣鄉土電影經歷了閩南語電影實驗階段、60年代的「健康寫實主義創作路線」、70年代的「鄉土寫實主義」電影的回歸發展、80年代新電影的「紀實電影美學」的確立等階段。到了1990年代以後，新生代電影導演的紀實風格，基本上承襲了新電影客觀的敘事風格、穩健而樸實的鏡頭語言，真實自然的人物呈現，為新時期的鄉土電影發展書寫了新的視野與前景。

1）鄉土電影的獨特含義與創作背景

1970年代，鄉土文學在台灣興起。「鄉土」這一概念並非鄉村、農村之意，而是本土的意思。「鄉土所指的就是台灣這個廣大的社會環境下的生活現實，它包括了鄉村，同時又不排斥都市。而由這種意義的『鄉土』所生長起來的『鄉土文學』，就是根植在台灣這個現實的土地上來反映社會現實，反映人們生活和心理願望的文學。」[3]也就是說，台灣的鄉土電影，是要用台灣本土的語言或人們熟悉的情感方式去描寫台灣的歷史，再現台灣的現實，表達在台灣的生命體驗。

當時的台灣在政治上親美，對美式文化比較推崇，同時對台灣本土文化採用壓制的手段，這使得一些知識分子產生了民族文化的危機感，自覺呼籲和發展民族和鄉土文化。此外，當時台灣的電影市場被大量的言情與功夫片占據，隨著鄉土文學的興起並與現代文學發生激烈的辯論，台灣影壇也參與到了有關鄉土電影的論戰，並在1977年進入高潮。迫於輿論的壓力，當局對鄉土電影的排斥開始鬆動，在1978年，鄉土電影的創作達到高潮。包括徐進良的《香火》，李行的《汪洋中的一條船》、《小城故事》、《早安，

台北》和《原鄉人》，陳耀圻的《源》，張美君的《嫁妝一牛車》，李佑寧的《老莫的第二個春天》等，均是台灣鄉土電影的代表。

這場運動對台灣電影的影響深遠，1982年興起的台灣新電影運動繼承和發展了鄉土電影在選題和選材上的本土傾向以及在影音風格上的民族化追求。陳坤厚的《小畢的故事》，萬仁的《油麻菜籽》，侯孝賢的《童年往事》、《戀戀風塵》，王童的《稻草人》等，既是台灣新電影的代表作也是優秀的鄉土電影。在後新電影時代，林正盛的《春花夢露》、張志勇的《一隻鳥仔哮啾啾》和《沙河悲歌》等影片仍然在繼承和發揚著鄉土電影的優良傳統。在2000年後，魏德聖導演的《海角七號》、鈕承澤的《艋舺》等影片中對台灣的民風民情以及鄉間場景都有著不同程度的再現，其實質也依然延續著鄉土電影的風韻。

2）鄉土電影的美學觀念與藝術侷限

鄉土電影產生的根源是對家鄉和民族文化在外來文化的衝擊下逐漸消失的焦慮，表達了台灣當地知識分子對於民族文化和本土文化的心理需求。台灣的鄉土電影並非是簡單地以農村題材為表現對象，而是透過台灣原汁原味的生活再現，來表達他們對於本土文化的緬懷和反思，並透過與外來文化的對比來完成對自身文化的思考。

李行的《汪洋中的一條船》有著濃厚的鄉土味道，描寫的是小市民的生活，而在其影片《蚵女》、《養鴨人家》中，不遺餘力地塑造了一個光明、進步、繁榮的台灣鄉村景象。影片中努力呈現出台灣的農村是一個治理有方、善惡有報的好地方。《養鴨人家》中有一句歌詞是「耕者有其田，樂土在人間」，將台灣鄉村譽為人間樂土，這句歌詞可以視為對這類影片主旨的一個概括。可惜，這一形象雖然美麗，卻是經過精心粉飾的，不盡真實。台灣影評人焦雄

屏曾經指出：「《養鴨人家》傳達的是農村的甜美及歡樂，是一理想化而非現實的農村。」[4]

其次，在李行和侯孝賢等人為代表的鄉土電影中還設立了鄉村與城市對立的文化主題。他們的影片中對農業文明和鄉村文明充滿了懷念和渴望，而對工業文明和現代城市文明則基本上持排斥和批判的態度。自近代以來，在世界範圍內，反思工業文明和現代都市化進程種種弊端的藝術作品比比皆是，探索如何構建健全人性的發展之路，構建健康和諧的社會形態成為新時期鄉土電影的藝術追求。

在侯孝賢的影片中，《風櫃來的人》和《戀戀風塵》表現的都是海邊小鎮上的少年在步入大城市之後令人並不愉快的遭遇，這些鄉村青年對大都市的生活充滿憧憬和幻想，但是在來到了城市之後，卻體驗到了幻滅的痛苦。在李行的《小城故事》中，主人翁也在最後從台北返回了小城。這些影片典型地反映出大多數鄉土電影的主題：工業化的進程會帶來對人性的摧殘，只有鄉土生活才是淳樸安逸的。

3）兩岸鄉村（土）電影的不同之處

在改革開放初期，大陸「第四代」導演創作的《山野》、《老井》、《香魂女》和「第五代」導演拍攝的《黃土地》、《紅高粱》、《菊豆》、《大紅燈籠高高掛》等影片也致力於反思中國農業文明。但與台灣電影不同的是，大陸「第四代」、「第五代」電影導演對中國農業文明的反思是與他們對中國傳統文化的反思以及對國民性及劣根性的批判聯繫在一起的。耐人尋味的是，到了改革開放的後期，隨著商品經濟的發展，大陸開始出現《我的父親母親》、《那人那山那狗》、《暖》等一批懷念和歌頌鄉村文明和淳樸鄉情的電影，以此來批判工業文明以及城市現代化過程中唯利是圖的價值觀，這一點又與台灣的鄉土電影不謀而合。可見，兩岸的

電影不約而同地關注著城鄉文明比對的敘事主題，並表達了相似的審美情感，這是因為兩岸的文化血脈是相通的，受到儒家傳統文化的影響，對自然主義、返璞歸真的嚮往是一樣的。

四、愛情類型比較

愛情一直是人類永恆的話題，只要有人類的存在，愛情必然是人類共同追尋的目標。電影藝術的產生與發展，又將愛情的主題加工、潤色後，以浪漫及唯美的形式展現在我們面前，圓了一對對痴男怨女的夢。愛情電影始終是觀眾最為喜愛的電影類型，不僅透過銀幕成功地塑造了一個個觀眾心中的大眾情人，也慰藉了平凡生活中期待完美愛情的許多心靈。

1. 大陸愛情電影的曲折歷程

1）傳統時期的愛情電影

在中國百年電影發展史中，愛情電影曾歷經坎坷。拍攝於1922年的《勞工之愛情》是中國的第一部愛情電影，這部以表達青年男女自由戀愛為主題的影片情節簡潔，詼諧幽默。作為中國的第一代導演，張石川拍攝此片時並沒有使用太多技巧或手法，只是為了「博人一樂，尚無主義」。殊不知正是這部定位於取悅大眾的商業影片，從此揭開了中國電影愛情片的序幕，讓愛情透過電影的形式走近了人們的生活。

上海明星影片公司攝製的《馬路天使》是1930年代愛情電影中的代表之作，其中的電影插曲《四季歌》和《天涯歌女》等流傳至今。男女主角由當時紅極一時的趙丹和周璇扮演，青春亮麗的電影明星，波瀾起伏的愛情故事讓《馬路天使》一夜之間紅遍大江南

北。此時的愛情電影已不僅僅只是單純的娛樂大眾，它從各個方面反映了當時平民百姓艱難的生活，美好的愛情在亂世裡也變得沉重起來。

如果說新中國成立前的愛情電影裡總離不開憂傷和磨難，那麼新中國成立後的愛情電影裡更多的是衝破禁錮和約束。中國近代的革命鬥爭並未給愛情電影的發展創造寬鬆、浪漫的環境。時代變遷，愛情電影在新中國的發展也歷經磨礪。在「文革」電影中，人性、愛情幾乎成了禁區，主人翁們不是孤家寡人，就是無情無慾，典型如樣板戲電影。「文革」之前的十七年電影對情感的表現是明朗大方的基本走勢，感情戲端莊、含蓄，異性的愛慕也比較純淨適度，與時代的健康氛圍相協調。

《五朵金花》是那個時代愛情電影的代表作，曾先後在35個國家上映，並在國際電影節上獲得大獎。雖然這是一部聞名遐邇的愛情電影，但電影裡卻是歌頌新時代人們的美好生活和新型的社會關係。雖然以講述雲南白族青年阿鵬與金花的愛情故事為主線，但電影中兩人談情說愛的情節卻少得可憐。在那個年代，愛情被擠到了角落。即便如此，這部電影在60年代還是因為宣揚「愛情至上」被打上「反動電影」的烙印，嚴峻的政治環境讓愛情變成了一個極其敏感的話題，電影人談「愛」而色變，之後多年無人敢越雷池一步。

2）1980年代愛情電影的復甦與反思

1980年的《廬山戀》是「文革」後國內首部表現愛情主題的電影，並且出現了當時罕見的吻戲。女主角張瑜片中的服裝充滿了都市風味和浪漫情懷，她也憑這部電影成為1980年代觀眾心中的「夢中情人」。這部很多人心目當中經典的愛情電影經久不衰，甚至在30年後被重新翻拍。

1980年代以愛情為題材的電影類型總體還很單一，整個社會

剛剛從禁錮中走出來,物質與精神各方面因素都約束了情感表達的豐富性,具有時代特色的愛情並不是甜蜜浪漫的,更多的是經受壓抑的苦澀和悲哀。伴隨著歲月磨礪,導演們特別珍惜那丟失已久的情愫,他們關注人的感情、婚姻以及與之相伴的道德現實,他們對愛情的關注並不直接,而是融入到大的社會背景中,真實表現與情感摻雜的生活現實和生活矛盾,因此總是帶有濃重的悲劇色彩和反思色彩。

　　《被愛情遺忘的角落》將鏡頭投向「文革」時期一個偏僻的山村,講述了這個「角落」裡幾對男女渴望愛情的故事。由於貧困的物質生活和傳統束縛,他們的情感發生畸變,釀成悲劇,影片探討了愛情悲劇的原因。情感悲劇成為1980年代初期愛情電影的重要內容,《芙蓉鎮》的主人翁胡玉音也是個悲劇人物。身為芙蓉鎮上的「鎮花」,她美麗、聰明、勤勞善良,卻得不到幸福:她既不能和青梅竹馬的戀人結合,還成了「無產階級專政」的對象,房屋財產被沒收,家破人亡。《本命年》表現邊緣人李慧泉對愛、情感、友情最常態的追求,然而他的追求之路卻充滿了悲劇。《香魂女》的主人翁香二嫂身上交織著適應改革開放的先鋒性和作為傳統家庭女性的守舊性,她在情感上敢於和心上人保持二十餘年的溫情,與事實上忍受丈夫無愛婚姻的保守道德,她一方面深受包辦婚姻的極度痛苦,另一方面又拆散環環的自由戀愛,逼迫她成為傻兒子的媳婦等等。導演透過各人不同的情感經歷顯露出他對現實理想失落的憂慮,反映了那一代人缺失愛情的遺憾與悲劇。

　　1980年代中後期,伴隨著「第五代」電影人的出現,他們的思考更加深刻,不再拘泥於對文革時代情愛的悼念。這個時期,中國電影對愛情仍不直接表現,而是添加了一種文化韻味,導演個性化的精神張揚和對人及情感的哲理性思考也紛紛彰顯出來。電影中的愛情題材仍有股「醉翁之意不在酒」的勁兒。陳凱歌導演的《黃土地》講述了翠巧的婚姻悲劇,八路軍戰士與她擦身而過也沒能改

變她的命運。電影的主旨不在於個人情感的刻畫,而是站在整體關懷的角度,主題上升到了對不可抗拒的傳統、無形的規矩、人性束縛的深刻思考,震撼人心。張藝謀作品《紅高粱》根據文學作品改編,透過鏡頭對人的感性生命做了一次本色表現,豐富了人物性格的情感性,突破了崇尚理性原則的藝術傳統和「發乎情止乎禮」、「樂而不淫,哀而不傷」的藝術主張。情感挾裹著狂放的生命意識,引發了慣於崇尚理性的中國影壇一次精神強震,表現了愛情最樸素原始的形態。

這個時期也有比較溫情的電影。如《牧馬人》,主人翁許靈均和李秀芝由相遇到相知到結合,演繹了一段完美的愛情。片中男女激烈的擁抱、依偎在床上聊天在當時已經是很活潑大膽的感情戲了。「新時期」愛情電影在全面市場化之前處於一個界定模糊的時期,歷史的創傷和遺留給藝術家的任務沒有給愛情電影一個自由輕鬆的環境,它們在宣揚情感、回歸人性的同時還不忘文化的反思和社會的責任,愛情在電影裡被吸附在一個宏大主題的磁場裡。電影對愛情的表現並不純粹,它們總是與社會因素、文化背景、傳統習俗融合在一起。

3)1990年愛情電影的市場化與生活化

1990年代初,電影改革步伐加快。外來大片的衝擊,合拍片比重的加大,觀眾觀念的開放和對港片的大量吸收,大陸愛情電影也開始順應市場,拋開責任與悲壯,在平淡的敘事、感動的細節、舒緩的鏡頭、徘徊的男女間,講述著平常人的悲歡離合,將愛情還原出細膩甜蜜濃郁悲傷的不同韻味。

這一時期,「第五代」電影人的一些作品仍在堅守電影作為藝術與商業市場之間的較量,他們在90年代電影市場化起步時對愛情電影仍延續著上個年代現實主義的思索。張藝謀導演的《菊豆》展現老中國的古舊傳統和突破常倫之間的衝突,導演將愛情命題於

封建色彩之下，透過禮教束縛、偷情窺探慾望、仇殺夾雜下的悲劇揭示了人性的扭曲，具備沉重的文化意味。再比如《霸王別姬》以京劇文化為支撐，以同性愛戀和異性愛戀以及心理上性別轉換為主題，表現出人性之軟弱和歷史之無情。這類影片表達的是特定歷史環境下沉痛的愛戀。

電影市場化的形勢擋不住愛情電影大眾化、生活化、娛樂化的步伐，愛情電影在藝術與商業間纏綿往返。90年代以來，喜劇片、都市片、動作片各種類型成就了很多愛情電影的經典，電影對愛情的表現全方位展開。《陽光燦爛的日子》張揚地表現了時代青年對愛情的渴望與幻想；《離婚了就別再來找我》再現了現代家庭的聚散隨意、情感的漂移不定、當代人的嘈雜喧囂；《美麗新世界》透過鄉鎮小青年到大都市追尋生活並與有情人終成眷屬的故事，推崇著愛情裡對樸素的勤勉可靠的價值觀的青睞；《網絡時代的愛情》結合都市人的生活狀態展現了現實中人們感情的遺憾；合拍片《青蛇》再現經典傳說，為感人浪漫的人妖戀謳歌。經典的馮小剛賀歲電影則以喜劇形式詮釋著現代人的愛情故事，《不見不散》直到影片結束時，男女主人翁經歷了一次驚心動魄的飛機故障，最終才體驗到相濡以沫的情感；《沒完沒了》以一個喜劇式的綁票故事表現一段愛情的萌發，善良的品格成為男女主人翁相互瞭解和心生愛慕的基礎。

與此同時，新生代電影人對愛情的表現更豐富更自由更具個性。《愛情麻辣燙》展現了當代城市人的愛情生活畫卷。有少年人朦朧初戀的風情，有青年人轟轟烈烈的熱戀，有年輕夫婦婚後生活的平凡、平淡與幻想世界的差距，有人到中年再次面對愛情考驗的離婚之路，還有步入人生黃昏的老年人美好的夕陽之戀。影片結構方式獨特，由五個小故事組成，讓人感受到了富有新鮮活力的現代生活。其他的如：散發神祕清香的愛情故事《綠茶》；表達年輕一代喃喃自語的青春夢囈和青春夢想逝去的《週末情人》；影像華美

而獨特的啟迪觀眾如何向愛情發問的《蘇州河》……

4）新世紀愛情電影的多元與複合

進入新世紀，愛情電影的發展更多元。藝術家們嘗試用喜劇、悲情、浪漫、荒誕等不同的風格，用面對當下、反觀歷史、女性視野等不同的角度來詮釋愛情、展現愛情。《暖》中鏡頭流連於草堆、鞦韆架邊和大片的蘆葦裡，我們感受著愛情的生長與消失，影片同時包含了溫情暖意與痛苦焦灼，藝術化地展現了現實的遺憾；《雲水謠》有如一首年代悠久醇香濃烈的愛情讚歌；《獨自等待》生動刻畫了在徬徨無聊中掙扎的年輕人對愛情的體驗；《愛情呼叫轉移》採用板塊結構將主人翁與12個美女的戀愛串聯起來，思考愛情的真諦；《合約情人》、《追愛總動員》等都是喜劇型並有著皆大歡喜的結局；《蝴蝶飛》則嘗試透過異度空間的靈異故事突破愛情生與死的界限；《兩個人的房間》面對現代家庭危機，幫助人們尋找遺失於忙碌生活的愛情；而《青紅》、《孔雀》、《愛情的牙齒》則以重溫歷史的方式，反思以往歲月人的情感。更有《失戀33天》、《北京遇上西雅圖》、《分手合約》等一批小成本愛情電影，不僅取得了票房上的佳績，也嘗試給都市愛情貼上了新的標籤。新世紀以來愛情題材作品往往呈現複合狀態，不拘泥於情愛，不拘泥於樣式，相互滲透交相互融，更為多元。

2. 台灣言情電影的傳奇歷史

提到言情片，台灣無疑是最大的王國。凡是以現代生活為背景，表現男女之間的愛情波折的唯美而浪漫的影片，都被稱為「言情片」。台灣言情電影的歷史淵源，可以追溯到二三十年代的「鴛鴦蝴蝶派」的影響，1950年代，在閩南語電影的苦情戲中，也不乏愛情題材。台灣現代言情片因為拍攝成本較低，本輕利重，很快

獲得巨大的發展機遇，尤其是瓊瑤電影出現以後，使得言情電影一躍成為台灣電影產業中最重要、最多產、最受歡迎的電影類型，隨之捧紅了林青霞、秦漢等一批偶像演員，成為了台灣最有票房號召力的文化品牌。台灣的言情電影曾經一度在大陸產生重大反響，其浪漫、優雅、纏綿悱惻的情懷整整影響了一代人的愛情觀和審美標準。

1）瓊瑤的言情王國

在台灣的言情電影中，真正具有特定的表現手法、敘事模式，營造了獨特的美學風格和氛圍，對大陸產生巨大影響的，當屬瓊瑤的言情電影。甚至是因為瓊瑤的出現，台灣才真正具有言情電影這一類型。

瓊瑤是台灣當代傑出的言情小說家、電影電視劇作家、作詞者和製作人。18歲開始以「瓊瑤」為筆名發表文學作品，24歲時出版首部自傳體長篇小說《窗外》，轟動一時。第一位將瓊瑤小說搬上電影銀幕的導演是李行，1965年他首次拍攝了《六個夢》中的《婉君表妹》，影片推出後大受歡迎。緊接下來又拍攝了《啞女情深》和《煙雨濛濛》，這些影片叫好又叫座，使得台灣眾多獨立製片公司競相購買瓊瑤的小說版權，掀起了愛情文藝片的第一個高潮。

瓊瑤大約有40多部小說被改編成電影，成為台灣文藝片的主流之一。60年代，她陸續有22部小說被拍成電影，其間導演過瓊瑤電影的導演不下十五位，她的影片票房高居台北前十的影片有：《幾度夕陽紅》、《啞女情深》、《花落誰家》、《六個夢》、《船》、《寒煙翠》等，為台灣的電影事業和票房做出重大貢獻。

瓊瑤電影的浪潮延續了三十年時間，其作品的風格體現為幾個不同的階段。

（1）60年代風格的形成

這個時期的瓊瑤電影常常以動盪的歷史時空為背景，常以悲劇、死亡和分離來結束故事。電影時空橫跨海峽兩岸，人物複雜、故事曲折，容易觸動大陸遷台移民的懷舊和感傷情緒。如《幾度夕陽紅》、《煙雨濛濛》、《窗外》等劇中都有因戰亂遭遇顛沛流離、生離死別、悲歡離合式的愛情，這些影片結合歷史情境、民俗文化與文學典故，滿足了觀眾對於故土文化的依戀。同時，在她早期的電影中，世代衝突成為了推動影片戲劇高潮的力量，權威的家長、門戶的對立成為了愛情悲劇的最主要原因。而其中的女性形象更多具備了中國女性古典和傳統的一面，她們大都柔弱、可憐，需要保護和解救，她們或身世悲慘或遭遇坎坷，似乎在愛情裡更多地遭遇了不平等的對待。

（2）70年代的黃金時代

這個時期的台灣電影主要是發生在都市中的愛情喜劇、悲劇和正劇。這個時期瓊瑤更為關注愛情關係中雙方性格對命運的影響。在愛情與親情的衝突中，著重體現為包容和理解，兩代之間雖然有爭執，但最終愛情會和親情之間取得融解和妥協。這個時期瓊瑤塑造了更為豐富多彩的人物形象，如《一簾幽夢》裡的綠萍、《月朦朧、鳥朦朧》裡的韋鵬飛、《心有千千結》裡的汪雨薇、《在水一方》中的杜小雙等等，他們性格鮮明，都有一定的職業背景和獨立精神，更加追求愛情中的平等和自由。這一時期的瓊瑤電影更為注重營造如詩如畫的意境，優美的畫面和青春瀟灑的人物形象，加之通俗動聽的音樂極大增加了電影的藝術情境，使觀眾陷入了編織夢幻的情節當中。

（3）80年代瓊瑤電影的轉型

1980年代初期，瓊瑤電影似乎過了巔峰而開始走下坡路，她與平鑫濤創設的巨星影業公司在1980年至1983年之間只拍攝了七

部電影,從1983年開始,票房下跌,瓊瑤結束了巨星公司的營業,長達18年的瓊瑤電影,此時掩卷。

這個時期的瓊瑤電影脫離了早期的悲劇宿命,中期的喜劇或悲喜劇色彩,試圖處理愛情以外的主題——女性的自我獨立意識,觸及了愛情、婚姻、自我、事業等不同層面的問題。同時對於一些社會問題也有所折射,如亂倫、強暴、虐待兒童等。在離開電影圈後,瓊瑤慢慢融入了電視圈,她創作的電視劇《牽情》於1985年在「中視」播出,收視率很高,使得瓊瑤開始對小螢幕發生興趣。到1999年《還珠格格》第二部為止,小說改編的瓊瑤電視劇達到700多集。

瓊瑤電影為觀眾提供了遐想的樂趣,她電影中的女主人永遠是美麗、柔弱、幻想、脫俗的,男主人翁則永遠是英俊、優雅、灑脫、多情的,他們多數生活在富裕的家庭中,由於性格或長輩的阻撓產生愛情的障礙,最後突破困境獲得幸福。這些情節迎合了青少年對愛情的幻想和期待,因此這些電影又被稱作「夢幻罐頭」。影片提供給觀眾面對現實困境時期的一種想像,使得觀眾相信愛情可以填補很多經濟與階級之間的鴻溝,借此減低觀眾在現實中的焦慮與挫折感,使其重新馴服在社會的規範之中。瓊瑤的電影始終都在維護中國傳統倫理中的道德規範,當愛情、親情與社會秩序的主流之間出現矛盾的時候,它負擔的是調和而非破壞,這也協助鞏固了主流意識形態。

2)後瓊瑤時代的台灣愛情電影

1980年代之後,台灣的愛情電影仍然不斷問世,愛情文藝片仍是台灣電影的一個重要類型。在後瓊瑤時代,少數愛情文藝片延續了瓊瑤言情片中的情節模式和美學風格。代表作品有萬仁的《胭脂》和周杰倫執導的《不能說的祕密》。《胭脂》沿用了瓊瑤式愛情電影的人物關係模式等元素,《不能說的祕密》則繼承了瓊瑤式

的夢幻風格，啟用年輕演員，在選景、畫面、音樂和攝影方面都力求唯美。男女主角生活富裕、衣著時尚，與瓊瑤式言情片所承載的台灣中產階級的審美情趣一脈相承。

但在這一時期更多的愛情片則擺脫了瓊瑤式電影所表現出來的逃避主義路線和夢幻風格，選擇以現實主義美學精神來敘述愛情故事。瓊瑤電影均是採用大明星、戲劇化的情節模式，與之不同，這些愛情電影嘗試低成本、散文化的路線。如陳坤厚的《小爸爸的天空》，吳功執導的《情定威尼斯》，大膽選擇相貌並不英俊的張世來扮演男主角，突破了以往言情電影的選角模式。瓊瑤愛情電影中的男女主角往往不食人間煙火，而陳坤厚執導的《最想念的季節》、周宴子執導的《青春無悔》、張艾嘉的《少女小漁》、楊順清的《台北二一》等影片則反其道而行之，力求再現真實的生活面貌，表達誠摯的人文關懷。林正盛的《愛你愛我》不僅面對現實，而且對色情泛濫的時代和消費至上的社會進行了較為深刻的批判，體現出台灣愛情電影中所罕見的批判主義精神。

台灣新電影關注個體成長這一主題，也許是受到新電影的影響。在後瓊瑤時代，劉國昌的《三個夏天》、易智言的《藍色大門》、陳正道的《盛夏光年》、周美玲的《刺青》等影片，都將成長和愛情結合在一起敘述。也是受到台灣新電影關注歷史反思這一敘述主題。林正盛的《天馬茶坊》、黃玉珊的《南方紀實之浮世光影》、魏德勝的《海角七號》等影片，均在愛情故事中加入了對台灣歷史的反思。在徐小明的《五月之戀》中，則在描繪了少男少女的友誼和愛情之餘，表現出台灣老兵的鄉愁和兩岸文化的差異，涉及兩岸關係的重大主題。這些做法，都在一定程度上拓展了台灣愛情文藝片的文化內涵。

總之，在後瓊瑤時代，台灣的愛情電影在敘事題材、人物圖譜、情節模式、藝術手法、美學風格和文化內涵等方面均有開拓和

創新，並走向多元化發展的格局，從而與瓊瑤式言情電影有了本質的差異。

第三節　兩岸電影的現狀與思考

一、大陸電影現狀分析

　　近年來國內電影票房一路飄紅，2010年達到101.72億元人民幣，其中國產影片票房總額為57.34億元，占全年票房總額的56.3%，國產電影終於進入了「百億時代」。但是，撥開票房的迷霧，我們發現仍然有種種內外因素制約著大陸電影的發展，危機依然懸掛在我們的頭頂。電影產業化的觀念和制度並沒有真正確立，國產電影的數量和品質與電影市場要求不相適應，電影市場現狀與市場潛力之間存在明顯差距。進口影片與國產影片、市場「大片」與普通國產影片的市占率、票房比率嚴重錯位，特別是發行業、放映業與製片業利益衝突日益激化等等；此外在電影創作中也存在著商業與之藝術間的失衡、缺少貼近現實生活題材的作品、情感和人文關懷的缺失、類型片數量與種類仍然單一等一系列的問題。中國電影業的發展正處在一個重要而關鍵的發展和調整時期，甚至可以說是生死攸關的轉折點，在這樣的局面下只有進一步深化體制改革，營造良好的電影市場環境，激勵高水準、重人文的精品影片創作，才能引導大陸電影走向世界。

　　縱觀大陸電影市場與創作現實，可以看到如下重要問題：

1. 電影產業體制改革的陣痛

　　從制度上和觀念上確立電影的文化產業本性，不僅意味著電影

生產和流通方式從計劃經濟模式向市場經濟模式的更深刻的轉型，而且也意味著電影的管理體制從意識形態管理向文化產品管理的轉型。在中國，電影曾經長期被理解為宣傳手段，因而常常被強制性地作為政治意識形態載體來管理。進入新時期以後，電影作為一種藝術的相對獨立性和電影作為一種大眾娛樂形式的文化本性，逐漸開始被認同。在電影發展的新時期，一方面，政府的電影管理觀念和政策都做出了某些調整，電影與政治的關係逐漸具有了媒介和文化的相對獨立性，娛樂性影片和一些非主流影片也具有了存在的合理性；另一方面，電影仍然還是被看作一種重要的意識形態載體，特別是從1996年以來，電影強化了以「愛國主義、集體主義、社會主義」為核心的主旋律意識，同時也強化了對電影從劇本到影片的規劃和審查。

近年來，電影管理機構利用政府性的電影基金和其他種種經濟手段以及各種行政規劃來扶持主流電影生產，一些部門和地方政府也直接或者間接投入資金拍攝電影。這些資助，為民族電影提供了融資渠道，同時也保證了一些代表國家主流意識形態意識的影片的拍攝，有時也為極少量的風格化較為明顯的藝術電影提供了生產機會。這些資金資助完成了一些具有較完整的藝術形態和形成了一定市場回報的影片。但同時，由於各種傳統和現實因素的制約，這些政府性電影生產卻又不同程度地存在著忽視或者違背電影的製作和創作規律的現象，造成了題材上的單一性、重複性和電影美學上的平庸性、教化性。

與世界各國一樣，作為維護國家利益、社會利益和公共利益的手段，政府有關機構近年來建立了相應的電影管理法規，如電影審查和檢查制度、電影許可證制度等等。這些法規，對電影提出了政治和道德上的制約，從而將電影納入了整個社會主流文化的塑造格局之中。因此，在大陸國產電影中，商業電影常見的暴力、色情因素被減少到了最低限度，社會負面環境和事件也很少進入電影的敘

事語境中，以奉獻、忠誠、仁義等為核心的傳統道德理想得到高度強化。特別是對電影題材、內容、形式、風格等方面的限制缺乏可參照性，某些規定和制約也缺乏文化層次，與電影作為一種大眾文化的文化特性還存在一定距離。這不僅弱化了電影在競爭激烈的大眾文化市場上的占有力而使電影的融資能力、投資能力下降，同時，也使得大陸電影在一定程度上缺乏面對現實的開放性和電影觀念、形態和風格上的多樣化、層次性。

中國電影面對機會，同時也面對困境，面對挑戰。與處在轉型期的整個中國社會政治、文化發展的不平衡密不可分，由於電影體制改革仍然還沒有到位，計劃經濟模式在向市場經濟模式的轉化過程中出現了大量的行業後遺症，從電影業的各級管理層到電影製作、發行、放映層都還存在著這樣那樣的觀念和操作方式的誤解，整個電影從業人員的文化素質和專業素質也還不高，整個社會的電影消費水平受經濟和文化條件的制約也還處在初級階段，這一切都是中國電影業發展必須面對的嚴峻現實。

2. 電影市場管理觀念的滯後

電影觀眾對國產影片的信任危機並沒有消失，顯然，文化保護政策並不能真正保護國產電影的發展，提高國產電影本身的市場競爭力才是民族電影發展的出路。國產影片總體質量不高的原因很複雜，如缺乏劇本基礎，缺乏優秀人才，缺乏技術條件和製作水平，缺乏拍攝資金等等，但這些嚴格說來都只是現象，關鍵在於缺乏一個健全的、開放的、競爭的和富有活力的電影創作和製作機制。

中國電影發展的根本動力和目標就是，最大限度地調動電影從業人員的創造性和積極性，建立一種開放的、競爭的、公平的電影體制，使中國真正成為一個電影大國。因此，中國電影業的發展必

須打破各種行政干預、行業壟斷下的地區割據局面，建立各種形式的發行方式，使這些方式既符合社會主義市場經濟規律，又有利於調動製片企業、發行中介的積極性，有利於發展電影生產力，使電影的生產、發行和放映各個環節按照市場規律合理地共同分擔風險，共享利益。只有風險共同分擔、利益共享，電影業的三個環節才能形成良性競爭的局面。為了打破電影生產、發行、放映業目前存在的脫節和對立狀態，應該繼續鼓勵和支持電影業各環節相互滲透，相互發展，形成製片與發行、放映利益共同體。同時，為了更好地進入市場甚至進入全球化的多邊貿易的國際市場，形成集團效益，電影業也應該向大中型方向發展，組建以資本為紐帶的電影企業的行業巨擘，資產重組，人員重組，利益重組，打破小生產方式，組建產業鏈條完整的影業體系。

此外，管理機制也應該適應文化建設和文化產業的發展，將電影首先視為一種文化產業而不僅僅是一種意識形態工具，電影管理應該適應電影本身的藝術規律和經濟規律，向制度化、合理化、寬鬆化發展。大陸的電影還應該加強國際市場的挖掘，抓住國際社會渴望瞭解中國的歷史機遇，擴大中國電影的海外宣傳力度，開發海外電影市場。

3. 電影內容文化藝術的失衡

國產影片在外在市場意識清晰之時，功利創作迎合市場也相當醒目起來，作為市場需要的創作和迎合市場的創作之間並不是絕對的等號。在合理的市場建設的同時，並不合理的文化丟失傾向也愈來愈明顯。電影文化需要獲取大眾歡心，但電影文化不是媚俗的同義語，而是娛樂市場顯現的文化顯現，然而藝術感召力卻不斷退步，令人擔憂。普泛性的創作在藝術上乏善可陳，這顯然不是市場興旺所期待的結果。放眼電影市場，在藝術與人性上被眾多人叫好

的國產片顯然不多。

娛樂的精神愉悅性不必排斥，電影原本就是大眾藝術，市場的獲取自然也是一種大眾娛樂認可的標識。然而娛樂並非就是低俗的代名詞，為了利益的娛樂和為了精神滿足的娛樂之間顯然有差異。近年來，忘卻意義生產而簡單屈就娛樂的無味創作也日漸明顯，尤其是一些重要導演的大片創作，在無聊的內容和乏善可陳的故事中造就了沒有意義的影像，遭到眾多的批評。就文化產品而言，需要產業收益和文化評判的相互結合，沒有市場認可的文化不能應時應世，是文化生存的無法超越的壁壘；而在此市場確立的基礎上，文化產品必須有其最低限度的指標，即意義的生產，電影創作沒有意味，罔顧價值同樣是沒有文化生存的價值。娛樂目標沒有意味與沒有趣味同樣不得人心。可疑的是一些標榜娛樂大眾的大片，充滿了創作無意義的趨向，無論就整體還是段落，在噱頭和玩鬧的場景得意中，體會不到一點意義，更不用說價值。嚴肅的問題正在這裡：是為了市場、還是為了意義生產而獲得市場之間；在為了娛樂還是更好實現意義傳達的娛樂表現之間，電影文化的眼睛不能昏暗不清。而恰恰在當下不少混淆了目的和方法的創作走火入魔的舉行著娛樂的比拚，卻忘卻了文化的責任。電影的文化標誌是給予人們精神情感的舒散和寬慰，愉悅來自於搶眼的技巧視像，更來自於內容的美好歡悅。

娛樂的單一性不僅使得中國電影淡漠現實關照，而且難以給予當下人們期望的理想夢幻和精神滿足，改變文化不平衡成為中國電影迫切的任務。

二、大陸電影現狀的思考

1. 深化體制改革，重塑現代化的電影市場主體

政府大力引導國有電影單位加快改革，透過股份制改造和上市融資等方式改制重組，逐步建立現代產權制度和現代企業制度，增強企業的活力與創造力。在中國電影集團和上海、長春、西安、瀟湘電影集團全面轉制的基礎上，繼續推進國有獨資企業的股份制改造；同時吸納非公有資本和部分外資參與電影的製作經營和影院改建，大力培育民營電影企業及影視產業基地的建設。近年來，新畫面、世紀英雄、華誼、保利、橫店、萬達、博納等一批新興企業和民營企業迅速崛起。同時，為充分發揮市場機制的作用，保障電影產業健康有序地發展，中國政府正在積極推進法制化管理，全面履行「導向把握、政策調節、公共服務，社會管理、市場監管」等職能，逐步建立起「市場主導，政府管理，企業運營，行業自律，社會支持」的產業運行體制。近年廣電總局已著手啟動《電影促進法》的起草，著力加強宏觀政策的協調，加大綜合執法改革和市場監管的力度，加快電影人才的培育，逐步建立起農村、中小學校和貧困地區的電影公共服務體系，建立起電影市場的良好秩序。透過推廣電腦售票聯網、評定星級影院等現代化手段，進一步提高電影的管理水平和效率。

2. 加快流通領域改革，完善現代電影市場體系

　　中國的電影院線制改革從2002年開始起步，基本打破了原有的單渠道的行政區域性發行壟斷，取得了實質性進展，初步建立了以資本為紐帶、連鎖式的發行放映院線新體制。由於影院的布局和設施建設、服務水平還遠遠不夠，目前還要進一步加快融資投入和院線的產權重組，加快市場的統一開放，擴大院線規模，提高經營管理水平和服務水平，真正形成完善的多渠道、多主體、多元化的市場競爭格局。

　　現代化影院的建設是市場建設的基礎，中國政府認真履行加入

WTO的承諾，進一步開放產品市場和資本市場，有效地吸引了外片、外資、外企，特別是時代華納、哥倫比亞、索尼、柯達等國際著名娛樂產業集團來華合作，合拍了一批影片，合建了部分現代影院和技術公司，以其科學的經營理念、先進的技術裝備和規範的管理措施，為廣大觀眾提供了優質的電影產品和服務，也創造出良好的市場效益。廣電總局相繼頒布了配套的優惠政策，積極鼓勵影院投資者和經營者能獲得更多的利益。

2. 推進內容與品牌創新，形成多樣化的電影產品結構

中國擁有13億人口，電影受眾市場的潛力巨大，隨著人們生活水平的提高，對電影的需求也越來越旺盛，要求越來越高。這就要求電影製作必須更緊密地貼近群眾、貼近實際、貼近生活，不斷推進內容和形式的創新、產品和品牌的創新。透過實施精品戰略，提高藝術質量和產品競爭力，鼓勵藝術家創作出深受廣大觀眾喜聞樂見的豐富多彩的優秀作品，更好地實現娛樂性、思想性和藝術性的完美結合。

關注當下社會現實的大製作稀缺、多元藝術創作的樣式不足，成為中國電影進一步發展的制約性因素，尤其在商業娛樂大行其道的當下，給予人們現實生活直觀性表現和具有現實關懷思考的創作，具有抗禦庸俗的價值。成熟的電影應該具有不迴避現實矛盾性表現的氣度，關懷當下、關切大眾生活、關憐下層勞苦，應該是電影文化深度的一個重要因素。在大眾文化盛行、娛樂至上得計、大片正當獲取市場的同時，藝術創作和探索作品的生存可能成為問題。在一個基本解決電影產業生存和具有良好政策支持，並且持續發展態勢的中國電影文化面貌中，不能沒有多元風格和藝術特色的創作存在。而這裡不僅需要視野開闊的電影文化觀念的引導，更需

要政策鼓勵支持的力度。在當前創作氛圍中，被票房誘惑，被功利驅使，被市場左右而導致的創作單一趨向，未必有利於長遠的電影文化進步。因此，在創造多元電影產品中更要自我尋找，把握社會與時代需求，堅持人文精神，營造品牌產品。

三、台灣電影的現狀與思考

為刺激台灣電影市場，台灣當局從1994年起大幅度開放進口配額，擴大外片上映的電影院及廳數，並允許外商進入台灣組建發行院線。這樣的政策雖然在起始階段刺激了台灣市場，但卻使得好萊塢電影長驅直入，並逐步失去了本土電影發行業的控制權，使本已嚴重滑坡的台灣電影走到崩潰邊緣，到了2000年前後，台灣影片的年市場占有率僅占其全年電影市場的0.2%。與此同時，台灣本土電影也陷入無人問津的冷淡境遇，由於長期以來台灣電影孤傲、嚴肅的影片風格，小眾化的文藝路線喪失了大批的觀眾，尤其是青年一代觀眾的支持。在新世紀到來的時候，為了轉變現狀，台灣電影人和當地政府積極地尋找出路，改變創作態度，迎合觀眾特別是年輕觀眾對台灣文化的新鮮解讀視角，大力發展本土電影，在人文性與娛樂精神之間尋求平衡，生產出了口碑和票房均讓人振奮的電影。在這樣的思路下，雖然在融資與市場上仍然有許多的困境，但瓶頸的狀態正在逐漸打開，台灣影人用自己的努力為華語電影市場的全面繁榮作出了貢獻，其中，很多的思路與方法值得大陸影人學習。

1. 突破傳統束縛，回歸電影本體屬性

近幾年的台灣電影發生了明顯的變化：在延續人文性的同時，逐漸告別了過去的「藝術悶片」傳統，呈現出了回歸電影的敘事性

和其他娛樂屬性的趨勢。台灣電影在注重人文屬性的同時，也在一定程度上束縛了台灣的發展。從「鄉土電影」到「健康寫實主義路線」再到「新電影運動」，台灣電影一直有著深厚的人文主義傳統，但是在注重人文性的同時卻使其商業性成為段處，與大眾娛樂屬性漸行漸遠。「新電影運動」時期，台灣電影領袖侯孝賢、楊德昌等人的電影太過注重個人風格的投射，其思想意義取代了電影本身的可看性，使台灣電影漸漸遠離故事性而更趨向於寫意。到了1990年代，在蔡明亮、易智言、林正盛、李康生等新生代影人手裡，台灣電影更加注重形式，寫意品格被刻意放大，使台灣電影越來越陷入「沉悶」的「陷阱」。

　　面對這種頹勢，台灣越來越多的電影人開始反思。電影只有回歸其故事屬性才能打動人心，獲得觀眾的認可。於是，近年來出現了《海角七號》《艋舺》等商業性較強的影片，都獲得了票房和口碑的雙贏。魏德盛的《海角七號》創下了5.3億新台幣（約合1.19億元人民幣）的台產影片票房紀錄，在兩岸三地都引起轟動；鈕承澤的《艋舺》在台獲得「金馬獎」多項大獎，並取得2.58億新台幣（約合5776萬元人民幣）的票房成績。兩部影片給台灣電影產業和台灣電影美學帶來了颶風效應，使台灣觀眾重拾對華語片的信心。台灣電影的娛樂回歸態勢，雖在少數旗幟性影片中表現突出，但離不開台灣電影整體的大環境的改變。這些影片的火爆出現也並非偶然，而是眾多新銳導演的集體努力，為它營造出了適時的美學環境。

2. 借助合作機遇，兩岸三地共同發展

　　在2000年以後，台灣整體華語電影格局出現了新變化，尤其是大陸電影的快速發展為華語電影整體發展提供了良好空間，華語電影整合力量推出的大片成功地抗衡了好萊塢電影，這些都給反思

之中的台灣電影以啟示。台灣影人也進行了一輪又一輪的努力，一方面師法香港電影，與內地進行合作，推出了一定數量的華語大片。

在台灣電影出現轉機的兩個表現方面中，台灣與內地電影界的合作而拍攝的華語大片目前有了一定的數量。2008年以來，以拍攝商業片而著稱的台灣導演朱延平即在內地推出了《大灌籃》、《刺陵》、《大笑江湖》等華語大片。而《兩岸經濟合作框架協議》的正式簽署，將這種合作再次推進。該協議取消了台灣華語電影影片進口內地配額限制，而內地電影進入台灣則維持著每年十部的配額限制。2010年度，台灣影人王力宏自編自導自演的《戀愛通告》、蘇照彬導演的《劍雨》、程孝澤導演的《近在咫尺》便成為協議施行後兩岸合拍片的實例。當年《唐山大地震》、《海洋天堂》、《葉問2》等以內地為主導的作品已經陸續在台北上映。但由於各種原因，兩岸合作的影片還未能成為台灣電影的主流。但無論如何，這些影片一反過去的台灣「藝術悶片」，以敘事性和娛樂性見長，重回了電影的大眾娛樂特性的同時開啟了兩岸電影文化交流的新時代。

3. 營造「台客」文化，關注小成本電影

「台客」指的是台灣本土土生土長的人，他們身上往往具有明顯的特質，可以理解為台灣的「本土化」氣息濃重的人。從前這個詞的意思等同於「土」，即鄉土氣息重的意思。但是現如今「台客」已經具備了更多的含義，比如個性當中的率直、潑辣、大膽等特質，加之很多台灣藝人對於這種文化現象的推崇，使得「台客」一詞已經擺脫貶義的說法，包含著很多積極、時尚的意義，成為台灣民眾對自己本土文化的認可的表現。

在台灣電影中，注重對當地文化多層次表現、營造「台客」緣亦是這些電影受到歡迎的原因。如《艋舺》、《雞排英雄》等電影當中體現了多種地域文化的交匯，既有閩南地方文化，比如片中廟口所在的清水祖師廟，又保留了日據時期的殖民地文化，如寶斗里的紅燈區，同時還有「外省人」文化等等。幾種地域文化碰撞、排斥而又互動、交融。影片中出現了不少台灣俚語，都是閩南語、日語甚至和某些北京童謠的混合語，這些都是地域文化融合的具體表現。其次，很多電影對目前頗為流行的「台客」文化進行了新的表現。正宗的「台客族」被視為是一群以台灣本土文化為基調，再加以別的文化調和的族群。從場景到服裝，整體都符合「台客」文化的美術邏輯，包括人字形的夾腳拖鞋、緊身的AB褲、非常絢麗的花襯衫、金項鏈等等，使影片得到了一種既在地化又全球化的前衛風格，也是回歸娛樂性的一種體現。當前的台灣青年不再以追看好萊塢大片為時尚，而是以擁護台灣本土電影為流行，這種文化環境對於台灣電影的發展造成了推波助瀾的作用。

與大投資、高產出的三地合拍巨片不同，純粹台產片一直以規格小、成本少的輕鬆小品式文藝片為主。這些影片延續了台灣電影中的人文寫實傳統，注重敘事，善於刻畫細膩人性，以小細節帶給觀眾們大感動，從而帶動了台灣電影的娛樂回歸。自2008年開始，一批新銳導演的此類作品就相繼出現，如鈕承澤的《情非得已之生存之道》（2008）、陳芯宜的《流浪神狗人》（2008）、陳宏一的《花吃了那女孩》（2008）、林書宇的《九降風》（2008）、丁乃箏的《這兒是香格里拉》（2009）等均為此類影片。《這兒是香格里拉》將雲南旖旎的風光，與一段夢幻般旅程中的情感故事融為一體，體現出對生命本質的深刻理解。

4. 堅持青春片優勢，發展多元類型

青春片一直是台灣電影中一個重要的類型，《藍色大門》、《夏天的尾巴》、《盛夏光年》、《九降風》、《六號出口》、《聽說》等組成了台灣青春片的大軍。自從1980年代以來，青春與成長的主題一直成為台灣文藝片中的經典主題，侯孝賢、楊德昌們的「新電影」，蔡明亮們的「新新電影」，還有當下「超世代」的《九降風》（2008）、《囧男孩》（2008）等無一例外地在詮釋著這一主題。電影《艋舺》的導演鈕承澤將黑幫類型和青春成長的主題捆綁在一起，全片的大部分筆墨集中在幾個混混的成長和相處，在艋舺黑幫複雜的權力爭鬥中，鋪陳五兄弟逐步地成長、背叛與決裂。在遵循類型路線和追求敘事性的同時，影片並未丟失人文性，片中對於黑道中人性的挖掘、兄弟情的探討等，使它呈現出一種與以往所有黑幫類型電影不同的人文氣質。

　　在保持青春片的優勢同時，台灣電影在積極地開發多元的電影類型。堅持走類型化的大眾電影路線、不再專注於個體的純粹意念表述，是近年來台灣電影的一個重要轉變。驚悚片、喜劇片、歷史劇情片、傳記片甚至紀錄片等多種類型影片相繼顯現，涵蓋了浪漫愛情、喜劇或黑色幽默、勵志等，意味著台灣電影走向了娛樂化的發展方向。其中驚悚類型的表現較為突出，出現了林玉芬導演的《凶魅》（2008）、鄺盛等人合導的《絕魂印》（2008）、柯孟融導演的《恐怖邀請函》（2009）、卓立導演的《獵艷》（2010）等。這些驚悚片中類型元素一般都不是純粹的驚悚，還應用了其他商業元素來提升商業品質，如《恐怖邀請函》。黑色幽默影片是其另一重要類型，其中《混混樂團》頗具該類型的代表，片中時運不濟的地下樂團主唱和上門逼債的混混竟然一拍即合籌劃出唱片辦演出，末了才發現娛樂圈比黑道還險惡萬分。這使影片平添了黑色幽默，同時又融入了搖滾音樂、黑道仇殺以及勵志等商業元素，但創作者真正的意圖卻又在於表述「藝人的艱辛」這一社會問題，體現出了人文性。

5. 延續文藝氣質，注重人文情感

　　2010年之後，台灣電影中的這類敘事性較強的文藝氣質影片進一步擴張，逐漸形成了台灣電影的主體。以情感表現為主的影片便是其主要呈現之一。侯孝賢監製、侯季然執導的《有一天》表現了遠赴金門當兵的男孩與女孩之間的愛情故事，其在題材上與侯孝賢早年的《戀戀風塵》（1986）有某些共通之處。台灣知名偶像劇導演江豐宏推出的《初戀風暴》，亦有大師的背景，該片為台灣電影「教母」焦雄屏策劃的又一部青春偶像戲，講述一個沉迷網路遊戲的宅男和一個品學兼優的女高材生之間的交通意外，引發出兩人父母之間一段綿長的婚外情等等。

　　2010年台灣亦有更多由青年導演獨立完成的情感類影片，這些影片更見品質。如張作驥的《當愛來的時候》講述在快餐廳長大的少女來春，歷經愛情的甜蜜與痛楚以及一系列事件後，與母親達成和諧的故事。影片細膩刻畫女性情感，探討了女人在愛情與親情間、成長與宿命間的轉變。戴立忍執導的《不能沒有你》平靜而婉約地講了一個親情的故事，描述一個父親為了爭取女兒撫養權，而從天橋跳下後所引發的故事。該片注重敘事，特別是營造苦情戲，在高雄電影節放映時，其苦情效應使之獲得了「催淚彈」的稱號。影片亦不失其人文意義，筆觸直抵台灣社會生活底層的另一面，充滿了對小人物的人文關懷。而當年台產片的票房冠軍《聽說》也收穫了1456萬新台幣的票房，這對處於弱勢的台產片來說，也是很大的商業成功。

6. 扶植新人導演，加速電影復興

　　雖然缺少成熟的商業電影人才，但台灣在電影新人的培育方面具有一定優勢。事實上，扶植新人一直是台灣電影的特色。單就擁

有一至兩部長片經驗的年輕導演數量而言，台灣在整個華語地區均稱得上突出。目前在促進兩岸合作的過程中，台灣方面所看重的一點也是希望能借助大陸市場，為本地的電影新人創造更多實踐機會。近年來，台灣影壇出現了鈕承澤、陳芯宜、鍾孟宏、張作驥、魏德盛、林書宇、楊雅喆、程孝澤、戴立忍等年輕新銳導演。這批新銳導演們被台灣電影人焦雄屏稱為「超過世代」的導演，大概意指他們超越了之前的「新電影」和「新新電影」。他們在藝術手法上不再力求創新，也不再沉溺於所謂的個人成長經驗和個人心聲表達，而儘可能地追求更多觀眾的認同。他們專注於歷史、本土，尤其是青春文化的詮釋，追求故事，結構完整，節奏流暢，氛圍濃郁，敘事完整，導演基本功深厚紮實，顯示出了與1980、90年代的那些「前輩們」的不同特色。他們拍攝的在不失傳統人文性又重回娛樂屬性的影片也將台灣觀眾帶回影院。

2010年，被稱為「超世代」的台灣年輕一代導演再次集體爆發，台灣影壇湧現出了《猛舺》《當愛來的時候》《第四張畫》《父後七日》等一批優秀影片，其中《艋舺》成為代表性的旗幟影片，該片在藝術上大獲成功，摘得當年「金馬獎」多項大獎，並取得巨額票房，雄踞當年度台灣電影票房第三名。這種狀況使台灣電影在「海角」退潮之後再度顯現復甦跡象。

總之，近年台灣電影遵循上述路線，取得了極佳的商業價值和藝術價值。這表明台灣電影在經過努力後創作路線已經基本穩定，最終選定了一條回歸娛樂、延續人文的製片路線。而隨著三地影人特別是台灣影人不斷地調整與努力，在整體華語電影良性發展的激勵下，相信台灣電影終將迎來更大的繁榮。

第四節　兩岸電影的交流與合作

回顧兩岸廣播影視文化交流20年來的不平凡歷程，我們發現，兩岸影視文化交流規模日益擴大，合作日益加深，發揮的作用日益重要。從1987年台灣攝製組來大陸拍攝專題片《八千里路雲和月》至今，兩岸廣播影視文化交流合作已經走過了20年的歷程。20年來，兩岸合作拍攝電影、電視劇、專題類節目5000多部，共同舉辦研討會、座談會、廣播影視節活動200多場次，台灣業內人員前來大陸參觀訪問、製作節目、洽談業務上萬人次，台灣的廣播影視導演、編劇、演員、攝影師等從業人員中，有4000多人次受邀參加大陸影視劇、綜藝晚會和專題節目的製作演出，大陸從業人員有3000多人次赴台交流訪問。兩岸廣播影視文化交流合作規模不斷擴大，並繼續呈現上升趨勢。

　　目前，大陸與台灣在電影方面的合作面臨著新的契機。兩岸關於電影方面的交流活動特別頻繁。對於未來兩岸合作的前景，雙方既有默契又有各自的期待。

一、合作趨熱

　　近來，大陸與台灣電影人頻頻親密接觸。2009年6月，中國電影海基會和「台灣兩岸交流委員會」在北京舉辦了首屆台灣電影展，侯孝賢、李行等台灣電影界各時期的代表人物紛紛亮相。10月底，台北也舉辦了兩岸合拍電影座談會暨兩岸電影展。幾乎與此同時，在北京舉辦的第四屆華語青年影像論壇上，台灣方面更是派出了規模空前的代表團與會，由30多位當地導演、製片人組成的奢華陣容引起極大關注。

　　大陸與台灣電影界合作的進展無疑與目前兩岸的大環境有關，尤其是相互交流的需求與經濟合作的願景——對於內需嚴重不足的台灣電影而言，海峽對面日漸蓬勃的電影市場對其吸引力不言自

明。之前在電視劇領域，兩岸的合拍政策已大為放開。國家廣電總局推出了影視產業的惠台措施，兩岸合拍的電視劇從2009年開始享受與大陸電視劇同等的待遇。對此台灣方面也給予了積極回應。台灣相關部門發布了《大陸地區主創人員及技術人員來台參與合拍電視戲劇節目處理原則》，放寬了大陸劇組人員赴台拍攝等方面的限制，為兩岸電視劇合拍的進一步發展掃清了障礙。

不過，相比電視劇，電影面臨的局面要更複雜。就大陸而言，兩岸之間的電影合拍目前仍需遵循現有的《中外合作製片電影片的管理規定》。至於台灣的情況，當地的管理部門對於本地區與海外合拍並無規則限定，但對於與大陸之間的合拍設有專門管理條例。不過兩岸各自的規定，在具體條款上多有相似之處。比如對演員的限制，兩岸的管理部門均要求本地演員的比例不得少於1/3，這其實給製片方留有相當大的運作空間。另一方面，雖然兩岸的合拍業務近來取得了一些進展，不過從長遠考慮，一個順暢的合作對接平台無疑是必需的。目前大陸和台灣電影人都在積極呼籲兩岸能夠簽署合拍協議，就規則達成一致，為更深入的合作創造條件。不過由於種種原因，之前內地與香港簽署的CEPA協議難以直接移植。此外，台灣電影界似乎也希望未來兩岸的合拍協議能夠顧及當地電影業自身的一些特點。目前兩岸業界對ECFA（兩岸經濟合作架構協議）寄予厚望，雖然後者的具體內容尚未公開，但台灣方面對其前景普遍持樂觀態度。

儘管在政策層面，兩岸電影直接合作的管道尚未完全暢通，但合作的熱情已經呈現出高漲之勢。前幾年兩岸合拍影片大概每年都有2—5部。此外，就兩岸電影業之間的互動而言，相比之前台灣影人大多透過個人身分參與大陸的各類活動，近來台灣電影界多是以集體形象出現。大陸的相關部門對於兩地合拍也持積極支持的態度。目前很多台灣電影項目也都在積極申請合拍立項，其中包括一些主題相對本地化的影片。如《海角七號》導演魏德勝的新作、講

述台灣少數民族抗日故事的《賽德克·巴萊》。

二、合作之道

近年來內地與香港合拍影片的發展，成效、影響均有目共睹。透過合作，兩地電影界充分實現了資源互補與互惠互利。不過就大陸與台灣而言，未來兩岸電影合作的進展對於台灣電影業的重要性似乎更為突出——前者廣闊的市場能為後者提供難得的發展空間。因為好萊塢對影院終端的把持已使台灣本地的華語片市場變得極度狹小。

在前兩年的兩岸電影合作中，台灣方面更多是透過投資的方式參與。隨著大陸電影市場的迅猛發展，台灣片商對於投資合拍片的熱情逐漸高漲。近幾年台灣本地的主要電影投資公司中環娛樂就先後投資了《天堂口》《赤壁》等幾部大片。一些曾經因為經濟環境而一度退出的大製片商也重新回歸，尤其是華語合拍影片的操盤手們。如長宏公司近年來攜手老搭檔朱延平先後投拍了《大灌籃》和《刺陵》。而另一位台灣的老牌片商、曾投資過王家衛《東邪西毒》的蔡松林最近也再度出山，其執掌的學者國際多媒體股份有限公司剛剛投資了王晶的《大內密探靈靈狗》和《未來戰警》兩部新片。

不過，對於台灣片商積極投資合拍片，目前也有一些質疑的聲音。在很多香港電影人看來，當年正是由於台商大舉投資港片讓香港電影出現了大量泡沫，也為1990年代末香港電影市場的嚴重下滑埋下了禍根。對此，身為台灣導演協會會長和金馬獎主席的著名台灣導演侯孝賢表示，當前兩岸合拍的方嚮應該是探索新的電影模式；但從片商純投資的角度而言，相比創新，跟風無疑是更為保險的選擇。當年曾跟隨台灣資金赴港拍片的朱延平也表示，台灣片商

的大舉投資確實對香港電影產生過一些負面影響，但在他看來，目前大陸市場有其鮮明特色。首先市場規模更大，發展速度更快。另一方面，從大陸的角度而言，其實相比資金，電影業更需要具有成熟商業電影經驗的專業人才，比如導演、編劇等創作人才，以及專業製片人等經營人才。不過在這方面，台灣的資源並無明顯優勢。

以創作人才為例，朱延平幾乎是目前唯一一位能在大陸執導較大投資規模商業電影的台灣導演，但能與他相媲美並具有一定品牌效應和經驗的商業導演實在太少。著名華人導演李安的弟弟、台灣電影製片人李崗近幾年一直在主推扶持青年導演的「雷公」計劃。在他看來，相比製作和行銷，台灣電影進入大陸最困難的還是內容。因為「在大型純商業電影方面，台灣的基礎還遠遠不夠，但拍小型的東西又很難進入大陸主流電影市場」。

除了內容創作，兩岸電影業截然不同的產業特點也會引起資源對接上的困難。大陸的發展方向是好萊塢式的工業化，但以獨立製作為主，多年小本經營的台灣電影難以滿足其對精工細作的要求。台灣電影的多年委靡已使得當地的電影產業在專業能力方面遠遠落後，難以勝任技術難度較高的商業影片製作。

三、著眼新人

雖然缺少成熟的商業電影人才，但台灣在電影新人的培育方面具有一定優勢。事實上，扶植新人一直是台灣電影的特色。單就擁有一至兩部長片經驗的年輕導演數量而言，台灣在整個華語地區均稱得上突出。目前在促進兩岸合作的過程中，台灣方面所看重的一點也是希望能借助大陸市場，為本地的電影新人創造更多實踐機會。華語電影的長遠發展，新人的培養無疑具有重要的戰略意義。不過，當前來自台灣的新人導演能否適應內地市場的需求還要打一

個問號。畢竟即便是擁有成熟商業經驗的香港電影人，也是花費了數年的時間才逐漸適應內地的管理規則與市場特點。對於最近十多年來都以藝術性內向型發展的台灣電影來說，其創作者面臨的轉型難度無疑要高得多。此前，出自台灣青年導演之手的商業電影在大陸上映時成績大多不理想。《天堂口》、《窈窕紳士》等片，在市場上都是草草收兵。

對於台灣的青年導演而言，大陸市場更為陌生，也更為廣大和複雜。對於未來更深入的合作，台灣的電影人目前最需要的還是學習。台灣電影新人近年來確實表現出了某種學習的態度。近兩年，不少台灣電影人積極參與上海電影節創投會等一些大陸的電影活動。2009年青年影像論壇舉辦的「北京計劃」融資會也有多個來自台灣的電影項目。相比香港，台灣電影有著自身的獨特優勢。比如相比創作環境更趨自由的香港，兩岸的電影管理體系與環境存在很多相似之處。台灣的電影人對於政治也更為敏感，因此會更容易適應大陸的電影管理機制。此外，相比粵語文化濃厚的地域性，兩岸在文化、語言方面的共通性也更強，這些都是未來兩岸發展合作的積極因素。

結　　語

1980年代後，隨著大陸改革開放的進行，大陸和台灣之間的電影發展和相互交流越加廣泛，一大批在思想內容和電影語言上明顯具有創新意義的影片，不僅對華語電影創作的發展產生了重大影響，而且從整體上顯示了華語電影的藝術水平、美學風采和發展趨勢。特別是隨著陳凱歌、張藝謀、侯孝賢、楊德昌、李安乃至更年輕的賈樟柯、王小帥、蔡明亮等人的影片在各類國際電影節乃至奧斯卡的評選上獲得更多的獎項，華語電影的名譽和聲望不斷擴大，

已成為世界影壇引人矚目的一道風景線。

電影百年已過，我們站在另一個新的起點上去勾畫中華電影未來的時候，我們發現，華語電影在表現和弘揚中華文化方面是有共同性的。但是它們又具有各自不同的特殊性。地域特色帶來的文化差異、意識形態內容和藝術表現手法等，使兩岸電影顯示出了不同的美學風貌。對此，電影評論家羅藝軍曾這樣概括：「台灣電影繼承『詩緣情』的文化傳統，抒發中國的人倫之情上曲盡其妙；大陸電影傾向『詩言志』，以人文深度見勝。如果大陸、台灣、香港各擅其長，互相協作，就會構成一個多元、多樣、絢麗多姿的大中華電影文化。」我們可以看見，這樣一個互相協作、各擅其長的電影格局正在努力中逐漸形成，大中華的電影文化也在不斷地奮鬥中顯示出了獨特的藝術風采。

---

[1]焦雄屏：《時代顯影——中西電影論述》，台灣遠流出版公司，1998年版，第161—162頁。

[2]聶偉：《新生代影像傳播的文化模式分析》，《文藝研究》，2006年第1期，第99—104頁。

[3]章柏青、賈磊磊主編：《中國當代電影發展史》，文化藝術出版社2006版，下冊，第367頁。

[4]（台灣）焦雄屏：《映像中國》，復旦大學出版社，2005年版，第306頁。

第二章 兩岸電影大師的身影

第一節 台灣影人

今天台灣電影所特有的文化氣質、別具一格的藝術特色以及在國際影壇占據的重要地位得益於一群默默努力的電影工作者，他們風格迥異，卻相互砥礪，不斷推動兩岸電影的發展。在這些電影工作者中，除了侯孝賢與楊德昌這樣為世界影迷所熟悉的大師之外，台灣出身、多次獲得奧斯卡青睞的李安、馬來西亞來台的僑生蔡明亮等也已成為讓世界矚目的著名導演。他們或抒情，或理性，或兼容並蓄，或特立獨行，構成了形形色色、豐富多彩的影像世界，也讓我們看到了一個立體、多面、真實的台灣社會。

一、光影詩人侯孝賢

1. 影人介紹

在台灣眾多影人的形象中，侯孝賢恐怕是最為質樸的一個。他的面容和他所擅長的台灣鄉土電影一樣，溫和，親切，充滿歲月的味道。大陸名嘴白岩松在回憶第一次與侯孝賢見面的情景時說：「他推門出來，一開始我還以為是送水的工人，個頭不高，短髮中夾雜著白髮，皮膚黝黑，穿著隨意，一臉的『老農』相，完全不是我想像的那樣。」這也是很多人對侯孝賢的第一印象，正是這樣一個平凡、低調的人用他特有的方式將一段段台灣的歷史與現實收進畫面中，用那份淡淡的詩人情懷安慰著兩岸很多人的心靈。

侯孝賢的電影創作深受中國傳統美學的影響，處處留白，充滿意境；同時又富有濃郁的台灣本土色彩，鄉談俚語，蘊含風情；既有對歷史的關照，又有對現實的即景，其間所透露出的社會與人性的衝突帶有世界性的視角與意義，尤其是他所一直堅持的長鏡頭紀實美學風格在世界電影中獨樹一幟。

侯孝賢並非地道的台灣人。他於1947年4月8日出生在中國的廣東省，四個月大的時候跟隨父母移居台灣，父母離開故土後漂泊而孤單的心態影響了童年時期的侯孝賢，使得他的作品自然而然透露出一種蒼涼的味道。他在《侯孝賢電影講座》一書中曾經說道：「蒼涼有一種時間和空間的感覺。怎會變成這樣呢？以我的個性，很熱情又跟人非常容易相處，基本上對世界的眼光不可能是這樣的。其實是我們在童年，在成長的過程裡，面對這個世界已經有了一個眼光，是逃不掉的，不自覺的，其實那個時候（童年）已經認識世界了。」1969年服完兵役後侯孝賢考入台北國立藝術學校電影及劇戲系電影科，1973年正式加入電影行業，起初只在現場負責場記等雜工，七八年光陰的磨礪讓侯孝賢在片場中逐漸成熟起來，開始陸續擔任編劇及導演的工作。1981年他執導了自己的首部電影《就是溜溜的她》，後來又相繼拍攝了《風兒踢踏踩》、《在那河畔青草青》等都市喜劇片。這個時期他的電影延續了「瓊瑤愛情片」的味道，採用大牌明星，標準化拍攝模式，並沒有超越商業片的範疇。

侯孝賢真正意義上的個人化風格的創作開始於《風櫃來的人》。1990年代他與楊德昌、蔡明亮等人被稱為是台灣「作者電影」的代表。所謂「作者」是因為在侯孝賢的電影當中能清晰地看到他作為導演個人化的表現風格以及他獨特的電影觀與人文觀。侯孝賢電影的特色是人物簡約，情節平淡，節奏緩慢，題材多以鄉土和懷舊為主，但在平緩的鏡頭之中卻透露出濃濃的詩意和韻味。對於侯孝賢來講，這種基調的形成既來自於他童年開始即在心中蘊藏

的一種情感力量，也來自於他始終尋找並不停帶給他靈感的人。其中，一位對他影響巨大的人即編劇朱天文。兩人的第一次合作即為共同編劇《小畢的故事》（1983），這部電影凸顯了成長的主題，成為台灣新電影的奠基之作。至此，侯孝賢找到了自己關注的焦點，找到了熟悉並喜愛的表達方式，也開始了他與編劇朱天文的合作之路。兩人接下來合作了《風櫃來的人》（朱天文編劇、侯孝賢導演），獲得了1984年法國南特影展「最佳影片獎」。該片延續了侯孝賢所傾向的成長主題，真實而細膩地表現了台灣青年人在成人之前複雜而迷茫的心態。從這部影片開始，侯孝賢將自己的成長經驗、對故鄉的懷念、對孩童和少年時代那種夢幻般的執迷全部放進影片之中，電影沒有了他過去影片中那些曲折的情節和強烈的善惡衝突，而是以大量長鏡頭、穩定構圖和遠景不卑不亢地關注著青少年抑鬱而遊蕩的青春歲月。與此同時，遠遠靜候的鏡頭中呈現出的台灣鄉間美景如水墨畫一般的靜默與雋永，成為了侯孝賢電影美學獨特的標誌。正是這種如詩如畫的方式、綿綿詠嘆、沉思與默念使得侯孝賢的電影具備了抒情的特質，流動著淡淡的詩情，從此他也被冠以「電影詩人」的稱號。

　　朱天文是侯孝賢影片風格形成過程中的一個重要人物。侯孝賢與朱天文合作的影片高達十一部之多，在這個過程中，朱天文在文學上的追求對侯孝賢的影響很大。她喜愛中國文學中抒情的傳統，並注重營造詩的意境和氛圍，也受到張愛玲小說中「蒼涼」的影響，這些都體現在了侯孝賢的電影當中。尤其是朱天文將沈從文的文學推薦給了侯孝賢，使他的影片創作進入了另一個意境。「朱天文給我看了一本很重要的書，《沈從文自傳》，看了後頓覺視野開闊，我感覺到作者的觀點，不是批判，不是悲傷，其實是一種那個更深沉的悲傷。」「所以我就想用沈從文那種『冷眼看生死』，但這其中又包含了最大的寬容與最深沉的悲傷，從這個客觀的角度來拍，我覺得我的個性比較傾向於此。」[1]「遠一點，再遠一點」

這是侯孝賢對攝影機鏡頭的要求，也是他對電影中美學方式的要求。在1987年拍攝的《戀戀風塵》中他將這種詩意運用得圓熟自然。故事描寫一對青梅竹馬的戀人阿遠和阿清，初中畢業到台北打工，原本相守相惜，但阿遠當兵歸來，阿清卻已經嫁給了每天送信的郵差。影片的結尾宛如山水畫的山城遠景，雲影在山頭上緩緩飄過，後面是隱約的大海，前面是零散的墳墓，剎那間人物、情感、自然成為和諧的一體，呈現了中國傳統中人與天地共推移的情懷。

　　侯孝賢的電影成熟於其拍攝的「悲情三部曲」（又稱「台灣三部曲」）。其中拍攝於1989年的《悲情城市》無疑是侯孝賢電影事業的一個巔峰，也是奠定其在國際影壇地位的影片。這部影片不僅在台灣創下當年七千萬的最高票房紀錄，獲得了第二十六屆台灣電影金馬獎最佳導演獎，而且在第四十屆威尼斯國際電影節上獲得了金獅獎，這是台灣電影首次獲此殊榮。從這部電影開始，侯孝賢的視角不再侷限於台灣居民日常生活中的悲喜，而開始以歷史的眼光去看待台灣的變化，有意識地用電影去記錄和再現台灣歷史與社會的變遷。此後，他相繼拍攝了《戲夢人生》（1993）和《好男好女》（1995），由此構成了「悲情三部曲」系列影片。《戲夢人生》是台灣布袋藝人李天祿的傳記片，真實地記錄了台灣處於日本殖民地統治時期普通人的生存狀況和生命經歷，表現了中國傳統文化在特殊時期的延續和發展。為貼切地呈現這位台灣本土藝術家的生活經歷，侯孝賢放棄特寫與蒙太奇的處理效果，以平實靜觀的視角來捕獲一個個非戲劇性的日常活動片段。「生活本身就是歷史」這就是侯孝賢信奉的觀念。這部電影的配樂也非常特別，採用了台灣本土的月琴取代了傳統的吉他，月琴一撥，那些帶有野味自然的歌謠就透過那些質樸的嗓子吟唱出來，轉瞬間，又飄散在喧囂的人潮或帶著泥土味的空氣裡。像極了侯孝賢的電影風格——不管昨日有多少痛楚感懷，鏡頭一轉便又是一片悠然青山。影片《好男好女》則根據台灣白色恐怖時期一批受難者的真人真事改編而

成，電影橫跨三個時空，由三個不同時期的戲中戲、現實和記憶共同交織而成，探討著電影與現實人生的虛實。

影片《悲情城市》是三部曲中份量最重、影響最深的影片。在這部影片中，他借轟動台灣的「二二八」事件和一個台灣家族的興衰歷史，映照出1949年前後，台灣脫離日本奴役，再成為蔣氏「統治王國」的一段歷史。片中無論是陳儀所代表的官方敘事，還是寬美的日記，都讓觀眾看到所謂台灣光復的歷史敘事原來是如此的充滿斷裂，充滿悲情。而侯孝賢自己在接受採訪時則說：「這部電影想要抓住的感覺，與其說是嘗試要為這幾十年來的台灣歷史進行註解，其實是更像把一首台語老歌給唱出來，歌詞簡單，情感直接，但唱的人和聽的人都會在歌聲中找到自己寄託的空間、非關逃避，而只見人的韌性。」

「台灣史三部曲」涵蓋和反思了台灣近現代一系列的重大歷史事件。侯孝賢始終堅持以人的眼光去觀察社會，關注人性變遷。他的真誠與勇氣給人以多方面的感悟和關懷，這奠定了侯孝賢在台灣電影史上的重要地位。

2000年以後，侯孝賢陸續拍攝了《千禧波曼之薔薇的名字》《咖啡時光》《最好的時光》等影片，這當中既有對小津安二郎等電影前輩的致敬，也有對新鮮電影手段的嘗試，用不同的藝術手法完成他對歷史和人生的想像。他出片的速度很慢，是台灣少有的幾位仍在堅持藝術片創作的人。這些影片雖然沒有取得很高的票房成績，但在兩岸影迷的心中，那份不變的安寧、固執的靜默、深切的關注和濃濃的詩情仍然是侯孝賢不變的標誌。同樣，作為一名電影人，侯孝賢也一直密切關注著大陸電影事業的發展，也不斷在培養新導演、改善台灣電影製作條件上進行著努力。他曾擔任過大陸第五代導演張藝謀的電影《大紅燈籠高高掛》的製片，也為很多台灣青年導演的影片擔任監製，近年來更是活躍在兩岸電影交流活動當

中。

2. 代表作品

《刺客聶隱娘》（2015）

《紅氣球的旅行》（2007）

《每人一部電影》（2007）

《盛世裡的工匠技藝》（2006）

《最好的時光》（2005）

《咖啡時光》（2003）

《千禧曼波之薔薇的名字》（2001）

《海上花》（1998）

《再見南國‧再見》（1996）

《好男好女》（1995）

《戲夢人生》（1993）

《悲情城市》（1989）

《尼羅河女兒》（1987）

《戀戀風塵》（1986）

《童年往事》（1985）

《冬冬的假期》（1984）

《兒子的大玩偶》（1983）

《風櫃來的人》（1983）

《在那河畔青草青》（1983）

《風兒踢踏踩》（1981）

《就是溜溜的她》（1980）

3. 經典作品賞析《悲情城市》

基本資料

《悲情城市》：彩色故事片，1989年出品

導演：侯孝賢

編劇：吳念真、朱天文

攝影：陳懷恩

主要演員：梁朝偉、李天祿、高捷

獲獎情況：第十六屆威尼斯國際電影節金獅獎；聯合國教科文組織人道精神獎；第二十六屆台灣金馬獎最佳導演獎、最佳男主角獎。

劇情簡介

台灣基隆的林阿祿家有四個兒子，他本人已經老邁糊塗，行動困難。大兒子林文雄主持家務，經營著從父親手裡傳下來的「小上海酒樓」。四十多歲的文雄有女無子，便娶了一個小妾替他傳宗接代。老二文森被日本人征到南洋當醫生，戰死在中南半島，他的妻子並不知情，一直守著活寡。老三文良被征到上海為日軍當翻譯，後被拘禁在戰俘營中，把年輕的妻子撇在家中。最小的兒子文清小時候頭部受傷，又聾又啞，卻非常喜歡攝影，跑到外地開了一家小照相館。

1945年日本投降後，台灣回歸祖國懷抱，消息一傳開，群情沸騰。這個時候老大的小妾產下一個兒子，一家人沉浸在喜悅之中。不久，一些形形色色的人如大員、公民黨軍隊、地痞流氓、投機主義者等人趁著光復台灣的機會都趕來了，林家老三也被放回來了，但又被人指為漢奸，被打得精神失常。

文清和好友、小學老師吳寬容一起，常與社會青年聚會。這些人在一起議論欠薪、貪汙、失業等社會問題。一次，大家情緒激昂，唱起了《流亡三部曲》，雄壯的歌聲讓老三受到刺激，竟然奇

蹟般地恢復了正常。沒過多久，老三與黑社會混在一起，從事偽鈔生意，時常互相仇殺。老大的小妾的哥哥也勾結流氓組織進行販毒活動，大哥文雄一向反對仇殺等行徑，讓弟弟退出組織，但文良退出後惹惱了黑社會中的人物，他們與政府串通一氣，誣陷文良是漢奸，將其送進監獄。

　　文雄多方奔走，終於將文良營救出來，但是文良的瘋病再次復發，已經成為一個廢人。後來，文雄與黑道大哥在賭場不期而遇，兩幫人展開火拚。文雄手下的兄弟被一一砍死，文雄也被對方一槍打死。

　　就這樣，林家兄弟紛紛凋零，只剩下一個踏踏實實、規規矩矩從事照相業務的啞巴老四文清當家做主。文清在大哥出殯那天，勉強與好友吳寬榮的妹妹寬美草草結婚。本就已經昏聵老邁的林阿祿在一串失子之痛的打擊下，越發糊塗悽慘，常常抱怨蒼天不公，讓自己的兒子都走得那麼早，偏偏留下一個殘疾的老四讓他依靠。

　　二二八事件發生後，百姓奮起反抗國民黨的腐敗統治，國民黨當局大肆鎮壓。不久，一些為台灣前途而奮鬥的志士在活動中走風失事，老四被捕，留下年輕的妻子獨自撫養牙牙學語的幼子。

　　影片鑒賞

　　侯孝賢拍攝的《悲情城市》以台灣二二八事件歷史背景，講述一家兄弟四人在社會變革中的遭遇和生活，其悲愴的情感流露於一些家庭生活瑣事之中，其歷史責任感充斥於暗昧含混的歷史事件裡。台灣本土人和外來人之間的矛盾、本家人和國民黨之間的衝突，在慢慢敘述而又暗藏殺機的故事裡講述得動人而平緩。人物之間的傷痛和豪情，於不經意間在時光流轉中，無聲地凋零成歷史的隱痛。侯孝賢電影獨立自覺的台灣意識，正是在對大陸紐帶的艱苦追尋與對台灣歷史的悲情陳述中次第展開。一個家庭的衰亡徵象與一段歷史的慘痛記憶交織在一起。在強烈的政治批判中，寄寓著真

切的人性關注與深刻的歷史反思。也正是在這一層面上,《悲情城市》呈現出一種立足台灣鄉土、面向中國文化的恢弘氣質。

《悲情城市》的複雜性是多面的,首先當為其史詩般的素材,一整段連綿的歷史傷痕在電影章節式的敘事架構中娓娓道來。侯孝賢的處理客觀中滲透著同情,審慎的態度從不掩蓋其清晰的觀點。他在《童年往事》中懺悔的個人主題,如今已揮灑成一份時代變幻時對犧牲者無奈的安魂曲調,其瘖啞的絃歌中,有著不可挽回的沮喪和錐心刺骨的悔意。換言之,《悲情城市》成為侯孝賢創作系列中一個極關鍵性的突破。過去自傳式、童稚或慘烈少年的深邃悲愁與懷鄉情韻,已經飛越了內向的世界,明顯地外化為更複雜的歷史與個人命運的沉思,過去隱約的時代感已經鮮明地躍動在每一寸膠卷之上。尤為難得的是,侯孝賢融入全片蘊藉的細緻筆觸,沒有半點控訴的乖張狂暴,卻在脈脈間讓人神魂震盪。

事實上,《悲情城市》的複雜性與其說展現在其史詩素材上,更不如說是全片在場面調度、多線敘事方式、眾多人物關係的網絡

之中尋求到一種形式的配合。以往侯孝賢電影中重視空間的整體感在這部作品裡，竟演變得相當複雜，門廊、窗櫺彷彿是歷史的框子，不斷分割著劇中的每一段人性悲劇，而多場室內戲的前、中、後景，經常出現了侯氏過往作品中少見的變化。一個地方大家族的興衰軌跡，當豪情壯志的歌聲仍在空中飄蕩，卻不經意在流光轉換間，無聲地凋零成歷史的隱痛。知識分子也好，幫派老大也好，在片中都各自閃露著尊嚴與生命力，這是侯孝賢影片一貫的人性化的體現，只不過在《悲情城市》裡，卻流露出更為強大的動力和戲劇性。在侯孝賢作品系列中那種淡化的處理，似乎已抑壓不住那時代的悲情，有著更多人性化的表現時刻此起彼落，烙印於那位無法言語的敘事者的歷史見證裡。

　　長鏡頭是侯孝賢獨有的特色，與之相伴隨的就是主人翁自我的敘述。在《悲情城市》裡，給這樣的自述加了一個載體，就是寬美的日記。寬美在上山的時候，說了這樣一段話：「昭和二十年十一月初八，好天，有雲，帶著父親寫的介紹信，上山來金瓜石的礦工醫院做事。哥哥教書沒空，叫他的好友文清來接我，山上已經有秋天的涼意，沿路風景很好。想到日後能夠每天看到這麼美的景色，心裡有一種幸福的感覺。」鏡頭從山頂上俯拍，寬美坐在上山的椅子上，有韻律的一顛一顛的，伴隨著略帶日本節奏感的音樂。輕鬆，也正像寬美說的，以後都可以看到這麼美的景色，心裡這樣的幸福也似乎在鏡頭下開始延續，一直不斷。第二次的上山也同樣是用長鏡頭調用。不同的地方使用長鏡頭總是有一種特殊的感情蘊含在裡面。或悠遠或延續，或平淡或深情。

　　《悲情城市》一共出現了6種語言：閩南語、粵語、國語、日語、上海話、客家話。這些五花八門的語言交織著出現，各種腔調混雜著、衝突著、輝映著，勾勒出那個年代小島特有的一種人文風貌。也正是只有那個年代的小島才有這麼多混雜的語言。醫院裡大部分都還是使用日語，直到日據結束之後，才剛剛開始教醫生、護

士說國語。所有的一切都在暗示觀眾，日據時期的生活是怎樣的，國人甚至不能說本國語言。放棄了自己的自尊、自愛，從思想上被迫遠離祖國，台灣的身分認同也成了一個危機和矛盾。在小酒館裡，大家在唱《流亡三部曲》。「九一八，九一八，從那個悲慘的時候，脫離了我的家鄉，跑起了無盡的寶藏。流浪，流浪，整日價在關內，流浪，流浪。哪年？哪月？才能回到我的可愛的故鄉？」無時無刻不在體現著侯孝賢的那一種鄉土情結與離開的悲涼。

由於男主人翁文清是位又聾又啞的人，所以在影片裡多次以黑場字幕的形式出現他想說的話，並且作為專場的過渡。

此外，電影中多次出現林家所在的小漁村的俯瞰鏡頭。黎明時期的漁港是那麼的安詳，讓人不忍打擾。可是這樣一個原本應該平靜的地方卻不平靜了，時常會出現官兵在抓人，出現了與周圍環境十分不和諧的音符。幽靜的環境，喧鬧的人物，這樣的一種對比暗示了社會大環境的動盪不安。反覆的出現也讓人對這個小漁村還有生活在裡面的居民感到不平與揪心的不安。

總之，《悲情城市》是一則當代台灣社會的灰色寓言，暗示著那個時代的無所適從。這是一首浮世風景中瘖啞的安魂曲，浸淫著曾被埋沒的悸動和痛楚；這是一部時代轉型期，個人與社會命運緊緊相扣的完整的台灣史詩，以悲天憫人的基調向觀眾展示著。遠處聲音微弱，分不清從哪裡來又要往哪裡去。好像時空整個凝結在那裡。侯孝賢就好像一個在山頂俯瞰人世的旁觀者。溫暖，但帶著距離，所以絕對的清醒。所以，他的電影也是如此的淡泊客觀。他就像是一個歷史的記錄者，用那種逝者如斯的筆觸，用對歷史的虔敬與關注，用成熟低徊的風格，在客觀與寫實中品味出關情。他記錄著台灣的歷史，記錄著台灣人的生活、歷史及心境塑像。

侯孝賢自己說：這部電影想要抓住的感覺，與其說是嘗試要為這幾十年來的台灣歷史進行註解，其實是更像把一首閩南語老歌給

唱出來，歌詞簡單，情感直接，但唱的人和聽的人都會在歌聲中找到自己寄託的空間、非關逃避，而只見人的韌性。

二、知性哲人楊德昌

1. 影人介紹

著名導演馬丁·史科西斯與明星勞勃狄尼洛，並稱為紐約的「絕代雙驕」，如果也有導演界的「台北雙雄」的話，一個是侯孝賢，另一個一定是楊德昌。很有意思的是，兩人同生於1947年，而且祖籍同是廣東梅縣人，作為同一個時代的兩位藝術大師，楊德昌與侯孝賢常常被同時提起，兩人作為支撐起台灣電影的主將，將台灣新電影推向高潮。然而兩人的電影卻風格迥異，如果說侯孝賢是一位光影詩人的話，楊德昌則是一個知性哲人，侯孝賢的電影感性、溫情、沁人心脾，楊德昌則凌厲，理性，對社會的批判毫不留情；侯孝賢自然，寫意，楊德昌則審慎，冷靜。侯孝賢的電影基調是「鄉土的、傳統的，道德的，深得寫實之美；楊德昌則是都市的、現代的、美學的，深得靈虛之美。」[2]楊德昌以現代主義的手法，對台灣都市進行精密而細緻的觀察和探討，充滿台灣電影少見的內省和現代性，因此被譽為「台灣社會的手術燈」。

少年時代的楊德昌功課並不好，但酷愛漫畫。他深受日本漫畫家手塚治虫的影響，對其作品中對於人性光輝與悲劇性結局深深著迷。1965年，楊德昌考上台灣新竹交通大學控制工程系。在大學期間，他深受西方現代思潮的影響迫切想要體驗外面的世界，於是在1970年赴美留學，取得機電工程碩士學位，後到南加州大學修讀電影課程。這個時期他受到歐洲藝術電影導演如安東尼奧尼、費里尼、荷索等人的影響，孤單的求學過程、西方理工教育背景和歐

洲現代電影觀念，使楊德昌對現代人的異化和疏離有著深切的體驗，並就這一主題在電影中進行表現。

1983年，楊德昌導演了《海灘的一天》，這是台灣新電影前衛性的代表作，反映了物質富裕之後台灣中產階級的人際關係，對愛情、婚姻、親情、事業等各個方面都做了相當深刻的探討，展示了當時台灣婦女的真實心態。此後，楊德昌拍攝了《青梅竹馬》、《恐怖分子》，構成了其80年代的「城市生活三部曲」。《青梅竹馬》講述了一個發生在台北的愛情故事：一對原本青梅竹馬的戀人卻在逐漸拉開距離的文化和社會生活空間裡格格不入起來，理想與愛情的價值充滿矛盾，影片中處處以分割式的鏡頭出現，鏡頭裡台北交通塞車擁堵，將兩個人分割在咫尺之間，暗示了現代化的發展造成了兩個人無法結合的悲劇命運。這部影片被評價為「剖析台灣社會，是最有洞察力的作品之一，也是具有最強控訴力的一部」。此片獲得了1985年盧卡諾影展國際影評協會獎。《恐怖分子》是台灣「城市三部曲」中出類拔萃之作，楊德昌以極精確的電影語言和複雜的結構將一段「現代都市噩夢」表現得驚心動魄，象徵的運用可圈可點，在形式與內容上的結合上具有後現代電影片的特色。片名中的「恐怖分子」所指的是淑安及其團夥以及李立中，他們都是被社會的壓力所驅使而走上了不歸之路。事實上導演想表明的是恐怖分子並不是先天就有的，而是一個病態社會的產物，是那些反抗社會固有形式的人的總稱，楊德昌用最真實的電影語言使人們睜開雙眼面對現實社會中的問題。

如果說1980年代的「城市生活三部曲」所審視的範圍一直在人物的內心世界和週遭環境的較量之間，那麼從1990年代《牯嶺街少年殺人事件》開始，與接下來的《獨立時代》、《麻將》，所呈現出的視野則擴大到了現代台灣都市化進程中的文化反思和歷史關照。《牯嶺街少年殺人事件》改編自1961年的一段真實新聞，也包含了楊德昌自己青少年時期的親身經歷。「小四」的故事根據

楊德昌學生時代的校友茅武的真實事件改編。茅武是建國中學夜間部初二的學生，因女友拒絕他，在1961年6月15日晚上與女友來到牯嶺街談判，談判不成，他將她連刺七刀，致使女友當場斃命。事件發生後，轟動台灣，報刊以「不良少年行兇情殺」來概括這件事件。在電影中，楊德昌將一個少年的愛情故事和當時的歷史背景結合在一起，勾勒出了那個物質匱乏、精神壓抑、西方文化入侵、人們迷惘絕望的社會基調。從「現代都會三部曲」到《牯嶺街少年殺人事件》楊德昌停了五年的時間，對於《牯嶺街少年殺人事件》這樣切身的素材，楊德昌有一層特殊的慎重，影片中烙印著比以前作品更複雜的情感關係。全片有92個需要修改、重建的場景，片中定妝的演員有90人，資金預算從1300萬擴充到2700萬。在楊德昌的創作生涯中，鮮有如此龐大的製作架構，尤其是對年代寫實性的努力加工，應該說沒有創作者們自身的成長經驗以及虔誠的感情是無法完成的。影片參展28屆台灣「金馬獎」，力克當年香港的兩部同樣優秀的影片《阮玲玉》和《阿飛正傳》脫穎而出，奪走最佳影片大獎。

　　此後拍攝的《獨立時代》和《麻將》則表現了台灣經濟蓬勃發展後產生的新的社會問題，富裕帶來的對原有誠實的生活態度的否定，不但愛情的神聖被破壞，親情、友情和義氣都蕩然無存。《麻將》中那些沒有看見的麻將和賭具，正隱喻著所有人正如在牌局中一樣，被社會和當局推來推去地把玩，每個人的人生就像打麻將，不是贏就是輸。這部電影以黑色幽默的方式展現出台北都市會世紀末的眾生相，讓人們對台灣現實進行批判和審思。這部影片獲得了第46屆柏林電影節評審團特別推薦獎。

　　新千年到來的時候，楊德昌拍攝了《一一》，這是一部以家庭為視角的影片，他在敘述一則簡單的家庭故事時，真正觸摸到「情感的精髓」，以四兩撥千斤的嫻熟技巧展示了少女心事、童年困惑、事業危機、家庭糾紛，以及對宗教的慨嘆和對時事的諷刺。在

這部影片之中，導演想要放進的東西太多，粗糙荒謬的男女關係、畸形的教育品質、父權的人際思考、物質化的社會關係……這些似乎都隱含在這個簡單卻包羅萬象的片名中。這部影片獲得了第53屆坎城影展最佳導演獎、法國影片人協會獎的年度最佳外語片獎、洛杉磯影評人協會最佳外語片獎等眾多獎項。《一一》成為楊德昌電影的里程碑之作，也成為台灣電影經典片之一。

　　楊德昌的電影一般都呈現了一個封閉式的結局，與西方的現代電影大師表現人的異化、消解故事的戲劇性、採用開放式結局不同，楊德昌的電影始終希望能影響和教化現代人，這種良苦用心和中國文人知識分子經世致用的觀念一脈相承。他電影中的殘酷與狠，並不只是為了揭開傷疤，而是希望引起人們的關注，並最終提供救治之方。作為一個儒者，楊德昌嘗試指出一些出路，希望人們能學會大度豁達，彼此寬容信任，多用愛心拉近疏遠，多用理性克制慾望。

　　作為一個對現代城市商業文明的痼疾有著深刻認識的導演，楊德昌的作品反映了現代人在物質壓迫之下的身心異化和精神危機，這種危機在經濟日益發達的今天仍然對我們有著巨大的威脅。作為一個現代的儒者，以理性、冷靜的鏡頭語言將這些社會的詬病一一捕捉與表現，體現了他強烈的責任意識與批判精神，而這種精神恰恰是當今導演們所缺乏的。楊德昌一生所拍攝的電影數量很少，只有八部，他對電影精神的堅持和不放棄令人敬畏。2007年他因大腸癌於美國當地時間6月29日於洛杉磯比弗利山莊的住處病逝，享年59歲。他的去世被認為是「台灣獨立電影時代的終結」。

2. 代表作品

《指望》（《光陰的故事》第二段）（1982年）

《海灘的一天》（1983年）

《青梅竹馬》（1985年）

《恐怖分子》（1986年）

《牯嶺街少年殺人事件》（1991年）

《獨立時代》（1994年）

《麻將》（1996年）

《一一》（2000年）

3. 經典作品賞析《牯嶺街少年殺人事件》

基本資料

《牯嶺街少年殺人事件》：彩色故事片，1991年出品

導演：楊德昌

編劇：楊德昌、閻鴻亞、楊順清、賴銘堂

攝影：張惠恭

主演：張震、楊靜怡、金燕玲、張國柱

獲獎情況：第28屆台灣電影金馬獎兩項獎項、第四屆東京國際電影節評委會大獎、第三十六屆亞太影展最佳影片獎。

劇情簡介

影片以1960年代初台北的真實事件為背景。1960年代初的台灣好像一切都是灰的，渾濁的空氣裡也流動著灰暗的味道，失落和絕望的情緒籠罩在城市上空。來自四面八方的外省人操著他們各自濃重的口音，山東話、上海話、蘇北話、四川話……在這個城市奔波忙碌著。隨軍逃到台灣的家眷們形成了一個個被人們稱為「眷村」的小村落。在這樣一個城市裡，小四、小明、小馬、老二、小貓王、飛機、滑頭、小虎、小翠……他們成長著，並且拉幫結派地出來混，「小公園幫」和「217眷村幫」逐漸成了勢不兩立的對頭。

在台北，建國中學夜間部的男生小四是個置身學校幫派對立之外的好學生，父親是奉公守法的公務員，母親在小學代課，1949年從大陸遷到台北。家裡共有5個孩子，大姐為了幫父母承擔家庭重擔，想要放棄出國的願望，但是媽媽並不同意；二哥和小四一樣，沉默寡言；三姐是個虔誠的基督徒，謙卑忍耐；張震是家裡的老四，所以被叫做小四；家裡最小的小妹是個發育迅速的小女孩。

小四與家世不幸的女孩小明十分投緣，暗生情愫，「小公園幫」的老大哈尼也傾心於小明。小明父親早逝，母親把一切希望都

寄託在她身上。她過早地成熟，同時周旋於幾個男生之間。數學考試，因滑頭抄襲，後來爸爸去學校交涉，但最終因為不滿於學校領導的官僚腔調而與學校領導發生爭執，小四被記大過。哈尼回到台北，要小四好好照看小明。

　　由於幫派之間的紛爭，哈尼一個人去對抗「眷村幫」，結果被對方的老大山東推到了汽車輪下。小四參與了圍剿「眷村幫」替哈尼復仇的行動，山東被殺。小四父親涉嫌政治被迫寫交代材料並被解聘，受到迫害，近乎神經質；母親受牽連被免掉了教職。小四因為衝撞校方被勒令退學，準備努力學習考日間部的插班生。

　　小明的母親到馬司令家幫傭，馬司令的兒子小馬是小四的朋友，是一個早熟但夠義氣的少年，小明因母親的原因住在他家。家庭和學校所發生的事件讓小四難以承受，他覺得小明變了，而小明與小馬的交往又使小四陷入友情和愛情的矛盾中，他與小馬吵翻。在牯嶺街的舊書市上，小四看見了小明，再次向她表明心跡，而小明卻斷然拒絕了。失去控制的小四接連向小明捅了7刀，小明當場死去。小四被拘捕，初審被判死刑，由於此是國民黨當局遷台後第一宗少年殺人案，各界紛爭後，台灣高等法院更審為15年徒刑。小貓王錄了他唱的英文歌《陽光燦爛的夏日》送給小四，卻被警員隨手丟進垃圾桶。

　　影片鑒賞

《牯嶺街少年殺人事件》是楊德昌的第六部作品，承襲了他對現代都市生活的一貫關注和對複雜敘事技巧的特殊喜好，影片結構繁複，敘事方式曲折，人物眾多，光編織、理順各種線頭就很需功力。那麼多幫派，有著錯綜複雜的關係，生如浮萍的小明周旋於幾個男孩子之間，小四不覺間無法保持平靜心態而捲入爭鬥，一步步偏離軌道，最後造成悲劇結局。筆調愈發凝重、質樸沉靜，冷靜旁觀卻不漠然。他無法無動於衷，這與小貓王的《陽光燦爛的夏日》一樣，是唱給他同齡人、他少年時代的一曲輓歌。同樣是對少年時光的傷懷，我們在姜文導演的《陽光燦爛的日子》裡找到了相似的感覺。

　　影片中的小四多少有著楊德昌本人的投影。小四對1960年代的台灣社會的觀點正好代表了楊德昌本人的觀點，小四父親所經歷的白色恐怖，也就是楊德昌本人要傳達的一點政治訊息。本片中不時出現的坦克車，就正有上述的暗喻，電影裡的美國流行曲，少年幫派舉辦的舞會，顯示了60年代台灣深受美國文化的影響之深。片中的大部分情節都在夜間發生，主角好比身處於一個曖昧不明的黑暗時代，身處於一個黑暗的社會。

《牯嶺街少年殺人事件》以完全不同於侯孝賢《悲情城市》的方式，以「銳利的現代感」呈現給台灣影壇一部史詩式的大氣魄作品。楊德昌的思維方式偏於理性分析，他從容不迫地講述著故事的背景，剖析著「台灣社會的一個橫斷面」。60年代初，對台灣兩代「外省人」來說是灰暗絕望的年代，台灣在政治高壓下動盪著，充滿危機。如果說台灣本土人孤單無依，逃過去的「外省人」則心裡更加失落，無所皈依。大陸過去的的小四的父輩受到迫害、審查，母親被免教職。家庭遭遇挫折的小四在學校也沒有被公正對待，叛逆心理更加嚴重，少年戀情的失敗讓他心境無法平和，終於走向無法挽回的錯處。當年隨軍逃到台灣的家眷們形成小村落，被稱為「眷村」。台灣作家朱天文和白先勇的小說中多次提到「眷村」。

　　「眷村」人們的生活有些空虛絕望，「眷村幫」和那個時代多數男孩子們一樣，好勇鬥狠，爭風吃醋。出身低寒的少女小明如菟絲子依附於幾個男孩子之間以期獲得保護。此時小四的力量不足夠強大，所以她拒絕他。少年世界裡過早捲入成人世界的醜陋，小四以極端的方式完成對純美少年時代的獻祭，也留給觀者太多思索和嘆息。

　　用楊德昌自己的話來說，「『新電影』影片毫無疑義有助於人們正視我們的根，我們的政治，我們與大陸的關係等一系列問題」。90年代以來，從《牯嶺街少年殺人事件》到《麻將》和《一一》，他用影像記錄著城市的滄桑、人們生活和心靈流動的苦悶困惑。「我的目標很明確，就是用電影來替台北市畫肖像。我要探尋台北這些年來發生變化的方式，以及這些變化是如何影響台北市民的。」楊德昌如是說。

　　《牯嶺街少年殺人事件》的敘述手法嚴峻而含蓄，電影語言豐富深邃，有複雜的結構和開放式結局，對時空跳躍的銜接流暢統

一，看似平和的結構和影像上有一種心理分析的色彩和表現強度。劇情進展緩慢，後半部分稍嫌拖沓，但氣氛營造細緻沉著，在不置一詞的「低調」敘事中適當出現情感高潮。比如小四在校園裡向小明表白，背景是喧囂的音樂，他講到關鍵時刻忽然所有聲音都停滯，一下子寂靜下來，他的表白聽起來聲音大得驚人。而各個幫派之間的恩怨紛爭則讓平緩的節奏中融入緊張場面。楊德昌以熟練巧妙、似散實密的技法，把性格各異、來自不同社會和家庭背景的少年串聯在影片中，縱橫交錯而達到內容和結構上的平衡。影片疏離而壓抑，深入都市文化心態的內核，與之前幾部影片相比更加老辣成熟。楊德昌認為每部影片都要拍出新鮮感，只有不斷地給觀眾看到新的東西，才能維持觀眾看電影的興趣。

《牯嶺街少年殺人事件》的影調基本是沉鬱內斂的，明暗對比強烈，講究造型感，而且充分利用人們在城市的生存環境，採用了「框架性構圖」割裂空間，房間、牆、門、窗、框、帷幕、簾、桌子……這些框架性的空間造型形式，讓觀眾看到影片中人們被壓抑和欲突破而不得的焦慮。

楊德昌則用自己的作品，在都市的人流中測量自己解讀台北這個都市的深度。他樂此不疲，透過影片進行自我觀照，透過電影來擴張生命，克服自我對死亡的恐懼，消解城市這個龐然大物的神祕感和人們面對它的無力感。

如果說他在用畢生精力做「以從事件和日常生活景象中抽離出來的畫面為元素項，以從楊德昌的視角出發的蒙太奇思維為語法，連綴、組接、拼貼而成一部關於『城市』的電影論文」，那麼《牯嶺街少年殺人事件》這篇論文，立意、論述都是很深刻縝密的。

三、文化行者李安

1. 影人介紹

　　李安，有一張標準好男人的臉，儒雅、溫柔、略帶腼腆，他的眼神專注而清澈，永遠綻露一抹乾淨而含蓄的笑容。當《臥虎藏龍》在金球獎上得獎的時候，他說：「我的驚喜之情難以形容，我要感謝我強悍的太太，她是《臥虎藏龍》裡除了碧眼狐狸以外所有女主角的典範……」這樣一個男人曾經在家裡當了六年的「家庭煮夫」，拍攝《推手》時還要邊做家務邊帶孩子，直到參加《斷背山》首映活動前還在冰箱裡凍了200個餃子……他從平凡的家庭中來，不停探討著東西方家庭的相處之道，就這樣一路走來，三次問鼎奧斯卡，兩捧金獅，幾度斬獲金球、金熊、金馬獎，被評為最受歡迎的世界百名導演之一。無論從商業上還是藝術上，李安都已躋身世界電影大師的行列。但為什麼是李安？這個儒雅、斯文、腼腆甚至有些中庸的台灣人，在他謙和的微笑背後，是怎樣征服東西方眾多的觀眾的內心？

　　李安於1954年10月23日出生於台灣屏東潮州，祖籍江西。1940年代末，李安的父親來到台灣，曾做過中學校長，一生從事教育事業。李安的家庭是極其傳統的，家教甚嚴，父親對他的期望是學業有成，將來教書育人，當他憑藉《臥虎藏龍》拿回奧斯卡獎之後父親還提出讓他回到大學教書。但李安讀書時的成績並不好，幾次聯考失利之後決定報考藝專戲劇科。因此青少年時期的李安並不自信，因為父親的期望始終是其心中巨大的壓力。直到他在藝專學習了話劇表演之後，才在舞台上一點點找到了自信的感覺，獲得了心靈的解放。1978年，李安來到美國，他先是在伊利諾斯大學學習戲劇導演，獲戲劇學士學位。後又前往紐約大學學習電影製作，並獲得電影碩士學位。在美國的學習生活，讓李安完成了從舞台表演到電影導演的轉變，更為他打下了良好的講故事基礎。

懷著電影夢來到好萊塢的李安卻在起初的幾年遭到了現實的打擊。作為華人導演在美國發展非常困難，此後的六年時間，李安只能待在家裡，從事大量的劇本研究和寫作。在這個過程當中，他充當了家庭生活中的主角，自然對家有了更深刻的理解，這為李安後來的創作提供了豐富的素材和獨特的視角。李安的成功在於他在東西方文化之間找到了書寫的管道，台灣這個對儒家文化倍感珍視的土地是李安文化的根源，多年在西方的生活，讓他體驗到了兩種文化的交融和碰撞，這正是他今後創作的主要題材。六年蟄伏期間，李安創作了大量的劇本。1990年，台灣地區「新聞局」徵選優秀劇本，李安將他從1982年就開始創作，修改了二十多稿的《推手》和《喜宴》寄去，結果雙雙獲得一、二等獎，《推手》得到了四十萬美元的拍攝資金。從這部電影開始，李安進入大眾的視野，他所營造的不同以往的文化體驗深深地吸引著兩岸觀眾。

　　李安早期的電影《推手》（1991）、《喜宴》（1993）、《飲食男女》（1994）被稱為「家庭三部曲」。《推手》描寫了一位台灣父親在美國兒子家中因為與洋媳婦之間的文化差異而產生的矛盾，既有濃郁的中國文化，如太極推手，又有很強烈的戲劇結構，在藝術和商業上都獲得了成功，這是李安最早對東西方文化提出的思考。《喜宴》則講述了一個同性戀假結婚的故事，卻從家庭倫理的角度探討了不同民族對於家庭、兩性關係的認識，延續了他關注東西方文化的主題。《喜宴》以好萊塢模式製作，獲得了第43屆柏林國際電影節最佳影片金熊獎，第30屆台灣金馬獎最佳劇情片、最佳導演等獎項，提升了李安的國際聲響。1994年，他應邀回台灣拍攝《飲食男女》，透過一個家庭中廚師父親與三個女兒的各自婚姻和愛情故事的描寫，表現了中國文化中「食」與「性」的平衡關係，表現了李安對家庭倫理文化的持續關注。這部影片獲得了奧斯卡最佳外語片提名和多項國際大獎，標誌著李安的導演藝術在世界上得到了更廣泛的肯定。很有意思的是，李安的三部影片

中，父親的形象均由台灣演員郎雄扮演，因此，「家庭三部曲」也稱為「父親三部曲」。更有人說，郎雄代表了李安心裡永遠的父親形象，他既是《推手》中身懷絕技卻處處忍讓的太極拳師，也是《喜宴》中嚴肅傳統最後卻向兒子舉手投降的軍長父親，還是《飲食男女》中辛苦帶大三個女兒最終勇敢娶了小自己三十歲的女兒同學的倔強父親。影片中郎雄的表演含蓄生動，精準細膩，不留痕跡，完美地塑造了中國父親的形象。2002年5月2日凌晨，郎雄因病逝世，享年七十二歲，聞訊趕來的李安在郎雄的靈前失聲痛哭，他在悼文中說：「郎叔走了，對我個人來說，是一個時代的消失。」

　　經過「家庭三部曲」的錘煉，李安實現了對自己電影語言的駕馭和把握，西方多年的電影訓練使李安的影片有著強烈的起承轉合的戲劇性，兼具輕喜劇的風格，節奏明快清晰；多年中國文學的薰陶又使其劇本帶有天然的抒情性和細膩的特點，人物有情趣。這些特色使李安在華人導演中承擔了更多的文化使者的形象。由於李安在家庭題材中取得的不俗成績，1995年他獲得了指導英語片的機會，根據英國名著《理性與感性》改編的同名電影，影片囊括了眾多好萊塢巨星。李安以獨特的東方視角演繹了英國古典女性的愛情心理，獲得了巨大成功，這部影片讓李安躋身好萊塢主流電影導演的行列。此後，他延續家庭倫理題材的影片《冰風暴》（1997）透過反映美國70年代性解放帶來的家庭危機，揭示出整個社會道德觀念的崩潰。接著，李安挑戰自我，嘗試拍攝了反映美國內戰的《與魔鬼同騎》（1999），但這部影片並沒有引起太大的反響，李安決定將目光轉回他所熟悉的領域。

　　2000年的時候，李安得到他人生中非常寶貴的一個機會，回國拍攝《臥虎藏龍》，將每一個中國男人從小就懷有的武俠夢透過一段傳奇的方式展示出來。電影講述了一個女性成長的故事，兼具哲理、悲劇與愛情，在西方電影節獲得了極高的評價。此片獲得了

2001年度奧斯卡最佳外語片、最佳攝影、最佳藝術指導、最佳音樂獎，金球獎最佳導演、最佳影片獎，2001年美國導演協會最佳導演獎等眾多獎項。李安認為，這部片是「西片的製作品質，中國片的精神」，它帶有西方的敘事策略，以全球化的電影製作模式完成，但其中的撲朔迷離的江湖善惡，鳳舞飛翔的東方意向，卻將最博大精深的中國武俠人文之道傳遞出來。對於華語電影人來講，這成為了一個難以踰越的高度。這部電影第一次真正將中國武俠文化傳遞給西方觀眾，並得到了西方主流文化的接受，他開啟了中國電影在好萊塢的成功序幕。

2005年，李安在美國拍攝了表現兩個牛仔同性之戀的影片《斷背山》。這部影片繼續了他在家庭倫理情感方面的探索，以東方人特有的含蓄、質樸，演繹了兩個男性之間淒美的愛情並將它昇華為一種人性之愛。影片中恬靜悠遠的美國西部風光，兩個健康男性之間至死不渝的愛情，感動了很多觀眾。2006年，這部影片獲得了金球獎最佳影片，又在接下來的奧斯卡獎中讓李安獲得了最佳導演獎，捧得小金人，成為首位獲此殊榮的華人導演。

李安在事業上的探索並沒有停止。《斷背山》成功之後，他於2007年選擇了張愛玲的一部僅有一萬多字的短篇小說，拍攝了《色·戒》。張愛玲在過去百年的斷壁殘垣的歷史上用她難得的曠世才情將那個亂世年代的殘忍和疼痛濃縮出來。這部電影拍攝之前李安獲得了前所未有的關注，對經典的闡釋，對人性的盤剝，如何從「性」的角度探討人性，這些對李安來說是一個巨大的考驗。《色·戒》依然如所有李安的作品一樣，既不迴避情慾的「外在西方式——形」之表達，又有著「暗含東方式——魂」的無比內斂。影片公映以後引起了社會各個階層的廣泛探討，更是創下了當年華語片的票房新高。李安與大眾媒體一起創造了一個當代文化和電影史上的盛況，也讓李安再次捧得金獅獎。

分析李安電影取得成功的原因，無外乎這樣幾點：首先，是他中西合璧的電影風格。多年的美國生活，使他比起長年在台灣本土生活的導演侯孝賢、蔡明亮等人更多了一份對西方的社會人情世故的瞭解，這保證了他的電影能被更多外國人所接受；但同時，他保持著一個旁觀者的身分去反觀傳統文化，又能將中國的精髓看得更加真切，這也是許多中國觀眾喜愛他的原因。他說：「正是這種總體性概念使得我比他們更容易抽離出來，從比較純粹的共通性和人性的情感去掌握主題。」其次，他的電影將商業與藝術熔於一爐，李安是為大眾拍電影的，如何講述一個好的故事是他一直不變的追求，但同時人們也看到在商業包裝下面，他以探討人情倫理和文化衝突的趣味為取向，既有虛無清淨、靜觀變幻的「出世」品格，又有順應機變、謀求進取的「入世」風範，因此他的作品才能取得既叫好又叫座的成績。李安的經驗再一次證明，中國導演除了透過「藝術電影」在國際上揚名之外，也可以得到世界觀眾的廣泛認可，李安用他的文化行者的足跡，開拓了華語導演走進國際影壇的道路。

2. 代表作品

《推手》（1991年）

《喜宴》（1993年）

《飲食男女》（1994年）

《理性與感性》（1995年）

《冰風暴》（1997年）

《與魔鬼共騎》（1999年）

《臥虎藏龍》（2000年）

《綠巨人》（2003年）

《斷背山》（2005年）

《色戒》（2007年）

3. 經典作品賞析《飲食男女》

基本訊息

《飲食男女》：彩色故事片，1994年出品

導演：李安

編劇：李安、王惠玲

攝影：林良中

主演：郎雄、楊貴媚、吳倩蓮、王渝文、趙文瑄

獲獎情況：第三十九屆亞太影展最佳影片獎、最佳剪接獎，第四十七屆法國坎城國際影展導演雙週單元開幕片，第七屆台北電影獎優秀獎，1995年美國獨立精神獎最佳攝影獎

劇情簡介

老朱（郎雄飾）是台灣中國菜碩果僅存的大廚師，現在退休和三個女兒住在一所老宅子裡，每天都要花大量的時間做出豐盛無比的菜餚。大女兒家珍（楊貴媚飾）是一所中學的老處女教師，刻板保守、篤信基督教教義和讚美詩；老二家倩（吳倩蓮飾）從小有做菜天賦，和老爸不和，堅決不進自家的廚房，在一家航空公司做高級管理人員，還有一個情人；小女兒家寧（王渝文飾）正在上大學，常常利用課餘時間在快餐店裡打工，正是情竇初開的年紀。

儘管老朱每天做出堪稱豪華的盛宴，但三個女兒還是各有心事，都不買老爸的帳，各自想飛出這個老宅過獨立於父親的生活，老朱也逐漸失去了廚師最重要的能力——味覺。家珍年紀越來越大，生怕嫁不出去，因其古板的性格在學校裡遭到男學生的戲弄，傷心之下露出真情，反而獲得了同學校的體育教師的喜愛。家倩自立能幹，一直要和男人分庭抗禮，一會要決定自己買樓搬出去住，一會又要被公司派到阿姆斯特丹去；她一方面和情人的關係不清不楚的，另一方面和公司的幹將李凱（趙文瑄飾）又產生了感情。家寧人小鬼大，不僅搶了女友的男朋友，還把肚子搞大。而老朱除了和女兒們鬥鬥氣，就是幫鄰居錦榮的女兒姍姍做午餐盒飯。老朱的盒飯受到了姍姍同學的羨慕，老朱在這裡獲得了些許安慰。姍姍的

外婆梁伯母（歸亞蕾飾）從美國回來，女兒們雖然討厭這個嘮叨不停的老太婆，但還是希望能給老爸找個老伴，於是儘量撮合老朱和梁伯母。

家寧成為了第一個離開家的女兒，和男友走了，很快就要結婚生小孩；家珍也在一次學生的惡作劇之後「搞定」了體育老師；只有家珍，情人要和別人結婚，李凱也成了最好的「朋友」，買的樓盤賠得一塌糊塗，為了照顧老爸還推掉了阿姆斯特丹的升遷機會。眼見女兒們要各自散去，老朱召集了一次包括姍姍一家的全家「擴大」晚宴。在宴會上，老朱一吐胸中的不快，決定賣掉老屋，並鄭重請梁伯母把女兒錦榮（張艾嘉飾）嫁給自己，原來兩人早已「私訂終身」。梁伯母登時昏倒，全家一陣大亂，晚宴匆忙結束。

不久以後，獨自住在已經賣掉的老屋中的家倩自己下廚，召集全家赴宴，但大姐夫入教洗禮，小妹剛剛生產，錦榮也懷了身孕，都無法參加。家倩和老朱兩個人面對諾大的餐桌和空空的房間，一時百感交集。就在老朱喝湯的時候，兩個人驚喜地發現老朱的味覺又恢復了。

影片鑒賞

李安，一位享譽國際的華人導演。他兩次獲得奧斯卡獎，多次摘得金球金獅金熊等各種國際影壇重量級獎項。可以說，李安是一位集大成者。他的電影創作以深刻的思想性、強烈的故事性和從容的敘事以及優美的畫面等因素博得了大眾的喜愛。在他的影片中，東西方文化的衝突總是以奇妙的方式獲得暫時的平衡。同時，「作為台灣新浪潮電影的主將之一，他能夠將新浪潮電影平實的紀實風格與戲劇性巧妙地結合起來」，使得影片展現出一種一如李安本人般獨具東方特色的淡雅平和的氣息。他早期的「家庭三部曲」《推手》《喜宴》《飲食男女》，就是這種風格的代表影片。

　　《飲食男女》一如平常的生活般平穩地推進，依次介紹老朱、家珍、家倩和家寧各自的生活狀態。多條線索同時展開，娓娓地講述著老朱一家人看似平淡實則各種矛盾交織的生活故事。這種質樸中又帶有戲劇性的誇張的效果，是透過導演豐富純熟的鏡頭語言營造出來的。細膩的場面調度和對各種視聽元素的充分運用，為影片

的成功打下堅實的基礎。

影片開篇就是一場很長的講述老朱準備一家人週末聚餐的戲。導演多採用特寫鏡頭刻畫老朱精湛的廚藝。同時，再配以特色的中國風的音樂，整場戲的節奏流暢，有條不紊。後期製作中，又採用了累積剪輯的方式，從不同側面、不同景別、不同的角度來累積渲染老朱熟練高超的技藝和大廚的風範。值得一提的是，在老朱接電話時，鏡頭又從簡潔的分切鏡頭變化為流暢的移動鏡頭。在整潔、井然有序的大廚房裡，我們看到了一排排「壯觀」的刀具以及牆上掛著的代表老朱大廚身分的照片。

影片中講述儀式性的週末家庭聚餐共有6次。這6次聚餐的情節設置和鏡頭語言運用，不僅有力地推動了情節上的外在發展，更展現了人物心理的逐漸變化和人物之間關係的微妙改善。影片開場的第一次聚餐，導演採用大廣角鏡頭拍攝全景，呈現了一家人每週一次的聚會場景。同時配合以每個人的單人鏡頭，不讓任何兩人在同一個鏡頭內，暗示了在影片剛開始家人感情上的疏離。

第二次全家聚會大餐，影片也有一段交代老朱準備過程的畫面。他在將筷子插入魚嘴準備殺魚時，竟然下不了手。舊有的熟練、冷靜、按部就班的生活節奏第一次出現了轉機。第二次的聚餐沒有採用廣角鏡頭拍攝全景，並且出現了父親給家寧夾菜的溫馨場景。但是，仍然採用單人鏡頭，說明家人之間的感情仍然沒有達到實質性的進展。

第三次聚餐，家寧突然宣布要離家結婚。舊有的家庭模式第一次面臨被打破的危機。這時候導演反而捨棄了單人鏡頭的運用，改用雙人鏡頭令人物兩兩處於一個畫面。不採用蒙太奇切換，而利用鏡頭的運動來進行場面調度。彷彿是在暗示，在面臨舊家庭的破碎、親人的真正分離時，家人之間的感情在走向逐漸的融合。

第四次聚餐，運用一個移動鏡頭，父女三人一起入畫。此時，

經歷了前面一系列事件的發生和鋪墊，顯然家人之間的感情也更加親密，而鏡頭語言也恰到好處地表達了出來。

老朱最後一次準備晚餐，是準備好要對大家宣布自己和錦榮的婚事。也許是內心的緊張與慌亂，儘管有兩個女婿的幫忙，老朱的廚房依舊是一派雞飛狗跳之勢。他不僅把炒菜的鏟子掉到了地上，連雕冬瓜盅這樣手到擒來的簡單工作也力不從心。這場戲和第一場老朱的嫻熟形成了強烈對比，似乎在暗示著，舊有的循規蹈矩的家庭秩序即將分崩離析，新的秩序正在醞釀之中。

第五次吃飯，一家九口一起團圓的場面十分壯觀。導演採用廣角鏡頭突出這種壯觀和儀式感。同時，配以兩人三人鏡頭，表現了此時一家人感情之間的融合。在這個場景中，攝影機的運動微妙地暗示了一個三角關係的存在：鏡頭先將老朱和以女主人身分自居的梁伯母置於同一畫面；鏡頭向右一搖，又將老朱與錦榮置於同一畫面。鏡頭的運動似乎在暗示在這三人中要發生些什麼。

最後一次吃飯，老宅就只剩下家倩在廚房忙乎，只剩下老父親來赴宴。老朱喪失了味覺的人生，在這餐女兒親手煮的飯中，重新開啟。最終，父女兩人雙手緊握的畫面，溫馨而感人。

《飲食男女》無疑是李安最優秀的作品之一。它不僅在主題上實現了「完美的破壞、傳承與重建」的完整表達，更在視聽語言的運用上十分細膩純熟，做到了多種元素的綜合運用。李安的電影在「為藝術電影和商業電影之間搖擺的新浪潮電影提供了一種出路」，而他也用自己的成功證明了這條出路的可行性。李安在《飲食男女》中熱烈地討論著中國人社會中傳統與現代的撞擊以及東西方文化的差異。借由片中無處不在的中國美食，觀眾嗅到「飲食男女，人之大欲」在現代中國社會的另類解釋。

在傳統題材的《飲食男女》中，李安對這一主題靠攏的趨向透過多條敘事線索表現得更為突出。德高望重、妻子早喪的老廚師，

一手拉扯了三個女兒成人。生活的壓力和感情的孤獨，使得他一天失去了一個廚師必不可少的功能——舌頭的味覺。三個女兒也各有感情的失落。有的被工作干擾，有的因不敢表白愛意而只能沉湎於宗教信仰中，有的愛上了不該愛的人。到了後來，父親與女兒們一個個不再願意被社會觀念所拘束，沖出各自的心理「蠶繭」。

在電影的結尾，老父親又能嘗到「味道」——人生的味道，終於回到了老父親的生活中，而沒有成為老父親終身的遺憾。女兒的微笑，也冰釋了兩代人的心結。《飲食男女》的精巧白描情節設置也使得這部影片意味深遠。白描的手法，最為體現在父親和鄰居單身母親的孩子的關係中。電影中只用了一個「換便當」在開頭點了一下。鄰居單身女子的小兒子不喜歡媽媽做的午飯，為此老父親每天給小孩子悄悄做好吃的午飯和他交換，自己吃那個小孩媽媽做的難吃的午飯。此外，老父親堅持鍛鍊身體的線索也是一種留白的暗示，這些蛛絲馬跡恰恰呼應了後來兩人走到一起的結局。至於這對「老少戀」是如何開始和發展的，出於對主題強化的角度被影片徹底地隱去，反而使得線索更為精煉。

《飲食男女》回到了台灣，把地域衝突換成了代際衝突，以西方的現代觀念衝擊片中大家庭傳統關係。衝破地域限制，獲得了1994年的奧斯卡最佳外語片提名，也敲開了好萊塢的大門。仍舊是郎雄飾演父親，仍舊是「老朱」，仍舊是老人問題，但可以比較出，李安在這部影片中表現得更加成熟。人物比《推手》多了很多，情節也遠比《推手》複雜，但每個人物都是那樣性格鮮明、層次豐富，每一條情節線索也都是那樣嚴謹精巧，甚至每一個細節都是讓人過目難忘，更不要說還有展示中國美食的視覺「盛宴」了。李安在這部影片中把有自己特色的通俗文藝片技法推到了最巔峰，應該說這是李安的作品中離奧斯卡最佳外語片格調最相近的。

和《推手》中遠赴美國的老朱相比，這個老朱是在自己的本土

上接受自己父權失敗的，而這個父權的失敗更是從家庭內部開始解體的。李安自己也難以說清對於這個頹倒的父權的微妙感受，是老一輩舊時代結束的淒涼惆悵，還是年輕一輩新時代開始的興奮徬徨，都被李安的中庸平和一包而容。整部影片，平和之中透著緊張，而最後父女兩人的傷感惆悵卻顯得溫馨感人。

　　同住在一個屋簷下，照樣可以各過各的日子，因此而產生的顧忌，這才是家的意義。由束縛、牽制而產生的平衡，才是家的意義，片尾老朱道出的這一番話說出了李安幾乎所有作品的共同屬性。

第二節　　大陸影人

　　自從電影在1905年的豐泰照相館發端以來，一百年的時間裡有一代又一代的大陸影人為興旺民族電影而不停奮鬥和努力著，他們既要迎合時代的潮流，又要保持個性和風格，在一次又一次的轉型與嘗試中，「第五代」「第六代」電影人挺起了中國電影的脊樑。其中作為第五代扛鼎之人的陳凱歌與張藝謀像一對雙子塔始終引領著中國電影前進的方向，馮小剛作為中國電影市場化浪潮中的一顆新星也構成了這個大時代電影畫卷中濃墨重彩的一筆。電影百年已經過去，更多新生代的電影人在前輩的成就下開創著新的電影神話，以更為多元的形態、更為開放的精神推動著中國電影的進步，他們與電影之間的情書將不斷續寫下去。

一、光榮與夢想：陳凱歌

1. 影人介紹

為一代人寫詩，為一個時代寫意，這是陳凱歌一生的夢想。他的身上有太多光環，想隱於塵世做藝術夢已不可能，這曾是陳凱歌孤獨的嘆息。如何把光榮與夢想加身於這個喧囂的時代，他在一次次嘗試與徘徊中試圖做出最完美的答案。

　　陳凱歌的名字，與中國電影的崛起和「第五代」電影緊緊聯繫在一起。在「第五代」電影的早期階段，由於《黃土地》的問世，陳凱歌被公認為這個電影運動的代表。陳凱歌前期創作的三部電影：《黃土地》（1984）、《大閱兵》（1986）和《孩子王》（1987），既是他個人電影風格的展示，也被視為「第五代」電影探索的一條軌跡。陳凱歌以「學者型導演」著稱，他以很深的傳統文化功底，使作品從內容上到形式上均負載著深厚的文化象徵與內含。其作品從不同領域，以不同方式對歷史和文化進行反思，具有風格化的視覺形象、新穎的畫面結構、寓言化的電影語言和深沉的批判力量。這種理性精神和電影詩情的綜合，正是陳凱歌的特點，是他個人經歷和學術造詣的鮮明印記。

　　陳凱歌生於1952年8月，原名陳皚鴿，祖籍福建長樂，生於北京。他出生在藝術世家，父親陳懷愷是影壇的知名導演，陳凱歌自小便感受著家庭中濃厚的文化氛圍，嗜好讀書，為他日後的電影事業打下了深厚的文化基礎。少年時代他親歷了「文化大革命」，「文革」的動盪對於他的創作和思想產生了極為深刻的影響。在動亂的環境中，他承受住了歷史的考驗，在嚴峻的生活條件下日漸成熟起來，開始認真思考民族的文化性格，思考複雜的人性。

　　1970年，陳凱歌參軍，1974年復員轉業，1976年到北京電影洗印廠工作。1978年，陳凱歌考入北京電影學院導演系，在北京電影學院學習過程中，他與同學們一起接受思想解放運動和西方電影藝術的文化洗禮，在古今中外的電影發展歷程中尋找電影的真正含義。在各種思想激烈的衝突和融合中，他產生了對電影的獨特見

解，擔任導演後著力追求影片的深層文化蘊含，以冷峻的反思、浪漫奔放的熱情為世界矚目。在陳凱歌的電影中，不管是鏡頭的運用、色彩的渲染還是場面的調度，都凝聚著強烈的文化韻味。從對古老農耕文化的思想尋根、對人性和生命的思考、對教育制度的批判，到對現代人生活狀態的剖析、對商業文化的融會貫通，文化元素貫穿陳凱歌電影創作的始終。甚至有人稱陳凱歌為「第五代」中最具文化功底的電影導演。但陳凱歌式的文化路線探索，在一定程度上限制了陳凱歌電影的自由和想像，以至於後來他的多數影片往往理性與感性難以融合，甚至在一些商業電影中也因為加入了一種難以被觀眾消化的陳式「內涵」而飽受質疑。

畢業後陳凱歌先被分配到北京兒童電影製片廠任導演，第二年調入北京電影製片廠。1984年，他執導了影片《黃土地》，成為「第五代」導演探索影片的典範。這部影片突破了傳統敘事的規範，強烈地表現了自我意識和審美理想，以詩化的電影語言創作了獨特的視覺風格，以其磅礴的氣勢震撼了整個電影界，不僅為他個人奠定了國際榮譽，也使「第五代」學派的作品得到世界影展的重視，影片獲多項國際大獎。1986年他拍攝了電影《大閱兵》，在電影語言方面有了新的探索，不單純把電影作為再現生活的手段，而是作為揭示和評價生活的工具，重視畫面造型，敢於大膽地注入自己的感受。影片重視對畫面上人物運動的處理，受到影視界好評的同時，又因刻意追求主觀性、象徵性、寓意性，脫離了中國觀眾的傳統文化心理和長期以來的欣賞習慣，而與觀眾拉開了距離。1987年，他又拍攝了具有哲學推理和文化思考意味的《孩子王》，更多地運用電影語言。

1988年他應美國亞洲文化交流基金會及紐約大學的邀請，赴美訪問，並與同年獲得鹿特丹國際電影節評選20名「走向未來導演」第六名。1989年，他拍攝了改編自史鐵生小說的影片《邊走邊唱》，以寓言的方式透過獨特的視覺世界和意蘊深厚的自然景觀

凸現兩個頑強的生命。這以前的四部作品都強調視覺造型，不拘傳統的敘事方式，故事情節淡化。在電影市場的衝擊下，張藝謀另闢蹊徑開始走藝術和觀賞性相結合的路子，拍攝了《紅高粱》，陳凱歌在這種現代文化思潮的騷動中，於1992年拍攝影片《霸王別姬》，創作風格開始轉變，影片借助於幾位京劇演員人生、命運的曲折展現對人的生存理想與現實存在著的永恆矛盾做了哲理的探索與闡釋。影片因其嫻熟的藝術技巧及內蘊的豐厚的東方化的人文主題獲法國第46屆坎城國際電影節金棕櫚大獎等8項國際獎，成為了「第五代」的扛鼎之作。在《霸王別姬》中，陳凱歌完成了一次個人創作主題上的思辨，將歷史宏觀和個體命運的微觀近乎完美地融合一處。

「第五代」電影的突出特徵即反情節、反戲劇化，淡化衝突的走向很明顯，與對「第四代」的叛逆有關。也因為「第五代」導演在電影學院學習期間受前蘇聯塔爾柯夫斯基的「詩電影」影響較深之故，他們拙於敘事，偏執追求影像造型的獨立表意功能；也不賦予人物獨立、多層面的個性，人物成為意唸過重的符號；而營造的情緒也缺乏現實的漸近性，比如《邊走邊唱》，這樣難免曲高和寡。所以1988年以後，導演範式、觀照和闡述世界方式逐步多元化，此種風格也漸趨消解隱退。隨著經濟的轉軌，電影生產與發行機制開始轉變。在電影被迅速推向市場的過程中，導演們也必須重新開始考慮自己的定位，是仍然堅持自己的精英理念，還是投向商業的懷抱，重建自己在新時期的話語空間，成了每個電影人不得不考慮的首要問題。置身於這樣的困境中，中國「第五代」導演開始嘗試去拍攝一些以追求娛樂效果和票房價值為主要目標的影片，如張軍釗的《孤獨的謀殺者》、張藝謀的《代號「美洲豹」》、田壯壯的《搖滾青年》等。陳凱歌追求的精英大眾文化趨勢隨著《風月》、《荊軻刺秦王》的失敗宣告結束，陳凱歌開始進行好萊塢商業片創作的嘗試，為米高梅公司執導了《溫柔地殺我》。這一次，

他似乎不再執著於歷史、文化等宏大的命題，而只關注人物的心理。但在好萊塢濃重的商業氣息中，陳凱歌似乎又走到了另一個極端，過於追求市場效果和商業賣點，影片中限制級的色情鏡頭甚至讓人難以相信這是陳凱歌的作品。但好萊塢的創作經歷也讓他蕪雜的電影觀唸得到了暫時的沉澱，並最終造就了單純流暢的《和你在一起》，至此，陳凱歌的電影從「文化」範式走向「商業」範式。

2005年陳凱歌拍攝玄幻大片《無極》，耗資三億，集中、日、韓三方資金與強大明星陣容。導演演繹了一個融合古希臘羅馬神話和東方傳奇為一體的故事，既讓東方人感受到了西方文化的味道，也給西方觀眾營造了東方人的神祕，意圖建立一種疏離感，但由於其晦澀和故弄玄虛的敘事，遭遇了其影視生涯的滑鐵盧，影片叫座不見好，與後來的網路玩家胡戈上演了一出「饅頭大戰」，譽毀參半。與《無極》上映前的炒作宣傳帶給觀眾的心理期待不同，上映時影片的內容被觀眾所指斥，作為一個非喜劇片卻獲得了許多意外收穫的「笑場」。在巨額資金的支持下，電腦特技將《無極》似乎提到了一個貌似史詩的宏大地位，但影片卻有一個與這些外在豪華並不相配套的精神內涵：影片中的「無極」概念只是一個玄而又玄的東西，是一個空洞的所指。

他的夫人陳紅說：「可以說陳凱歌把人生中最精彩的東西都給了電影。我記得他以前拍《荊軻刺秦王》的時候，像一個苦行僧，背負了太重的歷史感、使命感，悲天憫人。但是他拍《無極》的時候我覺得他很快樂，他的人生觀有變化了。」這段話未免有為其電影做宣傳造勢之嫌，但「可以說陳凱歌把人生中最精彩的東西都給了電影」這句話未嘗不是說了大實話。

2008年陳凱歌帶著《梅蘭芳》回歸，給人一種王者歸來的風采。影片細膩表現了一代大師的一生，抽取了梅蘭芳人生的三個主要階段來表現：在梨園嶄露頭角時的英姿勃發，成名之後的孤獨，

與對侵略者的執著不屈，把一個人物角色變得立體而豐滿起來。無論在宏觀敘事還是微觀的故事情節，人物拿捏上都有可圈可點的地方，讓人們再次找回了陳凱歌電影的味道。但影評人難免將這部描寫戲曲藝人的影片同他的十幾年前的作品《霸王別姬》相比較。不過放下諸多電影之外的話題，僅就電影本身而言，從客觀角度評價，它也是2009年國產影片中的一個亮點。在外國人物傳記電影佳作比比皆是的情況下，中國好的人物傳記電影終於有了可以拿上台面的東西。

陳凱歌的成就，首先在於其高度的人文精神，對人的本體與人的生存狀態的關注。他善於剖析歷史和傳統的重負對人精神的制約與影響，展現人的複雜性，同時，針砭不合理的非人道的人性弱點。他的影片充滿了對更和諧、更明智的人類生存狀態的關切與嚮往。他以其深厚的文化底蘊和紮實的藝術功力，表達強烈的人文意識和美學追求，並調動多種電影手段，形成了自己獨特的沉重而犀利、平和而激越的電影風格。

2. 代表作品

《黃土地》（1984年）

《強行起飛》（1984年）

《大閱兵》（1986年）

《孩子王》（1987年）

《邊走邊唱》（1991年）

《霸王別姬》（1993年）

《風月》（1996年）

《荊軻刺秦王》（1999年）

《十分鐘年華老去——百花深處》《蝶舞天涯》（2002年）

《和你在一起》（2002年）

《溫柔地殺我》（2002年）

《無極》（2005年）

《梅蘭芳》（2008年）

《趙氏孤兒》（2010年）

《搜索》（2011年）

3. 經典作品賞析《霸王別姬》

基本資料

《霸王別姬》：色彩片，1993年聯合攝製

導演：陳凱歌

編劇：李碧華、蘆葦

攝影：趙發合

主要演員：張國榮、張豐毅、鞏俐、呂齊、葛優

獲獎情況：本片獲1993年坎城國際電影節第46屆金棕櫚獎及

國際影評聯大獎；1995年獲東京電影評論家大獎、最佳影片獎等。

劇情簡介

身為窯姐，小豆子的母親（蔣雯麗飾演）無力撫養孩子，只能狠心將小豆子送到梨園謀生。古時戲班訓練手段嚴苛殘忍，身世不乾淨的小豆子既要忍受師傅好心卻暴力的訓練，又遭同伴孤立，幸好有大師兄小石頭幫扶，才一天天挺了過來。在保護與被保護中，二人的關係超越朋友，超越兄弟。天生麗質的小豆子被選作旦角，卻分不清假戲與真實生活，不願在戲中「承認」自己是女兒，幾次遭師傅毒打。終於，在另一名戲童的引誘下，小豆子出逃，而一心疼愛他的小石頭也不忍見他受罪，所以冒死相助。成功逃脫的小豆子偶遇京戲名角，聽了一出《霸王別姬》，意識到只有苦練才能成就藝術的他返回戲班。戲班裡，小石頭正因放走小豆子二人的事挨打，為保護師哥，小豆子決然擔下責任，而師哥不忍看小豆子挨打，竟與師傅打鬥，混亂中與小豆子一同逃走的戲童小癩子因懼怕刑罰而自盡。最終，經歷生死之劫的小豆子明白了師傅的苦心教誨：「人，得自個兒成全自個兒。要想人前權貴，必得人後受罪！」但是，他仍分不清假戲與真實生活，總固執地唸錯戲文，在連他最愛的師哥都狠狠懲罰他要他「承認」自己是女孩後，他在潛意識裡徹底相信自己就是女孩子。那個時候的戲子是下三濫，小豆子在一次演出後被人（太監）凌辱，悲痛中，偶遇棄嬰，感到同病相憐的小豆子執意將其帶回戲班，卻不知這個孩子終成禍患。

春去秋來，幾年後，小豆子與師哥合演的《霸王別姬》名震京師。小豆子藝名程蝶衣，對師哥的感情正如虞姬——從一而終。而藝名段小樓的師哥只把蝶衣當弟弟，不僅不懂他的曖昧，更在衝動下答應要娶同樣命運多舛的風塵女子菊仙。蝶衣隨即和菊仙爭風吃醋。在意識到大大咧咧的師哥對他們倆的過去非常淡漠後，蝶衣

欲與段小樓決裂。在一次演出中，段小樓剛要穿戲服卻被一偽軍士兵搶去穿在了一個日本軍官身上，段小樓隨之與那偽軍士兵發生爭執，用茶壺砸傷了士兵，然後就被關押在日軍大牢裡。程小蝶為救師哥委身為日本人唱戲，卻被不明事理的段小樓誤會。段小樓一氣之下真的娶了菊仙，而蝶衣則在絕望中投向此時身邊唯一欣賞他的官僚袁世卿，任自己沉淪。二人鬥氣，被師傅教訓要他們和好，菊仙阻撓，罵蝶衣亂倫，這惹怒了段小樓，要打菊仙，菊仙險些喪命。後來師傅猝死，蝶衣和段小樓兩人又重新收養了蝶衣多年前帶回來戲班的棄嬰，勉強和好。

　　抗戰結束後，兩人被迫給一群無素質的國軍士兵唱戲，因蝶衣遭士兵調戲，段小樓與士兵衝突，混亂中菊仙流產。段小樓傾力營救蝶衣，低聲下氣去求曾經玩弄蝶衣的官僚，要蝶衣說謊苟且求釋，蝶衣始終不屈，卻因其技藝被國民黨高官營救。新中國成立後，兩人的技藝並沒有受到重視。誤嘗鴉片的程蝶衣嗓音日差，在一次表演中破嗓，決心戒毒。歷經毒癮折磨後，在段小樓夫妻的共同幫助下終於重新振作時卻被當年好心收養的孩子陷害。那個孩子逼著要取代他虞姬的位置與段小樓演出，段小樓不顧後果罷演，蝶衣為了大局勸他演，卻過不了自己這一關，從此與段小樓斷交。「文革」時，段小樓被那個收養的孩子陷害，並被逼誣陷蝶衣，段小樓不肯，被拉去遊街。此時蝶衣卻突然出現，一身虞姬裝扮，甘願同段小樓一起受辱。段小樓見蝶衣已經自投陷阱，希望能保護菊仙而在無奈中誣陷蝶衣，甚至說他與人雞姦。蝶衣聽後痛不欲生，以為段小樓只在乎菊仙，又看到自己所怨恨的菊仙此刻竟在可憐自己、幫助自己，便將所有的憤懣發洩在菊仙身上，抖出菊仙曾為娼妓，段小樓因此被逼與菊仙劃清界限，導致菊仙絕望中上吊自殺。

　　歷盡滄桑的程蝶衣和段小樓在十一年後再演（排練）《霸王別姬》，蝶衣情感依舊，卻驀地被段小樓提醒：自己原來終究是男兒。是的，自己是男兒，對段小樓的愛情都不過是一場美好而痛心

的奢夢，終於夢醒，卻將身心都已傾獻。不願夢醒的蝶衣寧願像虞姬一樣，永遠倒在血染的愛情裡——從一而終，他用自己送給段小樓的寶劍自刎了。

影片鑒賞

對於《霸王別姬》的主題，有人認為影片表現的是人生理想與現實存在這對永恆矛盾；有人認為這是一部關於同性戀的電影；也有人認為，這是一部探索人生、人的生存狀態和人的命運的主題的影片……導演陳凱歌認為《霸王別姬》「並非表現同性戀的電影」，它所要闡述的仍然是關於人生的主題。影片寫的是兩個京劇男演員與一個妓女的愛情故事。在愛情展開的50年間，隨著時代的社會制度的變遷，這些變化不斷分化著三人之間的感情關係，也改變著他們的命運。但是，影片並不是要表現中國50年的歷史演進，而是以此做作景，變現人性的兩個主題——迷戀與背叛。

影片中迷戀的主題蘊意集中地表現在程蝶衣身上。程蝶衣雖是個男兒身，但他在童年時由於被迫陷入本是「男兒郎」卻要變成「女嬌娥」的人性扭曲的際遇，而執拗地將舞台當作人生。他對所

飾虞姬角色的認同，使他以一個女嬌娥的身分和心態深深地迷戀著京劇和「霸王」扮演者段小樓，使自己宗教式的痴迷，並企圖用戲劇理想來安排自己的人生。程蝶衣的人生歷程深刻地體現在他對藝術人生執著的迷戀。

　　扮演霸王的段小樓雖與程蝶衣一起長大，情同手足，但他只是一個凡人。他有著中國普通人的追求和逢迎時世的人生觀念，他對程蝶衣也有所理解，但他清醒地區分做人和演戲的界線，不像程蝶衣那樣活在夢幻中。菊仙的出現，使他的人生更趨世俗化。他由此開始走向對自己戲劇理想的背叛。在「文革」時期的批鬥會上，為了保全自己，他出賣了程蝶衣，出賣了菊仙，迫使菊仙絕望自殺，也使程蝶衣對京劇藝術、對霸王的精神迷戀轟然破碎。段小樓的故事展示的是背叛主題中深層的人性內涵。

　　程蝶衣的夢幻人生中有一個基本內涵，就是男性意識與女性意識的倒錯。影片中程蝶衣並非心理上自願泯滅自己的男性意識的，他是被外部壓力和行業選擇所迫向女性意識轉換的。這是一個極其痛苦的轉變過程。然而，一旦這種強迫性轉化為自覺性，女性的柔情魂牽夢縈繞於霸王段小樓，並構成程蝶衣夢幻世界的基本元素。於是師兄弟情誼，也就附著同性戀的因素。《霸王別姬》為中國影片的人性挖掘拓開了一個新領域，賦予作品以某種特殊的意蘊，而且富有民族色彩。

　　所謂套層結構，也就是「片中戲」或「片中片」的敘事結構。它們總是由電影創作者來給觀眾講述一個關於戲劇藝術家或者電影藝術家的故事，再由戲劇藝術家或者電影藝術家來給我們講述另外一個故事。這樣，故事中的人物即承擔了演員這一雙重敘事者的職能。《霸王別姬》講述了舞台上和舞台下兩端戀情的悲劇。舞台上的戲和現實生活交叉在一起。程蝶衣一生，所追求的就是和段小樓一起演戲。當他的追求破滅，對人生絕望時，他所要做的就如同戲

中的虞姬一樣，完成從一而終，死在霸王的劍下。程蝶衣分不清藝術和生活的界線，混淆了楚霸王和段小樓的區別，只有以虞姬式死亡方式，才能完成他戲劇與人生融合的心願。《霸王別姬》的這種套層結構，將舞台上的京戲和現實生活中故事相互融合，補充、增強了敘事的張力，從而也使觀眾對程蝶衣的迷戀心態依據有著更為深入本質的認識。

　　作為第五代導演代表人物的陳凱歌，一向以拍藝術電影而著稱。他以《黃土地》為發端，《大閱兵》《孩子王》《邊走邊唱》繼其後，每部作品都提出了讓人思索的人文主題。他的前四部影片同其他「第五代」導演一樣，具有強調視覺造型不拘於傳統敘事方式、不注重人物性格、淡化故事情節等風格。這雖然給當時中外影壇形成了巨大的衝擊，但他們這些風格和理念化、象徵性的藝術追求脫離了中國觀眾傳統文化心理和長期審美習慣。陳凱歌的《霸王別姬》也是在這種現代文化思潮騷動下產生的一部作品，吸取了以往影片脫離大多數觀眾欣賞心理的教訓，一反過去對理念和淡化情節的迷戀，而以生動的人物、曲折的情節、強烈的視覺風格將一個悲歡離合的故事講得有聲有色。

二、跨界與轉型：張藝謀

1. 影人介紹

　　張藝謀是中國電影「第五代」導演群體中最為光芒閃耀的人物。從早期的驚鴻之作《紅高粱》《菊豆》《大紅燈籠高高掛》到《秋菊打官司》《一個都不能少》，到藝術創作頂峰時期的作品《英雄》《十面埋伏》《滿城盡帶黃金甲》，再到其近期風格各異的嘗試《三槍拍案驚奇》《山楂樹之戀》《金陵十三釵》，他的創作歷程經歷了從主題尋覓、藝術叛逆、虛幻的理想家園和現實的本

土回歸的一系列過程，不斷追求、不停努力是張藝謀對待電影不變的態度。張藝謀的成功在於他能強烈而不失準確，適時而又超前地撥動中國百姓的心弦，展示中華大眾心態。張藝謀對中國電影有著不可低估的作用，他拍過的影片題材廣泛，有農村的、城市的，有歷史的、現實的，無論是表現貧民生活還是描寫宮廷貴族，他都注重挖掘人物內心的東西，而且表現手法也不斷更新。他的影片在國際上屢屢獲獎，使沉寂多時的中國影片開始受到世人矚目，並在強手如林的世界影壇獨占一席之地。

同樣，張藝謀也是影壇少有的跨界人物，當過演員，在《老井》中的初次表演就摘得了「金雞獎」最佳男演員的稱號；搞過大型表演，《圖蘭朵》《印象劉三姐》等將中國民俗文化推向世界；擔任了2008年北京奧運會開幕式總導演，再一次向世界證明自己的實力……張藝謀的從影歷程見證了國產電影從沉寂到崛起，從迷失到回歸的發展之路，也經歷了中國電影市場從稚嫩到成熟的全過程，更是引領中國電影走向國際視野的先鋒與奠基者。無論其在藝術追求中有著怎樣的變革與探索，他對電影做出的貢獻都無疑使其擁有終生成就。

20世紀50年代初，張藝謀生於一個普通的中國工人家庭，原名張詒謀。因為父輩幾人曾是農民，又是地主，是有「歷史問題」的人，他們家的後代也受到了株連，受到了社會的歧視。1968年，張詒謀初中畢業後到陝西乾縣農村插隊，後在陝西鹹陽市棉紡八廠當工人。廠裡的工人陝北口音重，總是把他叫做「壹謀」，他一想之下，乾脆把名字中的「詒」改成了「藝」。這一字之改非同小可，他從此竟與藝術真的結緣。

在工廠的日子裡，張藝謀愛上攝影。雖然那時他只能拍一些黑白照片，但透過他的精心構思，每張照片都獨具韻味。七年的時光就這樣過去了，「文革」結束後，中國恢復了大專院校招生，可是

招生簡章上規定入學的最高年齡是22歲，張藝謀當時已經27歲了。所幸得到了當時任文化部部長的黃鎮的欣賞，遂促使電影學院破格錄取了這個學生。張藝謀作為一名「代培生」開始了渴望多年的大學生活。1982年畢業後，他被分配到廣西電影製片廠當攝影師，從此開始了電影生涯。

　　1984年，剛剛從電影學院攝影系畢業不久的張藝謀就參加了電影《一個和八個》的拍攝。這是一部在中國電影史上具有劃時代意義的影片，它被列為「第五代」電影人的開山之作，從形式到內容以及在導、攝、美等方面都較以往各代的影片有大的突破。這部電影由廣西電影製片廠的「青年攝製組」獨立製作，均為從北京電影學院剛剛分配來的年輕員工，其中包括導演系的張軍釗、美術系的何群、錄音系的陶經和攝影系的張藝謀。張藝謀作為該片的攝影之一，開始受到電影界的注意。

　　第一次掌鏡，張藝謀似乎就有著強烈的自我表達慾望。片中大量極端風格的畫面在樣片沖印後就首先遭到了製片廠內部的強烈反對，加上劇情的敏感性，還險些被當成「精神汙染」。如今看來，整個影片最出色的就是攝影，黑白影像與獨特樣式的融合將劇中人物塑造得如同青銅雕塑般蒼涼悲壯。1984年，陳凱歌導演的《黃土地》更掀起了一場視覺和色彩的革命。作為攝影的張藝謀在片中使用大量純色色塊填充銀幕，這一主張並未受到批評，反而成就了激越高亢的心理體驗。但應該指出的是，這一美感並非全部依賴於色彩，影片內涵所撐開的審美空間依然廣闊而充滿韻味。

　　張藝謀的真正出名是1987年，這一年他由一個攝影師轉型為導演而獨立執導《紅高粱》大熱。依然是他所鍾愛的色彩、光線和濃烈的視覺形象，嗩吶、花轎、土坯房、剪紙、年畫、肥棉褲以及黃土地上的血色夕陽成為了最集中的符號堆積。《紅高粱》讓張藝謀第一次受到大規模的異議，但批評主要指向的是「國際影響」。

《紅高粱》在國際影壇的轟動和獲獎成為它的原罪，批評聲論述了它把本民族野蠻、醜陋的劣根性暴露出來的「國際不良影響」，一句「販賣民族醜陋的一面以討好外國人的審美觀」可以概括這種論調。這種批評脈絡可以一直延續到《菊豆》《大紅燈籠高高掛》。

　　1987年《菊豆》在香港金像獎、坎城影展、西班牙瓦亞多里德電影節、美國芝加哥電影節載譽歸來，並在次年成為入圍奧斯卡最佳外語片的第一部中國電影。1991年，《大紅燈籠高高掛》威尼斯奪取銀獅，1992年提名奧斯卡最佳外語片，1993獲英國電影學院獎、美國影評人協會獎。在國外奪金摘銀的同時，國內對它們的批評也達到了頂峰，知識階層尤其猛烈。除此之外，民間對張藝謀以及這兩部影片的評價也到了謾罵的程度。

　　1992年的《秋菊打官司》裡張藝謀開始了對生活的反思，居然也微微摻雜了點喜劇元素，也算給人們奉獻了一個「說法」。這期間對張藝謀的批評主要集中在「老土」這個概念層面上，而印證人們對張藝謀「陝西農民」背景不滿的是1995年的《搖啊搖，搖到外婆橋》和1996年的《有話好好說》，這兩部電影均被評為「農民拍的城市電影」。《一個都不能少》在1999年推出後評價還不錯，但好景不長，隨後對《我的父親母親》的批評浪潮仍然不斷。2000年的《幸福時光》在拍攝前就炒起了選角風潮，媒體第一次集體開始炒作張藝謀。同樣在這個時段，張藝謀跨界電影所染指的《杜蘭朵》、《印象劉三姐》等歌劇也同樣招來一片批判熱潮，「批張」因此成為一種文化習慣。

　　2002年，《英雄》公映，這是張藝謀另一個時代的開始。這部電影創造了中國電影空前的熱潮，也創造了票房的神話。《英雄》無疑是一部跨時代的作品，因為其引領了中國電影步入大片時代，但市場化的炒作帶來超高票房的同時也帶來瘋狂的批評。鋪天蓋地的罵聲主要集中在薄弱的情節和誇張突出的視覺上。接下來張

藝謀推出的古裝大製作《十面埋伏》與《滿城盡帶黃金甲》雖然在國際市場上打開了中國大片的局面，為中國電影的國際化之路豎起了一面旗幟，但也接連遭遇惡評，造成了叫座不叫好的局面。但無論激賞也好，貶斥也罷，《英雄》等一系列電影在商業上獲得的巨大成功已是一個不爭的事實，而主流電影的商業化趨勢也已是不爭的事實，張藝謀的大片之路無疑為這場電影市場上的革命開出了一條道路。

2006年，在多個導演團隊的競爭下，最終北京奧委會任命張藝謀擔任2008年北京奧運會開閉幕式的總導演，為此他還「息影」了3年，以全身心地為此做好準備。2008年8月8日晚，北京奧運會開幕式在「鳥巢」盛大舉行，現場超過9萬觀眾，全球達到40億人透過電視觀看了開幕式，本屆奧運會開幕式也創下了人類歷史上節目收視率的最高紀錄。大量外國媒體紛紛對北京奧運會開幕式給予了高度評價，稱這是藝術之美的傑作，驚艷震感，中華文化的縮影。因成功執導開幕式，張藝謀受到了世界的矚目，更是入圍美國《時代》週刊年度人物的評選，也獲得2008影響世界華人大獎。

2009年開始，張藝謀又進行了不同於以往的個人風格的嘗試，包括混搭了外國驚悚與二人轉元素的喜劇電影《三槍拍案驚奇》、改編自經典小說的純愛電影《山楂樹之戀》以及2011年以大量外文對白與國際視角再現南京大屠殺歷史的《金陵十三釵》，張藝謀似乎有著用不完的熱情一路延續著他的變革之風，將改變進行到底。

進入21世紀，電影經歷了某種深刻的轉變，張藝謀電影風格的變遷，也充分表明作為電影導演的個體在社會時代中的生活處境、生活狀態及藝術價值的取向。生活在這個時代裡，每一個體都會隨著時代社會思潮的變化而調整自己的生活態度和藝術原則。尤

其是作為大眾媒介的商業藝術電影的導演,更應如此,也必須如此。在「傳奇」階段,張藝謀醉心於影像元素的張揚,靠傳奇的故事、神奇的民俗來支撐風俗的天空;那麼在「紀實」階段,張藝謀主要用樸實的記錄、線性的故事、非專業演員等方法來營造紀實風格的田園;至於「詩意」階段則是以「敘事電影」邁向了「景觀電影」。張藝謀電影風格的嬗變歷程,折射了他藝術追求和世界電影藝術發展同步的創作觀念。

2.代表作品

《紅高粱》(1987年)

《菊豆》(1990年)

《大紅燈籠高高掛》(1991年)

《秋菊打官司》(1992年)

《活著》(1994年)

《搖啊搖,搖到外婆橋》(1995年)

《有話好好說》(1996年)

《杜蘭朵》(歌劇、義大利)(1997年)

《杜蘭朵》(歌劇、中國紫禁城太廟)(1998年)

《一個都不能少》(1998年)

《我的父親母親》(1999年)

《幸福時光》(2000年)

《英雄》(2002年)

《十面埋伏》(2003年)

《印象劉三姐》（2004年）

《千里走單騎》（2005年）

《滿城盡帶黃金甲》（2006年）

《三槍拍案驚奇》（2009年）

《山楂樹之戀》（2010年）

《金陵十三釵》（2011年）

3. 經典作品賞析《大紅燈籠高高掛》

基本資料

《大紅燈籠高高掛》，色彩片，1991年聯合攝製

導演：張藝謀

編劇：蘇童、倪震

攝影：趙非

主要演員：鞏俐、馬精武、曹翠芬、何賽飛

獲獎情況：獲得第48屆威尼斯國際電影節聖馬克銀獅獎，1991年香港《電影雙週刊》十大華語片之一，1992年義大利大衛獎最佳外語片獎，1993年第16屆大眾電影百花獎最佳故事片、最佳女演員，1993年美國紐約影評人協會最佳外語片獎等。

劇情簡介

民國年間，在北京某鎮坐落著一個城堡一樣的陳府。財主陳佐千已有大太太毓如、二姨太卓雲和三姨太梅珊。19歲的女大學生頌蓮因家中變故被迫輟學嫁入陳府，成為陳老爺的四姨太。讀了半年大學的頌蓮梳著兩條黑油油的長辮，一身學生裝束的青年女子，嫁到這個由許多宅院相連的形同古堡式的大院——陳宅。

陳家的四位太太分別住在四個院落，按照陳府的規矩，當陳老爺要到哪房姨太處過夜，該姨太房門前就會高高掛起一個大紅燈籠；但若犯了錯事得罪老爺，就會被「封燈」，用黑布套包上紅燈籠高高掛起，以示該房姨太太不再受恩寵。四位太太都想得到老爺的寵幸，於是，這陳宅裡就發生了許多爭風吃醋、是是非非的故事。大太太肥胖臃腫，在頌蓮眼裡怕有一百歲了；二太太甜言蜜語，可背後卻笑裡藏刀；三太太曾是戲班中的名旦，模樣俊俏，性情刁鑽。年輕漂亮的頌蓮一入陳府便捲入幾房太太的明爭暗鬥中。逐漸失寵的頌蓮為奪勢，假裝懷孕，使自己門前掛起了日夜不熄的「長明燈」。

但丫鬟雁兒為她洗衣服時發現了真相，並將此事密告給二姨太卓雲，頌蓮被「封燈」。不久後，頌蓮抓到了雁兒私藏舊燈籠的把柄，將此事揭發出來。雁兒跪在雪地上卻始終不肯認錯，最終死去。雁兒的死令頌蓮精神恍惚，日漸消沉，經常借酒澆愁。一次酒醉後，她無意中說破了三姨太梅珊與高醫生私通的祕密。梅珊於是被吊死在陳府角樓小屋中。頌蓮精神崩潰，成了瘋子。次年春天，

陳府又迎來了第五房姨太太，已經瘋了的頌蓮穿著女學生裝在陳府遊蕩。

影片鑒賞

《大紅燈籠高高掛》是張藝謀的第四部作品，同時也是一部關注女性命運的作品，改編自蘇童的中篇小說《妻妾成群》。從蘇童的《妻妾成群》到張藝謀的《大紅燈籠高高掛》，創作者關切的題旨也從講述一個女性遭受的婚姻悲劇的故事轉而探討一群女性在一個絕對封閉的空間內瘋狂的生存狀態。這樣，孤獨不再是一個人的孤獨，瘋狂也不再是一個人的瘋狂，犧牲更不再是一個人的犧牲。張藝謀將蘇童的陰柔細膩轉化為一種慘烈，大開大合，波瀾壯闊。蘇童的故事留下來了，而氣氛全變了。白描式的，婉約的，內斂的江南風格，變成了衝突激烈的西北豪情；江南陰柔腐朽的陳家花園，搬到了西北氣派的喬家大院；嬌小任性的頌蓮變成了高大剛烈

的鞏俐。張藝謀以獨特的審美情趣來取捨小說，他先是剝掉小說的衣服，再削去其肌肉，最後只留下一個骨架，然後再重新賦予新的肌膚和生命。無論是四姨太太頌蓮還是二姨太太卓雲、三姨太梅珊，甚至是丫鬟雁兒，所有紙上的美女，到電影裡就變成了血肉之軀，但是他們的命運卻都像美麗的蝴蝶一樣，不是被扭曲就是被摧殘。頌蓮的反叛和好勝的性格，終使她敗在深謀遠慮、笑裡藏刀的二姨太手裡。家庭中的爭寵風波導致女侍凍死，三姨太被「家法」吊死。舊中國婦女的種種命運，都在這個陳家大院裡被濃縮了。

　　陰冷頹廢的陳家大宅院裡最能引起觀眾視覺衝擊莫過於那一排高高掛起的大紅燈籠，冷色和暖色的強烈反差給觀眾留下深刻的印象，發人深思。碩大無朋的大紅燈籠自始至終都貫穿在整部戲中。影片主要講述頌蓮這位女性如何從最初的得寵到最後的失寵、瘋狂的婚姻悲劇故事，而這一切有很巧妙得體現在點燈──吹燈──長明燈──封燈上，這樣「燈」就不單純是影片中頗有造型感的視覺元素了，確切來說它已經成了一種意象化的符號。「性」的意義被圖解為點燈、捶腳、點菜這樣一系列程式化的動作，在哪房太太的院子裡點燈哪房太太就有權利享受生理和心理的滿足感和快感，因此陳家大宅院裡幾個活在絕對封閉空間裡的女人為此瘋狂，甚至連做了太太夢的小丫鬟雁兒也不忘在自己的小偏房裡偷偷點上幾盞紅燈籠，即使後來為它們丟了性命也決不認錯，所有這一切與「性」的關係是如此緊密而又錯綜。女性的生存本能與人性深處最隱祕的貪婪虛妄、恐懼甚至因此而來的苟延殘喘都在這幾盞燈籠裡被照得如此清楚。逆來順受的毓如、笑裡藏刀的卓雲、紅杏出牆的梅珊、倔強的雁兒，甚至包括敢於抗爭的頌蓮，無不成為舊式婚姻的犧牲品，對點「燈」的渴望其實就是對生存的渴望。

　　《大紅燈籠高高掛》可以說是張藝謀的電影中影調風格最沉重濃郁、影像代碼最複雜多意、敘事話語最激進變異的一部作品。同樣，這也是將張藝謀的個人影像風格推向極致的一部作品。影片中

蒙太奇的剪輯、組接、邏輯的還原現實的特點，也被扭曲變形，反倒轉成了一種更為表意的功能，加強了象徵重量成分。

影片中刻意的象徵形式追求表現在對時間和空間的處理上。張藝謀慣用的技法是拉長或縮短鏡頭的時間元素，在該片中，則表現為點亮的小燈籠變成碩大無朋的「大紅燈籠」。在空間的處理上要拍出一個森嚴的、封閉的、陰冷的空間環境。對於電影《大紅燈籠高高掛》，張藝謀用幾何中心的構圖形成拍攝工整對稱的古老建築，以突出其高大、深邃、穩固，既表現出故事空間的囚禁意味，又暗示著封建傳統長踞不倒的頑固，高高掛起的大紅燈籠不僅作為空間環境中頗富造型感的視覺元素，更成為影片中不可或缺的敘事內容。

影片的背景音樂極為別緻，時而是緊密急促的京劇的鑼鼓，時而又出現被拖長的女聲唱腔，這些對畫面的情緒氣氛都造成渲染作用。張藝謀借梅珊之口，道出自己的心聲：「人生本來就是做戲。」演戲演得好，騙人；演戲演得不好，騙自己。這是戲化的人生，待人以誠，反得其詐，待人以詐，反得其誠。人就是活著的鬼，鬼就是過去的人。戲化的人生，就是中國文化的總悲劇。是戲便有起承轉合，正如季節之春夏秋冬，於是張藝謀便以四個季節展開影片的四個段落，正如我們從電影上看到的用黑底紅字畫上了時間的段落「夏」「秋」冬」「第二年夏」。然而四季中卻唯獨缺少了「春」，這是一個顯見的隱喻：在陳宅這個陰暗封閉的封建大家庭中掙扎的女人們當然不會有春光普照。

在張藝謀刻意追求的工整的、均衡的，幾乎始終處於靜態的構圖之中，根基深厚的陳家大院是莊重而屹立不倒的，唯有頌蓮目睹三姨太被殺一場，採用了特殊的人物主觀視點。驚魂未定的頌蓮走向閣樓之上的死人屋時，它搖搖晃晃地向觀眾逼近，露出了它猙獰的面目，也許這些鏡頭放在全片整體風格中難免失衡。當又一個夏

天到來時，亭台依舊的陳家大院也開始了又一個人生循環，新來的太太取代了梅珊和頌蓮的位置，熟悉的捶腳聲又一次在死氣沉沉的宅院中響起，只有痴呆的頌蓮還在紅光慘淡的庭院中週而復始地徘徊。

總之，《大紅燈籠高高掛》具有很強的象徵和寓意，對中國傳統社會的家庭倫理進行了無情的批判。

三、刀刃上的舞者：馮小剛

1. 影人介紹

「做一個好的電影導演一直是我的一個夢。可以說，沒有改革開放，就沒有我的今天。」回顧自己的從影經歷，馮小剛這樣說過。

馮小剛出生於北京的普通家庭，少時父母因故離異，他自幼和母親與姐姐共同生活。馮小剛的母親是個非常堅強的人，四十多歲起就開始與病魔做鬥爭，因此，濃郁的生活氣息、樂觀與積極的生活態度成為了馮小剛的人生觀。他自幼喜愛美術、文學，高中畢業後進入北京軍區文工團，擔任舞美設計。後參軍，轉業後，到北京城市建設開發總公司當了工會文體幹事。1985年，他調入北京電視藝術中心成為美工師。製片、監製、演員、編劇、導演、美術設計……跳入影視圈的馮小剛無不涉獵。

說起馮小剛，人們對他的印象還是源於電視劇。他與王朔聯合編劇的電視系列劇《編輯部的故事》使他成為家喻戶曉的人物。當時中國的錄影業、電視業非常普及，中外電視劇如雨後春筍使電影觀眾大批流失。1986年之後的電影市場進一步萎縮，全國三分之一左右的發行企業虧損，生產難以為繼。面對此境，馮小剛轉入電

視劇創作，先後擔任《編輯部的故事》編劇和《北京人在紐約》的導演。

馮小剛的時代與「第五代「不同，中國電影剛剛開始市場化之路，這個時期國產電影正處在被觀眾冷落的時代。馮小剛說：「民營資本參與電影業後，讓我看到了市場經濟帶給中國電影的希望，也給了我實現夢想的機會，我感覺自己一下子復活了。」此後，馮小剛開始與民營資本接觸，在艱難摸索中重拾著自己的電影夢。1992年，馮小剛回到電影圈，他再次與鄭曉龍合作寫了電影劇本《大撒把》，搬上銀幕後，又獲第十三屆中國電影金雞獎最佳故事片、最佳編劇等五項提名。繼《大撒把》之後，他又執導了自己的電影處女作《永失我愛》，一時成為中國電影的一大亮點。

1997年的冬天，中國誕生了第一部賀歲片，正是馮小剛導演的《甲方乙方》。三千萬的票房說明中國電影真正將觀眾請回了電影院。這是一個中國電影的翻身仗，不能說改變了中國電影一蹶不振的面貌，但至少給中國電影人以極大的自信，在黑暗中摸索出了一條道路。

馮小剛的賀歲片孕育於大陸的電影市場，資本的投放和票房的收益都說明了這種運作方式是經得起市場考驗的，或許在《甲方乙方》的階段這種探索還處於摸索階段，但此後每年一部的賀歲檔大餐證明了這種營銷觀念的價值。從《不見不散》、《沒完沒了》、《大腕》、《手機》、《天下無賊》到《非誠勿擾》系列，馮小剛的賀歲片已經形成了一個品牌效應，為處在特殊國情中的民族電影的商業化探索出了一條出路。從他的第一部賀歲片《甲方乙方》投資600萬元人民幣，最終獲得了3600萬元的票房開始。馮小剛的一系列賀歲片的商業成功給疲軟的中國電影注入了活力。經過《非誠勿擾》一役，馮小剛個人作品的票房總和已經達到10.32億，成為中國首個作品票房過10億的電影導演。

馮小剛的作品有這樣幾個特色：首先，都市生活是其表現的主要題材。尤其是都市生活中的小人物更是馮小剛電影中的主要角色。《甲方乙方》關注的是現代都市人富裕生活背後心靈的空虛和孤獨；《不見不散》則將視點放在了異國他鄉的小人物艱難的現實生存以及關愛與共的傳統情懷；《沒完沒了》關注的是現今商業社會司空見慣的債務問題；而婚外戀這個現代都市人生活中最為敏感的話題，正是影片《一聲嘆息》所要演繹的故事；電影《大腕》，將目光投向了在現代人們生活中無孔不入的金錢意識很濃的商業廣告；《手機》則反映了現代通訊工具給人們造成的異化和傷害；《非誠勿擾》系列更是緊緊跟上都市「剩男剩女」這一熱門話題……這些都是現代都市生活中困擾人們的問題，正如他自己所說：「我就是一個市民導演。」他的電影以平民的視角，表現市民理想，最大限度地滿足市民階層的心裡慾望和消費要求。也正是因為這樣，他的電影才贏得廣大人民群眾的喜愛和喝彩。

　　其次，對生存、生命的反思是其電影中永遠值得玩味的問題。馮小剛的電影繼承了王朔小說中的遊戲、反諷等特色，進而把「遊戲」擴大到了整個市民文化當中。在賀歲片中他把對生活的調侃、對人生的戲謔和對主流文化的揶揄推向了極致。他的幾部賀歲片，無論是情節還是語言，遊戲化的處理都貫穿他創作的始終。馮小剛在輕鬆幽默的氛圍中構建了一個成人遊戲的童話世界。如在情節層面上《甲方乙方》是一個角色扮演的遊戲，《不見不散》是一個追逐的遊戲，《沒完沒了》和《天下無賊》是一個智力遊戲，《手機》是一個關於謊言的遊戲。在馮小剛的電影中，無論是將工作遊戲化（《甲方乙方》）、愛情遊戲化（《不見不散》）還是社交遊戲化（《沒完沒了》），實際上都只是馮小剛的一種「遊戲人生」的生存態度的展示。綜觀馮小剛的電影，不難發現，他的作品的主題都是沉重而深刻的，無論是《甲方乙方》、《不見不散》、《天下無賊》三者對人性的反思和對人的卑微的尊嚴的關懷，還是《大

腕》、《手機》對現代傳媒暴力的警惕都是十分深刻的。在賀歲片喜劇形式的包裝之下馮小剛所追求的對當下都市人的生存狀態的描述，正是馮小剛的賀歲片沒有流於純粹的搞笑和無聊鬧劇的原因。

　　再次，笑中帶淚的悲喜劇方式也是馮小剛電影的主要呈現方式。馮小剛的電影樣式並不複雜，一喜一悲，構成了作品的兩個序列。雖然日後他自己承認，當年選擇喜劇更多的是衝著能為方方面面所接受，但他的幽默氣質和對生活的領悟力還是不可遏制地借由喜劇井噴出來，給低迷的中國電影市場帶來了一次次驚喜。喜劇為他擁聚了人氣，樹起了品牌，還為他贏得了第一個江湖稱號——「內地賀歲片之父」。這位京城的平民子弟向世人證明了他不同凡響的電影稟賦：總能以一個別緻又站得住腳的故事，打開繁冗生活的缺口，讓觀眾於裂隙間洞見世事的冷暖；出色的台詞功夫，往往三言兩語就能勾勒出人物的性格，道出生活的本質；圓熟的結構技巧，事件的排布常常能和觀看的興趣點有效地縫合；高超的煽情手段，能叫人在笑聲中流淚，淚光中微笑；並抵達老少皆宜，官、民「通吃」的高度。他的喜劇雖被冠以賀歲片之名，但並未採取賀歲片慣常的應時應景的敘事策略，其實質乃是巧借賀歲市場登陸的一種軟性「社會問題劇」。他利用了喜劇玩笑的方式，展覽生活中的尷尬和不如意，沒有什麼攻擊性和殺傷力，卻有諷刺、揶揄的力量，是對現實生活認真把握、對現實問題認真思考後的巧妙抒懷。在中國內地快速變革的背景下，這種獨特的賀歲片適時地成了排遣社會積怨、為普通人減壓的銀幕心理療程，成了關懷民生、善意諫言的代表。所以，馮小剛的崛起並不能簡單地歸結為內地市場對一個檔期的發現，背後其實有著遠比娛樂消費需求更為迫切而深刻的社會矛盾的化解需求。

　　此外，具有遊戲調侃意味的京味語言也成為馮小剛電影的標籤之一。《不見不散》中葛優裝瞎子時用詩一般的朗誦流露出深深的無奈和傷感，可是這一切卻隨著被揭穿後的一句「我又看見了，這

是愛情的力量」在強烈的對比中突出了莊諧相生的幽默。而「同志，我們今天大踏步地後退，就是為了明天大踏步地前進」、「首長好，為人民服務」更是對主流意識形態的善意而溫和的揶揄。《甲方乙方》中川菜廚子「守口如瓶」的「打死我也不說」徹底消解了英雄的崇高含義。

　　隨著國產大片熱的不斷升溫，繼張藝謀、陳凱歌的古裝巨製之後，馮小剛於2006年拍攝了他的首部古裝大片《夜宴》。《夜宴》的故事和人物離馮小剛遠了，雖然搬來中外兩部名作壓陣，依然不足以填充影片蒼白的敘事，而且在置換了名作的背景和風格之後，成了一個不倫不類的怪物。確實，導演的心思沒在故事上，而在場景、動作、人物造型上。《夜宴》使馮小剛遭遇了從影以來前所未有的眾聲詬病，一定讓他有過深切的反省。2007年馮小剛用戰爭反思電影《集結號》給出了他的回答。《集結號》成了他的里程碑，也成了中國大片首次贏得了票房和口碑的雙重肯定的作品。《集結號》有著戰爭大片的外殼，內裡則是一出「流落兒千里終歸家」的苦情戲。故事和人物離馮小剛不遠不近，恰是生活經驗和想像力發生共謀的最佳距離。連長穀子地為自己和戰友正名的歷程曲折生動，本已是高度戲劇性的故事素材，但馮小剛智慧地強化了主人翁的兩種尋找，即一個與大部隊失散的戰士，對自己隸屬部隊的尋找，其實是一種對集體的渴望，一種想「回家」的渴望。這種尋找多麼像一個失散的孩子尋找自己的母親和家庭。同樣，穀子地對九連弟兄的尋找，又是母親對失散孩子的苦苦尋覓。正是由於馮小剛把政治敘事、戰爭敘事置換成了母子倫理敘事，才更容易觸動普通觀眾心靈深處柔軟的部位。《集結號》對個體價值的同情與尊重，契合了當下中國現代化進程中公民主體意識逐步抬頭的潮流。人物性情中的頂真、誠信，又給所有觀眾指示了一種道德力量，引人向善。

　　同樣，2010年的作品《唐山大地震》也有類似的策略運用。

一個災難大片的外殼，實際上沒有標準災難片之實，是一出「母女相認」的苦情戲。故事和人物再度與導演保持了適度的距離。由於項目來自地方政府的動議，包括一半的影片資金，如何在地方政府的要求和可看性上謀取平衡，就成了一個最大的挑戰。馮小剛巧妙地將兩次大地震設為全片大情節線上的戲眼：一個家庭因唐山大地震而破碎，又因汶川大地震走向了彌合。同樣是劇烈而殘酷的天災，不一樣的是國家的實力、政府的能力和民眾的素養。這個充滿象徵意義的結構，無疑昭示了改革開放三十年國家的巨大進步。影片用兩條平行的線索，將母女兩人震後貌似正常實為壓抑的生活呈現出來，不僅為了賺取一把辛酸淚，更是為了告訴觀眾：家園毀了可以重建，甚至殘疾也可以克服，唯有摯愛的人一旦離去，心靈才從此淪為了「喪家之犬」。正如影片中母親的那句台詞「沒了，才知道什麼是沒了」，樸素，卻異常深刻。就此，馮小剛把一場天災，調教成了一場人性的掙扎，調教成了愛與被愛、贖罪與感恩的對話。真是悲歌一曲，洗徹心靈。《唐山大地震》在喚起我們歷史記憶的同時，也會給每一個人帶來檢視家庭關係、修補親情友愛的願望。

　　馮小剛不僅對市場和觀眾有一種自然的尊重和理解，而且他對社會現實的那種敏感，對人物心理的那種細膩的把握，對喜劇點的那種準確理解，甚至對情節、細節、對話和表演的「自然性」的那種天然的判斷能力，都是他得天獨厚的電影優勢。從某種意義上說，我們期待馮小剛能夠為中國主流商業電影的形成建構起一種越來越成熟的商業美學，引導更多的中國電影能夠伴隨觀眾的成熟、電影藝術的成熟和時代的變遷，達成電影的主流價值與娛樂價值、商業性與藝術性、本土性與全球性的動態平衡。事實上，在今天，真正能夠成為傑作的電影，也許越來越多的是那種體現了成熟的商業美學的主流電影。藝術電影的黃金時代，隨著數位技術的出現帶來的藝術形式的多樣化和藝術表達的平民化，已經不可避免地過去

了。商業與美學的結合，必然會成為電影的主流，甚至在新的時代背景下創造新的電影經典。

2. 代表作品

《永失我愛》（1995年）

《甲方乙方》（1997年）

《不見不散》（1998年）

《沒完沒了》（1999年）

《一聲嘆息》（2000年）

《大腕》（2001年）

《手機》（2003年）

《天下無賊》（2004年）

《夜宴》（2006年）

《集結號》（2007年）

《非誠勿擾》（2008年）

《風聲》（2009年）

《唐山大地震》（2010年）

《非誠勿擾2》（2011年）

《溫故1942》（2012年）

3. 經典作品賞析《天下無賊》

基本資料

《天下無賊》：彩色故事片；2004年出品

導演：馮小剛

編劇：王剛、林黎勝、阿魯

攝影：張黎

主演：劉德華、劉若英、葛優、王寶強、李冰冰

故事梗概

王薄和王麗是一對扒竊搭檔，也是一對亡命戀人。兩人在一個富豪家中設下圈套，連騙帶威脅搶走了男主人的寶馬車之後，千里迢迢到西部將車倒手賣掉。途中王麗發現自己懷孕，為了腹中的胎兒，她想脫離以往亡命天涯、朝不保夕的生活，但出於對二人小偷身分的羞愧，令她懷疑自己和王薄能否當好父母，因此心情非常複

雜。兩人來到廟宇當中，王麗潛心拜佛，趁著王麗參拜的時候，王薄在遊客中順手牽羊，遭遇了同道高手小葉，兩人暗中過招，不分勝負。王麗卻真心悔過和祈禱，希望佛祖能原諒她們，並結束這種漂泊不定的生活，勸說王薄收手，王薄不知原因，兩人發生爭吵。

在當地寺廟打工的小伙子傻根在給廟頂上漆的時候注意到了人群中極為虔誠的王麗，當天他收工回去的途中又碰到了孤獨行走的王麗，傻根不但送給她水喝，還騎車把她帶到了附近的縣城，王麗記住了這個樸實的男孩。

在回程的火車上，王麗和王薄再次遇見傻根。他隨身帶著在西部打工掙下的六萬塊錢，想回老家蓋房子娶媳婦。傻根不相信天下有賊，執意帶著錢上了路。王麗因與傻根曾有一面之緣，深深地被他的純樸所打動，決定保護傻根和他包裡的錢，圓他一個天下無賊的夢。而車上另有一扒竊團夥黎叔集團也注意到了傻根。於是，王薄、王麗二人與這個團夥展開了一系列明爭暗鬥。黎叔想拉攏王薄入夥，但被王薄拒絕了，便派小葉前往過招，結果小葉失敗。王麗以為傻根的錢已經被偷走，非常悔恨，要把自己的錢給傻根，卻被王薄扇了耳光。王麗告訴王薄自己已經懷孕了，想給孩子積點德。得知真相的王薄由錯愕變為理解，決定和王麗一起完成這個心願。埋伏已久的警方已經介入了這場案件，黎叔逃走前想要拿走傻根的錢，但被王薄阻止，兩人在搏鬥中，王薄被殺，而傻根還在睡夢中，依然相信天下無賊。

影片鑒賞

在馮小剛所有電影中，《天下無賊》是非常獨特的一部。影片將類型片的若干元素一網打盡：一對雌雄大盜的江湖歷險，既在開篇摻雜了喜劇元素，又在劇中摻雜了正邪鬥法的正劇元素，還在結尾摻雜了女主人翁痛失愛侶的悲劇元素。《天下無賊》是愛情片：男女主角分分合合、生生死死；是倫理片：淳樸民風、純真心靈，宗教氣氛肅穆；是動作片：劉德華與尤勇等人車頂較量的豹走潛龍；是黑幫片：劉德華與葛優的鬥智鬥勇外帶魔術表演；是滑稽片：范偉、馮遠征頗為可愛的打劫秀；是警匪片：便衣警察網上查案，一路追蹤，終於天網恢恢，邪不壓正。這種多元化風格雜糅的效果正是馮小剛電影追求的味道。

　　《天下無賊》是一個關於一對賊夫妻由「善」的感化而由「盜」變「俠」的故事，影片的核心主題，不是兩撥賊——王薄與黎叔的較量，而是王薄與「傻根」的較量，善與惡的較量。問題

的核心是，到底是賊公「毀滅」了傻根，還是傻根「拯救」了賊公。「傻根」心底最純最初的良知與親情的善，呼喚出拯救起早已被金錢世界物化的王薄的惡，這樣一個典型的「浪子回頭」的故事模式，完成了大眾化的社會良心和社會願望，讓觀眾在歡笑之餘，含著眼淚去面對生活，笑迎真、善、美，期盼浪子回頭，天下無賊。

　　馮小剛在這部影片中延續了他的道德拷問，與《手機》不同的是，這一次的拷問更深刻，更具多元性，不同價值觀的人會有不同的思索。《天下無賊》片中，傻根天真淳樸，以為「天下無賊」，代表著「人之初，性本善」，是個具有理想色彩的形象。他的善首先打動「賊妻」王麗，但「賊公」王薄卻質問：「為什麼讓他傻到底？不讓他知道生活的真相就是欺騙，欺騙就是大惡！」在王麗的愛情及腹中小生命的感召下，王薄最終從「盜」變成「俠」。他在與賊幫的決戰中，擔心熱水瓶掉下來砸到嬰兒而中了圈套，可以說是因動了善念而失敗。直到最後，他為了傻根「天下無賊」的夢想，而慘死在賊王的鐵鉤之下。導演在電影的最後透過悲劇效果與觀眾形成了交流：人性中善的光芒是永恆的，值得我們永遠追求。

　　即使配戲中，馮小剛也精心穿插了不少「善惡之辨」的流行話題。比如，王薄一句「開好車就是好人嗎」的斷喝，雖屬「惡」的詰問，卻無疑讓人聯想起多起寶馬車撞人案。賊幫中的賊老大冷酷無情，心狠手辣，但他在「惡」與「惡」的較量中，接連遭遇背叛與出賣，最終也是「惡有惡報」。

　　當前，國產片市場正在艱難地衝出谷底，能把觀眾請到銀幕前就是勝利，就能給電影市場留下生機。毫無疑問，《天下無賊》片是一部計算精準的影片：從投資結構到演員組合，從劇情安排到外景選擇，無不顯示出出品方和導演兼顧多方觀眾、力求商業效益的良苦用心。

賀歲片概念的推出，本身就是為了彰顯電影的娛樂功能。與早期的賀歲片相比，《天下無賊》片的娛樂要素明顯趨向多元：除了葛優慣常的「一本正經」以及范偉等人的插科打諢外，馮小剛大膽地添加了刺激性的動作片元素，讓鋼針、刀片等「小兵器」在手腕間飛舞。可以說，《天下無賊》片彌補了前幾部賀歲片視聽藝術性稍顯不足的缺憾。

　　雖說是個俗套的主題，但《天下無賊》片將故事的節奏把握得恰到好處，更重要的是在曲折跌宕中彰顯了人性的善良與人心的純美。從主題到敘事方式，從娛樂性到時尚性，正是多元化讓馮小剛取得了成功。

---

　　[1]張靚蓓：《〈悲情城市〉以前——與侯孝賢一席談》，《北京電影學院學報》1990年第2期。

　　[2]曾昭旭：《現代人的夢》，《愛在成長中》，漢光文化事業股份公司，1987年版，第24頁。

第三章　兩岸電影節漫談

在中國電影的發展過程中，電影節的創立為電影和電影人帶來了無上的榮譽和無限的激勵，也記載下不同時代電影審美的特徵，見證著電影藝術與技術的發展。其中作為華語地區創辦歷史最為悠久的台灣「金馬獎」以及在大陸代表專家意見的「金雞獎」和代表觀眾意見的「百花獎」是兩岸最具影響力的電影獎項，它們對優秀的華語片以及辛勤的電影工作者提供競賽獎勵，激勵了許多華語影片及優秀的電影工作者，成為華語影片製作事業最崇高的榮譽指標，對華人電影事業的推廣有著很大的幫助和鼓勵。

電影節既是電影人的節日，同時也是觀眾們的節日，伴隨著一屆屆電影節的評選，一代代的影帝和影后誕生，他們精湛的演技與他們傳奇的經歷結合在一起使之成為大眾追求的偶像，他們塑造的經典人物也隨之永恆地留在人們的記憶之中，成為時代的烙印。

第一節　金馬獎的歷史

台灣金馬獎是華語電影的重要獎項，與香港電影金像獎和大陸電影金雞獎並稱為華語電影最高成就的三大獎。由於早期大陸與香港並未設置與影視作品有關的競賽，金馬獎便成為華人地區最受注目的電影盛會。金馬獎的頒發對華人電影具有指導意義，兩岸三地知名導演與演員都非常重視這個獎項，特別是在電影的藝術性方面，金馬獎具有很高的評審標準。近年來，越來越多的大陸電影作品與優秀電影人在金馬獎中摘得榮譽。

金馬獎於1962年創辦,原由台灣「行政院新聞局」主辦,後

由台灣「電影事業發展基金會」贊助。當年主要是為了促進台灣地區電影製作事業和表揚對中華電影文化有傑出貢獻的電影人。「金馬」二字取自於福建沿岸的金門和馬祖的頭一字。那是兩個為台灣當局所標榜對抗大陸之戰地，隱含著以電影文化促進反共抗俄之意，充分顯現出冷戰時代思維。金馬獎每年舉辦一屆，其中1964年和1974年停辦。金馬獎從創辦開始就具有較為濃厚的官方色彩，由於海峽兩岸在政治上面的分裂，使得金馬獎在1995年前，多偏重於台、港等地電影的鼓勵。近年來由於台灣電影工業的衰弱，香港電影工作人員大量的流失，使得金馬獎也逐漸開放內地電影的進入並參加競賽項目，內地演員周迅、劉燁等都獲得過金馬獎影后、影帝的稱號。在金馬獎四十七屆的發展歷程中大致經歷了這樣幾個時期。

一、代表本土精神的初創時期

第一階段大約是從1962年創辦以來到1980年第十七屆金馬獎。這個時期的金馬獎堅持初創立時期的精神對台灣本土電影工業的支持與推動，使得這一時期的金馬獎參賽及得獎影片大多以台灣本土電影為主。

早期的台灣電影多以寫實類電影為主，如著名導演李行、白景瑞等。他們電影的風格多以紮實、樸實的敘事和用鏡為主，影片講述的也多是發生在觀眾週遭的尋常而又不平凡的平民故事。尤其是李行導演的《養鴨人家》、《汪洋中的一條船》等影片，雖然在現在的眼光來看，有點過於樸素，缺少商業電影應該具有的噱頭及花俏，但是勝在情感真摯，即使現在看來，也能感受到其中所蘊涵著的只有中國人、中華民族才具備與能領悟的道德觀。

《養鴨人家》

《梁山伯與祝英台》

另一方面，來自香港的李翰祥、胡金銓等導演也帶來嶄新的商業電影新觀念。尤其是李翰祥導演，他的電影古色古香，以中國傳說故事為主，對於思鄉情重的台灣人民有著特殊意。在電影技巧方面，他也極盡考究之能事，在運鏡、舞美等方面都要求十分苛刻，務求做到真實、傳神，並且具有中國古典韻味的美感。雖然在香港邵氏時期，他已經成為百萬大導演，但是他的台灣時期，或許才是他人生中最為輝煌的時刻。1963年，他所拍攝的黃梅調電影《梁山伯與祝英台》在台引起極大轟動，並一舉囊括當年度第二屆金馬獎，包含最佳影片、最佳導演、最佳女主角等六項大獎的殊榮，自此開創了在台灣乃至全球華人地區黃梅調電影的流行風潮。甚至時至今日，同名歌舞劇在新馬以及台灣地區都經常公演，票房一直保持很高。

這一時期，總的來說，得獎者基本上以台灣本土電影人為主，雖然也有諸如李翰祥等香港導演的介入，但是就整個金馬影展的評判標準而言，還是因循守舊、固步自封的。一直到後期，隨著二秦二林、溫拿五虎等青春偶像的崛起，金馬才逐漸開始具備更開闊與大器的世界觀，逐漸發展成為華人地區最為重要的影展之一。

《汪洋中的一條船》

　　另外，台灣著名作家兼製作人瓊瑤，也在這個時期達到事業的高峰。在這一時期，她一共有《庭院深深》《煙雨濛濛》《婉君》《幾度夕陽紅》等多部影片獲獎。經由瓊瑤電影中走出的影帝、影后們成為了這一時期台灣最具代表性的面孔。秦祥林曾獲得第十二屆、第十四屆金馬獎，秦漢則憑藉《汪洋中的一條船》拿下第十五屆金馬獎。林鳳嬌也於隔年拿下第十六屆金馬獎最佳女主角。只有林青霞從未獲獎。在整個70年代，台灣影壇基本上都是這所謂的「二秦二林」的天下。

二、代表新浪潮精神的鼎盛時期

　　第二階段是台灣新浪潮電影起飛到鼎盛階段，也就是1981年

到1995年。從1981年第十八屆金馬獎開始,徐克憑藉《夜來香》拿下最佳導演獎,新浪潮電影正式登上歷史舞台。1983年,陳坤厚導演、侯孝賢編劇的《小畢的故事》獲得最佳影片與導演兩個最大獎項,標誌著台灣新浪潮導演正式發聲。

《小畢的故事》

　　華語電影一個嶄新的格局終於誕生,而香港與台灣新浪潮導演們,如徐克、許鞍華、侯孝賢、楊德昌等人也由此走上了藝術與商業兩條截然不同的道路上。或許是受香港的商業化體制及環境影響,徐克等導演在打開自己的局面之後,立刻紛紛投入到商業電影的拍攝當中,他們將來自西方的先進電影技術引入華語電影之中,直接創造了香港電影80年代的輝煌。而台灣導演更注重的確是對於人類自身窘境的反思,相對香港導演而言,電影更具有人文色彩及藝術性。比較而言,香港新浪潮親美,而台灣新浪潮則更類似於歐洲電影。也正是有了這種顯著的分別,因此台灣金馬獎在這一時

期，也呈現出一種左右搖擺不定的狀況，在商業與藝術之間搖擺，在香港與台灣本土之間搖擺。

　　同時，這一時期，隨著香港商業電影的日漸發達，香港電影人，尤其是香港電影演員，在台灣地區越來越有影響力，港台兩地在電影業、娛樂業的交流與合作更趨頻繁。比如在這一時期，台灣基本上成為香港電影最大的外埠賣片市場。值得一提的是，由於金馬獎在評審機制上與香港金像獎的不同，許多在金像獎上失意的演員紛紛在金馬獎上獲得肯定，進而邁出了他們在華語影壇重要的一步。

　　如1988年第二十五屆金馬獎，周星馳首次獲得最佳男配角獎，從此之後成就了一段「喜劇之王」的神話。而1986年第二十三屆金馬獎上，金馬獎評委們按照傳統的思路將最佳男主角頒給《英雄本色》中理所當然的男一號——狄龍，更是對同年金像獎把這同一個獎項頒給影片中的男二號——周潤發的一種諷刺。

《英雄本色》

雖然在這一時期，侯孝賢、楊德昌等新浪潮導演正式引領了台灣電影的走向，但是由於他們過於追求影片的藝術性及思想性，而忽略了商業性，也等於是間接地埋下了之後台灣電影自此開始的十年沉寂的禍根。很多影評人甚至認為，正是由於他們過於獨斷專行的作風及電影風格，才導致台灣電影成就了他們在世界上的聲名及影響力，卻就此斷送了一整個台灣電影市場的生機。

三、在困境中尋求發展的艱難時期

第三階段則是台灣電影低迷的階段。從1996年一直到今天。隨著侯孝賢、楊德昌、蔡明亮等幾位台灣導演在世界級影展上的嶄露頭角，台灣電影開始走入一個重藝術、輕商業的怪圈，再加上好萊塢電影的全面入侵，台灣電影市場至此進入全面失守的尷尬境地。這十餘年，台灣電影幾乎成為了沒有票房的代名詞，島內電影環境日漸惡劣。

同時，從1996年第三十三屆金馬影展上，內地著名導演、演員姜文憑藉一部《陽光燦爛的日子》一舉拿下包括最佳影片、最佳導演、最佳男主角等六項大獎。自此，隨著海峽兩岸間經濟文化交流的加強，中國內地演員及導演開始逐漸成為金馬獎上的常客。而金馬獎也成為第一個涵蓋了大陸與港台三地的重要影展。

這一時期，台灣電影進入冰河時期，在長達十二年的時間內，各大獎項幾乎都被香港電影以及後來的內地電影所霸占，台灣電影人變得越來越沒有競爭力，更進一步丟失掉原有的市場占有率。因為沒有好的票房成績，而導致沒有投資商願意投資台灣電影，沒有投資，又進一步導致沒有好的台灣電影，就更談不上好的票房。台灣電影受到新浪潮電影的痼疾所影響，終於走入了一個循環不休的

死胡同。

《陽光燦爛的日子》

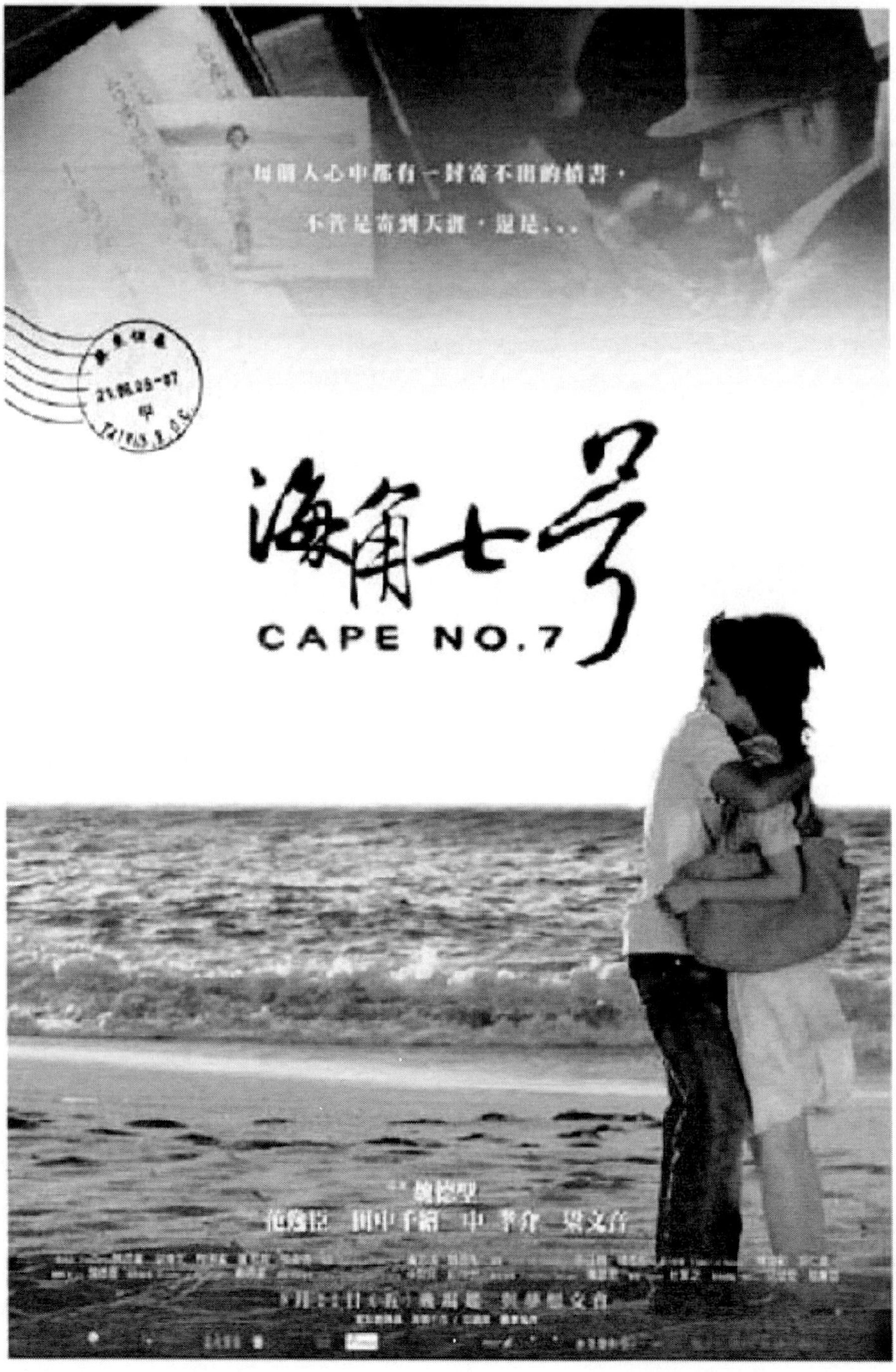
海角七号
CAPE NO.7

《海角七號》

但是在這十二年中，台灣電影人也並沒有放棄努力，他們有的轉戰電視業，以更小的成本練習電影技巧，同時又在不斷的電視業實踐中，找尋觀眾的興奮點。也有電影人積極進取，更加融入華語電影大環境之中，進一步檢討自身弊病，修正錯誤。於是，這才有了十年之後，第四十五屆金馬獎上，以《海角七號》為代表的台灣電影的絕地大反攻。

第二節　金馬影帝與影后

一、金馬影帝的風采

1. 悲情小生——秦漢

獲獎記錄：

第十五屆金馬獎最佳男主角（1978年）

演藝經歷：

秦漢是人們心中永遠的小生，英俊、儒雅，帶著一種天生的書卷與憂鬱。秦漢的一舉手一投足都符合大眾心中與瓊瑤書中男主人翁的形象。他的出現，只能讓世人慨嘆，原來世間真有其人。秦漢於1946年3月23日出生於上海，後來搬到香港，又轉來台灣。父親是抗日名將孫元良。秦漢就讀開平高中時期報名中影訓練班，1966年在台灣「中影」、「國聯」演員訓練班學習，結業後在國聯影業公司擔任演員，以藝名「康凱」參演《幾度夕陽紅》，後主演《遠山含笑》。

1972年結束兵役後的秦漢再入影壇，1973演出宋存壽導演的《母親三十歲》及《窗外》，從此以後星運大開，成為文藝片的首席小生。主演的影片《母親三十歲》，其自然、細膩的表演受到好評。1974年在影片《吾土吾民》中扮演性格懦弱的中學教師，將人物從害怕日寇到決心抗日的矛盾心理演得很有層次，令人讚賞。在此期間，他還主演了《海韻》、《晨星》、《女記者》等文藝片以及多部瓊瑤的文藝愛情片。俊秀的面龐、風流倜儻卻不輕佻的儀表、演中真摯自然的感情流露，這些都使他成為深受觀眾喜愛的台灣文藝片的首席小生。

　　1977年後，秦漢在表演上有了新的挖掘和突破。他在影片《煙水寒》中扮演醫科大學剛畢業即發現自己患有癌症的富家子，這個人物在灰心頹喪之餘，開始面對人生，決心利用有限的歲月下鄉為人治病，最後以頑強的毅力結束了自己短暫而充實的生命。秦漢以樸實、真摯、感人的表演成功地刻畫出這一人物的性格特點，曲折委婉中謳歌了人生的價值，因而獲巴拿馬國際影展最佳男主角獎。

　　1978年在影片《汪洋中的一條船》中，他又成功地塑造出身殘志堅、自強不息的教師鄭豐喜的形象。表演中，他始終把握著肢體殘廢者的行動特徵，同時準確地感應人物的心理脈絡，因而將人物演得栩栩如生，頗見光彩，獲得了第十五屆金馬獎最佳男主角獎。

　　秦漢溫文儒雅帶有書卷氣質，一直是文藝片男主角的最佳詮釋者。1979年他曾組孫氏電影公司，與天王星公司合拍《情奔》一片。1980年他又主演了表現台灣著名鄉土作家鐘理和淒楚動人一生的傳記故事片《原鄉人》。為演好這一角色，秦漢到鐘理和的家鄉去體驗生活，訪問尚在世的鐘妻鐘平妹。鐘理和生前飽受貧病煎熬，而原本健壯帥氣的秦漢，硬是節制飲食，減少睡眠，使自己的

體型變得瘦弱單薄，面部呈枯槁病狀。他就這樣帶著對人物的深厚情感全身心地投入角色的創造，其深沉、內斂的表演，揭示出鐘理和與命運搏鬥，一字一血寫出一件件吐露農民心聲的作品的頑強意志力以及那純真的內心世界，演得催人淚下。可見，這時的秦漢，演技發揮得更成熟，已變成一位以演技取勝的演員了。

　　1982年秦漢出演《鐵血勇探》一片，試圖改變戲路但結果成績並不理想，均不如文藝片的成績出色。隨著80年代瓊瑤進軍小銀幕，一連幾齣小說改編的電視劇，使得秦漢、劉雪華這對電視版男女主角紅透半邊天，大受觀眾歡迎。九十年後，秦漢仍然接演電影電視各類角色，目前與一雙兒女定居台北。1995年他在吳子牛執導的影片《南京1937》中擔任主角，老戲骨的出現仍然讓影迷興奮不已。

2. 白馬王子——秦祥林

獲獎記錄：

第十二屆金馬獎最佳男主角（1974年）

第十四屆金馬獎最佳男主角（1977年）

演藝經歷：

　　在瓊瑤眼裡，秦祥林是最漂亮的男人，從英俊小生到功夫打星，依靠著勤奮與天賦，秦祥林征服了一代影迷。秦祥林於1948年生於南京，在香港長大。1960年，12歲的秦祥林到台北復興劇校學習京劇八年，1968年，他返回香港拍了一些武打片，但始終默默無聞。直到1973年到台灣，主演了《心有千千結》等，後者使他獲得了第二十屆亞洲影展演技優秀男主角獎，此後，憑著英俊的容貌，他成了著名導演白景瑞影片中的「常任小生」。他主演的

《女朋友》獲金馬獎優等劇情片獎。

秦祥林曾是70年代台灣影壇紅極一時的年輕男星。他與林青霞或林鳳嬌領銜主演的文藝片象徵著票房保證，影院商拿到他們主演的影片，就等於穩操票房勝券。在三廳電影時代，與秦漢、林青霞和林鳳嬌合稱「二秦二林」。

秦樣林與林青霞合演過《煙雨》、《長春樹》、《我是一片雲》、《月朦朧、鳥朦朧》、《秋歌》、《追球追求》等許多影片。在《長情萬縷》裡，秦祥林扮演赴美留學的土木工程系大學生林維揚，他把林維揚刻苦用功、學業有成，以及與僑商女兒杜愛華的熱戀之情，都作了細膩生動的表達，由此獲得第十二屆金馬獎最佳男主角獎。秦祥林與林鳳嬌合演的影片有《踩在夕陽裡》、《細雨敲我窗》、《摘星》等。在《我是一片雲》中，與秦漢、林青霞更有絕佳、感人的表演。1977年因《人在天涯》的精彩表演，秦祥林獲第十四屆金馬獎最佳男主角獎。此外，他主演過的其他較著名的文藝片還有《廣東28》、《女朋友》、《半山飄雨半山晴》、《雨中行》、《追求追求》等等，在70年代曾多次被評為台港十大男星之一。

70年代後期，台灣的社會寫實片取代了瓊瑤的夢幻式的文藝片，鴛鴦蝴蝶派的電影已不再吸引觀眾，秦樣林決定返回香港謀求發展。拍攝了著名武打片《一劍情深》、《蓮花寨》、《龍吟虎嘯》、《神經刀》、《壯士血》、《異鄉客》等。愛情片有《夏日初戀》、《我愛莎莎》、《男人女人》、《財色驚魂》、《大密探》、《女警察》、《蕩女神偷》、《追殺》等，1980年後作為武林出身的明星，主演過《愛凶》、《凶榜》、《殺出西營盤》、《上尉與我》、《天下父母心》、《晚間新聞》。但這些影片已不如「二林二秦」時代的他那樣吸引觀眾了。

3. 影壇常青樹——常楓

獲獎記錄：

第十三屆台灣金馬獎最佳男主角（1976年）

第二十一屆台灣金馬獎最佳男配角（1984年）

第四十五屆台灣金馬獎終身成就獎（2008年）

演藝經歷：

談到常楓，很多大陸人印象最深刻的是其在一九九三版的《倚天屠龍記》中扮演的張三豐的角色，從外形到演技都非常傳神和出色，成為所有金庸迷心中的經典。常楓於1923年出生在哈爾濱，父親是漢人，母親是滿族八旗鑲黃旗人。1949年，常楓隨國民黨軍前往台灣，並與演員張遙結婚。常楓與張遙及女兒常青都是演員，另有一個兒子定居美國。

常楓成年後，並沒有立刻從事演藝工作，而是先在銀行工作，但喜愛表演的常楓經常利用閒暇時間參與業餘劇團演出。常楓服兵役期間，加入軍中的勞軍劇團，在華北演出。1945年，常楓加入青年軍二〇七師政工隊，繼續演戲。1950年左右，常楓加入「空軍大鵬話劇隊」，自此即投入演藝事業。

1962年10月10日，台灣電視公司開播，常楓成為該公司基本演員及戲劇指導，是台灣首批知名電視演員之一。1976年，常楓主演電視劇《寒流》，飾演中共高級幹部高揚；同年，「中國電影製片廠」將《寒流》濃縮剪輯成《香花與毒草》，參加第十三屆金馬獎，常楓獲得最佳男主角獎。

1978年，跳槽「中華電視台」。1988年，常楓從「中華電視台」退休，退休後仍然參與表演活動。他曾在電視劇《追妻三人

行》中扮演了那個儒雅可愛又有型的「牛爸」，和方芳扮演的「牛媽」配合默契、相映成趣，該劇入圍了1987年台灣廣播電視金鐘獎。之後不久，《追妻三人行》在大陸播出，輕鬆幽默的風格為當時還比較沉悶的大陸電視螢幕帶來了一股新鮮的空氣，也給當時的觀眾留下了深刻的印象。

　　常楓在正式於銀幕退休前，演出戲劇數量頗多，為台灣相當知名、可演多種角色的硬底子演員。曾榮獲「中國文藝協會」影劇表演獎文藝獎章（1971年）、「中國文藝協會」戲劇演出獎榮譽文藝獎章（2003年）。

　　2008年金馬獎頒獎典禮於12月6日在台中中山堂舉行。8月金馬獎執委會開會確定「終身成就獎」頒給資深藝人常楓，表彰他對電影界的貢獻。常楓說：「我們有很多人是老腦筋，我要幹到底，我要死在舞台，死在螢幕……」85歲高齡的他，從事演藝工作六十餘年，橫跨電影和電視界，曾獲金馬獎最佳男主角、男配角和金鐘獎最佳男演員獎，資歷豐富，成為後輩們學習的楷模。

二、金馬影后的故事

1. 永遠的玉女——林青霞

獲獎記錄：

第二十七屆台灣電影金馬獎最佳女主角（1990）

演藝經歷：

　　林青霞是人們心中永遠的東方美女，她淡淡的憂傷、清新的氣質，曾經成為很多人心中的偶像。林青霞原籍山東，1954年11月3日出生於台北。1972年她從台灣台北女子中學畢業，當年不滿18

歲，因生有一副嬌好的面容而在街頭被星探發現，第二年便進入台灣80年代電影公司做演員。同年，在根據瓊瑤的處女作改編而成的影片《窗外》中飾演女主角江雁容，一個與老師產生戀情的高中生，並由此在影壇樹立起玉女形象。1975年在台灣「中央電影事業股份有限公司」拍攝的《八百壯士》中飾演泅水渡江為八百壯士贈旗的女童子軍楊惠敏一角，大受行家讚賞，並因此在1976年獲得第二十二屆亞洲影展最佳女主角獎。1976年後，她接連主演了《我是一片雲》、《月朦朧、鳥朦朧》等根據瓊瑤小說改編的影片，成為瓊瑤筆下女主角的化身。在當時台灣影壇上，她和林鳳嬌並稱「二林」，一度成為萬千瓊瑤迷心目中的女神。

在演出了多部瓊瑤戲之後，林青霞似乎感覺到自己在演技上的侷限性和不足，因此在1980年赴美國進修了一段時間的表演。1981年，在香港大烽電影公司赴美國拍攝的影片《愛殺》中扮演留美大學生，同年又回到台灣。在主演了包括徐克的《新蜀山劍俠》在內的幾部影片後不久，她於1984年再次前往美國，在聖地亞哥國際大學進修表演。兩度進修之後，林青霞的演技有了很大的提高，能勝任的角色範圍也越來越廣。之後，她把事業的中心轉移到了香港，接連主演了《警察故事》、《今夜星光燦爛》等一系列影片。1990年，她主演了嚴浩執導的女作家三毛編劇的最後遺作《滾滾紅塵》，在這部影片中她與秦漢的配搭再顯郎才女貌的魅力，一舉獲得了第二十七屆金馬獎最佳女主角獎。

林青霞後期的演藝生涯中，武俠作品占據了一個非常重要的位置，出演了眾多武俠電影，雖然作品良莠不齊，卻創造了許多為人稱道的經典形象，和同時期的很多優秀演員一起，創造了一個電影史上空前絕後的武俠年代。1992年林青霞與徐克再次合作出演了華語武俠片的巔峰之作《笑傲江湖之東方不敗》。在片中林青霞徹底突破了其文藝戲路，反串男角，在其剛柔並濟的精美演繹下塑造了一個經典的銀幕形象：唯美凌厲、驚才絕艷的東方不敗，在武俠

片中迎來了演藝生涯的又一個巔峰。此後林青霞找到了新的定位，接連飾演了一系列英偉過人的俠女角色，深受觀眾歡迎。期間她與徐克、于仁泰、王家衛等合作拍攝了《新龍門客棧》、《東方不敗之風雲再起》、《白髮魔女》、《東邪西毒》等多部武俠片，在影壇獲得了巨大的成功。在演繹了諸多經典角色後，林青霞於1994年結婚隨後淡出影壇。

2011年7月份林青霞出版自己第一本書《窗裡窗外》。五十七歲的影后林青霞淡出影壇十七年後，以作家身分復出。

林青霞的表演風格自然樸實、內斂細膩，外表鋒利而性感，善於表現人物思緒的繁雜和感情的起伏跌宕。從影二十一年共出演了一百多部影片。是港台電影界唯一能橫跨文藝、武俠兩種不同電影風格的女明星，同時也是走紅時間最長、光芒最閃亮的女明星。這個從90年代的流行一步步走過90年代流行的特殊人物的確代表了一個特殊的時尚歷史。這個從瓊瑤片走向武俠片的實力女星，用她二十一年的演藝史，幫我們記住那個已經漸漸遠去的年代和曾經的流行。就像她固有的側頭睥睨的形象一樣，慢慢成為人們可記述的光影中一個閃閃發光的符號。

2. 影壇的恆星——歸亞蕾

獲獎記錄：

第四屆台灣電影金馬獎最佳女主角（1966）

第八屆台灣電影金馬獎最佳女主角（1970）

第十五屆台灣電影金馬獎最佳女配角（1978）

第三十屆台灣電影金馬獎最佳女配角（1993）

演藝經歷：

歸亞蕾，可謂影壇的常青樹，年輕時所扮演過的角色似乎讓人覺得面目模糊，但中年之後的歸亞蕾卻煥發了勃勃生機，塑造過的角色無一不令人印象深刻。歸亞蕾原籍浙江吳興，1944年出生於湖南長沙，1949年，年僅五歲的她隨同父母一起移居台灣。歸亞蕾屬於典型的電影表演專業科班出身的演員，她於1964年畢業於台灣藝術專科學校影劇科表演組。在學校已經打下紮實表演功底的她很受命運的垂青。在畢業後不久，她就考取了根據瓊瑤的小說改編而成的影片《煙雨濛濛》的女主角。瓊瑤筆下的依萍是小說乃至劇本中性格最為複雜的一位，剛剛踏出校門不足半年的歸亞蕾十分珍惜來之不易的演出機會，連續三個月手不釋卷地研讀劇本、思索角色，以自己的悟性和天分在《煙雨濛濛》中塑造了一個令人難忘的依萍。正是憑藉在該片中的出色表現，二十二歲的歸亞蕾在1966年的第四屆台灣電影金馬獎上獲得了最佳女主角獎，成為當時最為年輕的金馬影后。

這一良好的事業開端，為歸亞蕾日後的銀幕事業奠定了良好的基礎。1966年，她加入國聯電影公司，在《冬暖》一片中她飾演的溫柔善良的女僕阿金一角，十分真切感人，再次給觀眾留下深刻印象。之後，她又接連主演了《不敢跟你講》、《三朵花》等影片。與其說歸亞蕾是幸運的，還不如說她是勤奮的，正是因為有不懈努力才保證了她了沒有成為影壇上的流星。

1970年，歸亞蕾與觀眾熟悉的男影星柯俊雄合作，主演了影片《家在台北》。剛剛出道四年的歸亞蕾出演的是留洋歸來的負心人柯俊雄的妻子，年輕姣好的面龐隱在生活的重壓之下，齊頸的烏髮，素樸的衣著，熱切盼望而極力隱忍的眼神，這樣一個大嫂的形象，真是難為了才25歲的歸亞蕾。憑著這一角色，年輕的她捧得了她的第二個金馬獎。

一個女人在26歲便擁有這樣的成就，按說可以高枕無憂了，但歸亞蕾卻沒有因為輝煌的成就而放棄個人追求。接下來的幾年中，她仍舊孜孜不倦地追求著事業的更上層樓。在時隔八年之後又一次成就揚威金馬獎，這段時間裡她開始嘗試去演繹不同類型的角色，她也因此變得更加成熟，無論是演主角還是配角都能顯示出奪目的光彩。1977年，在影片《蒂蒂日記》中，歸亞蕾扮演一位母親的角色，以自己獨特的方式刻畫出了一個外表溫柔、內心剛烈的女性形象。憑藉這一角色，在1978年她又在金馬獎上獲得了最佳女配角獎。

　　時間進入80年代以後，歸亞蕾開始在兼顧大銀幕演出的同時涉足電視螢幕上的演出，從出演第一部電視劇《當時明月在》開始，到1991年和1997年分別憑藉主演《她的成長》和《聖母瑪利亞》而獲得台灣金鐘獎最佳女主角獎，歸亞蕾在螢幕上塑造了很多的動人形象。這時的她已經成為螢幕上的常見人物，直到現在。但是在電視劇中的演出一點沒有影響她在電影中的表演，進入90年代後，她又一次以自己的魅力打動了金馬獎的評委。1993年，在李安執導的《喜宴》一片中，年近五十的歸亞蕾再次顯露英雄本色，以自己出色表現為影片增色不少，該片不僅在第四十三屆柏林國際電影節和金馬獎上成為最佳影片得主，歸亞蕾也以自己老而彌堅的表現再次成為金馬獎最佳女配角得主。

　　1995年對於歸亞蕾來說又是一個豐收年，憑藉在大陸導演謝衍執導的《女兒紅》一片中的精彩演出，在第三十屆卡羅維瓦利國際電影節上捧得最佳女主角獎盃。為了這一角色的演出，歸亞蕾付出了很多努力。影片中的花雕一角的年齡跨度相當大，從三十多歲一直到七十歲，時間跨度近四十年。在影片開拍之前，她還特地去浙江專門練習推酒車、挑水桶的技巧，並學會了用越調唱酒謠，這對於一個已經五十多歲的女演員來說，實在是難能可貴。

在華人女演員中，能夠在本土、亞洲以至歐洲的電影節上都曾獲獎者實在為數少之又少，而四度金馬獎獲得者歸亞蕾便是其中的一位。除了在金馬獎和亞太影展上曾經獲得過影后之外，歸亞蕾還曾揚威捷克的卡羅維瓦利國際電影節。在歷屆的金馬影后中，唯一能與她相媲美的應該也只有張曼玉一人了。最為難得的是，在進入五十歲以後這位女明星的演藝事業不僅沒有直線下落，反而有蒸蒸日上越來越紅之勢，這無疑使得她在觀眾的心目中顯得更具魅力。

3. 全能的藝人——張艾嘉

獲獎記錄：

第十三屆台灣電影金馬獎最佳女配角（1976）

第十八屆台灣電影金馬獎最佳女主角（1981）

第二十三屆台灣電影金馬獎最佳女主角（1986）

演藝經歷：

張艾嘉是一個有故事的人，涉獵廣泛，才華橫溢，正因為其豐富的人生經歷，才為她後來的演藝與導演事業增添了許多寶貴的經驗。在金馬歷屆的影后之中，成功地從銀幕上轉到幕後工作的人中，張艾嘉可以算是迄今為止最為優秀和最為成功的一個。在銀幕上她曾經獲得過兩屆金馬影后稱號，做編劇她曾經獲得過香港電影金像獎和亞太影展的最佳編劇獎；做導演，也交出了很多令人羨慕的成績。這無一不證明了張艾嘉不愧為全能的女藝人。

張艾嘉祖籍山西五台縣，1953年出生於台灣，曾在台灣、美國等地求學。張艾嘉涉足娛樂圈的時間比較早，在她16歲的時候便開始進軍電視界，以主持音樂節目開始了自己的娛樂生涯。1972年，張艾嘉赴港發展自己的事業，初來乍到的她也只能以主

持綜藝節目先求站穩腳跟。之後不久她獲得機會開始灌錄自己的唱片，並不時在一些香港製作的單元劇中亮相。1973年起，張艾嘉開始獲得了在銀幕上演出的機會，並逐漸將事業重心轉移到演藝事業上來，她主演的首部電影是《龍虎金剛》。

1976年，張艾嘉與林鳳嬌、秦漢等人主演了李行執導的《碧雲天》一片，結果她在影片中大放異彩。該片不僅獲得了第十三屆台灣電影金馬獎優秀劇情片獎，張艾嘉本人也一舉獲得了金馬獎最佳女配角獎，並於第二十二屆亞太影展上獲得金皇冠盾牌獎。這一成績只能算做是張艾嘉成功的演藝事業中的第一步，在之後的幾年中，她又兩次以自己的實際表演證明了自己不只是一個配角，做主角、做導演和編劇同樣能有精彩的表現。

1981年，在柯俊雄自導自演的影片《我的爺爺》中，張艾嘉以其優異的表現將第十八屆台灣電影金馬獎最佳女主角獎抱回家中。1980年對於張艾嘉來說有著特殊的意義，原因在於這一年她開始有了自己做導演和編劇的機會，那一年她僅有27歲。嘉禾公司出品的《某年某月的某一天》這部影片，早在1980年，便籌劃拍攝，當時的導演是屠忠訓。但不幸的是屠忠訓卻因故意外身亡，因此使得影片暫時擱置，兩年之後，張艾嘉接下了導演簡，自編自導了這部屠忠訓未能完成的遺作，也從此將事業發展拓展到銀幕之後。

1986年，張艾嘉自編、自導、自演的影片《最愛》獲得了極大的成功，張艾嘉把這部愛情文藝小品處理得相當細膩感人，攝影、美術、配樂等各方面也都表現出相當高的水準。而張艾嘉本人不僅憑藉主演該片獲得了第二十三屆台灣電影金馬獎最佳女主角獎，還獲得了六屆香港電影金像獎最佳女主角獎，其個人的演藝事業由此達到了頂峰。

如果說80年代是張艾嘉演藝事業的巔峰時期，那麼90年代則

是張艾嘉編導事業的巔峰期。整個90年代裡，張艾嘉兩獲亞洲影展的最佳編劇獎，一獲香港電影金像獎的最佳編劇獎，這一成績在以男性為主的編導世界裡也實屬罕見。1995年，張艾嘉自己做導演，並請來了李安、嚴歌苓以及美國編劇詹姆斯夏穆斯一起打造了《少女小漁》的電影劇本。雖然是一部移民題材的作品，但她的筆下卻流淌出動人的新鮮之感。在促成劉若英成為第四十屆亞太影展的影后之後，她自己也贏得了最佳編劇的榮耀。張艾嘉可不是裹足不前之人，接下來的1996年，她又一部《今天不回家》再次讓亞太影展的評委叫好，再一次將亞太影展的最佳編劇獎拿了回來。1999年，張艾嘉將個人的愛情感受和對人生的體驗，巧妙地套入了一個日劇式的三角愛情故事《心動》之中，使之看來流暢感人。在第十九屆香港電影金像獎的評選上，該片又為她贏得一個最佳編劇的頭銜，在第六屆香港電影評論學會獎上，該片又當之無愧地成為評委們認可的推薦電影。

　　張艾嘉是電影事業上的成功者，她的成功不僅為香港、台灣以及整個亞洲的同行所認可，世界其他國家同樣對她在銀幕前後的精彩表現給予了相當多的肯定和讚許。1987年，英國國家電影院舉辦「向張艾嘉致敬」焦點專題，以表示對這位女藝人的敬重。1992年，加拿大多倫多電影節以「電影節聚光焦點」活動，舉辦張艾嘉專題作品展。這類大型的專題活動，對於一位從事電影事業的人來說，無疑是個莫大的榮耀。

第三節　金雞百花電影節的歷程

一、金雞百花電影節的由來

1. 中國電影金雞獎

中國電影金雞獎創辦於1981年，當年是中國農曆雞年，故名「中國電影金雞獎」，簡稱「金雞獎」，以昂首啼曉之金雞雕像作為自己的獎盃。

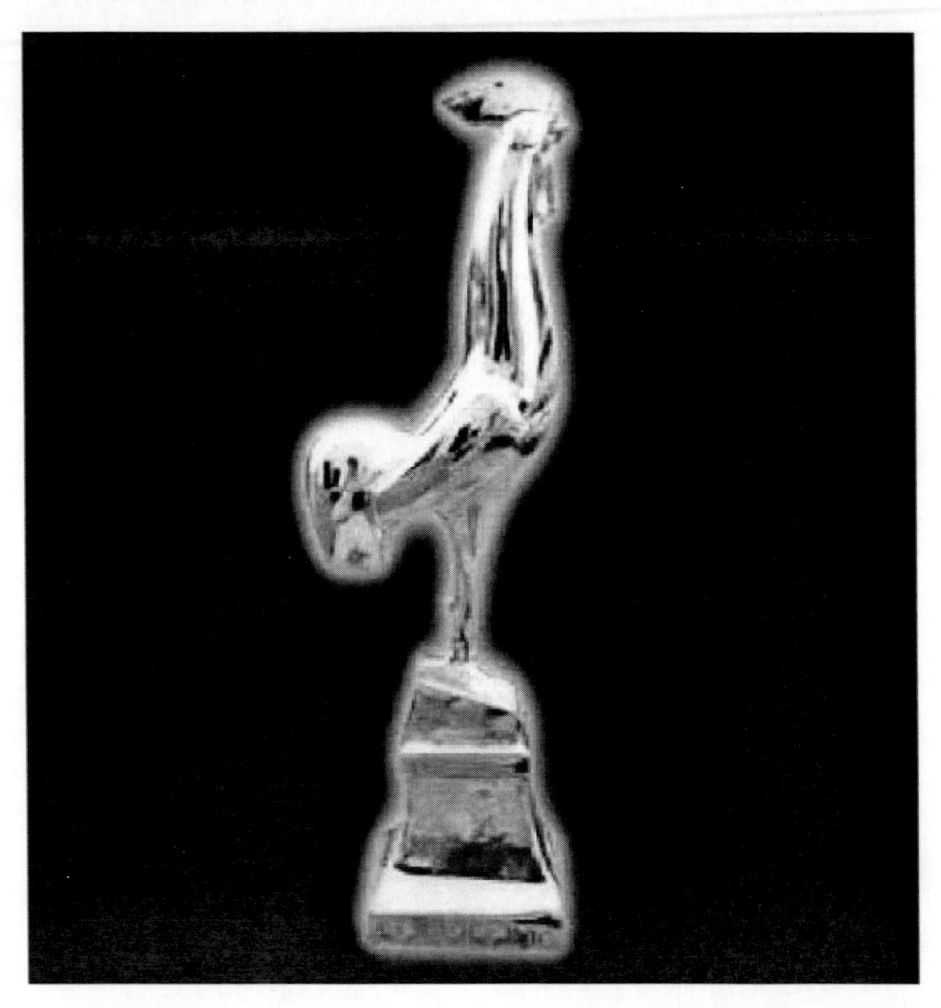

中國電影金雞獎由中國電影家協會主辦，邀請中國國內最具權威的電影藝術家、電影評論家和電影事業家組成評獎委員會，透過充分討論、民主協商，選出最佳故事片、科教片、美術片、紀錄片以及最佳編劇、導演、演員、攝影、錄音、美術、音樂、導演處女

作等20餘個獎項。由於金雞獎評委會組成的權威性、評選程序的嚴密性和評獎標準的學術性，因而被稱為「專家獎」。

　　金雞獎以金雞啼曉象徵百家爭鳴，同時也包含著激勵中國電影藝術家聞雞起舞、努力創新、奮發向上的意義。金雞獎的評選分初評和終評兩個階段進行，最終的獲獎名單在「中國金雞百花電影節」頒獎典禮上當場揭曉。

2.《大眾電影》百花獎

　　《大眾電影》百花獎創辦於1962年，簡稱「百花獎」，以百花女神雕像作為自己的獎盃。

　　《大眾電影》百花獎是由中國歷史最長、發行量最大的電影雜誌《大眾電影》根據當年中國國產電影發行放映情況，提出候選名單、刊發選票、組織讀者、觀眾投票的評獎活動。《大眾電影》百花獎設最佳故事片一部、優秀故事片兩部、最佳導演一名、最佳男女主角各一名、最佳男女配角各一名、最佳新人一名共八個獎項。近年來觀眾投票數量大約500萬至1000萬張左右，是中國內地參與人數最多的電影評獎活動。百花獎主要反映了廣大觀眾對電影的評價和喜好，因而被億萬觀眾稱之為「百花獎」並深受廣大電影工作者尤其是電影演員和明星們的青睞和喜愛。

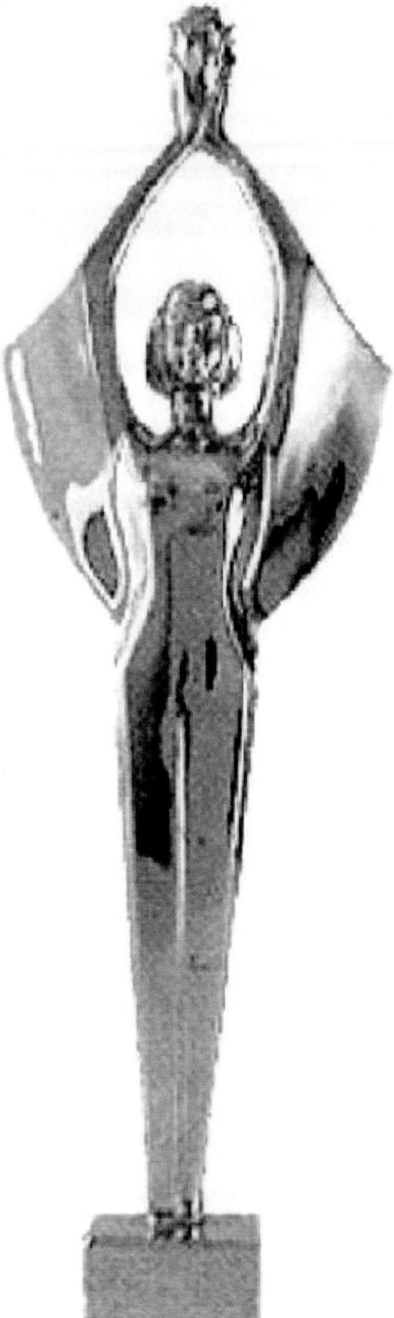

百花獎以盛開的百花取名，象徵影壇百花齊放、春色滿園，鼓舞電影藝術家創作出更多更好的為中國老百姓喜聞樂見的優秀作品。大眾電影百花獎是在周恩來總理的直接倡導和關懷下創立的，是經中央宣傳部批准的全國性文藝大獎，也是中國電影界歷史最長、規模和影響都很大的一項評獎，它曾走過輝煌的歷程，並得到了廣大電影工作者和廣大電影觀眾的熱烈擁護和愛戴，成為了中國電影界的一個品牌獎項。電影界，乃至於文藝界的老前輩、老領導始終關心和支持著百花獎的評選，為其傾注了大量的心血。百花獎也為中國電影的繁榮、推介和普及造成了不可低估的作用。

3. 金雞百花電影節

　　分別創辦於1962年和1981年的大眾電影百花獎和中國電影金雞獎是經中共中央批准設立的兩項全國性文藝大獎，也是中國電影界歷史最長、規模和影響最大的兩大獎項。中國金雞百花電影節已經成為電影藝術家的搖籃，從這個舞台走出了陳沖、劉曉慶、潘虹、張藝謀、鞏俐、葛優、劉佩琦、章子怡等一代代優秀的電影人才，為中國電影觀眾提供了一場又一場視覺與聽覺的盛宴。

　　進入90年代以後，隨著人們文化消費的多元，電影消費的比例相對下降，電影市場也走向低迷，大眾電影百花獎的投票人數也日趨減少，電影觀眾的參與性和評獎的權威性均有所下降。為了適應改革開放新形勢的需要，進一步促進中國電影事業的繁榮和發展，經中共中央宣傳部批准，從1992年起將中國電影金雞獎和大眾電影百花獎雙獎頒獎活動改為「中國金雞百花電影節」。自創辦以來，金雞百花電影節影響力不斷擴大。目前，它與長春國際電影節、上海國際電影節、珠海電影節並稱「中國四大電影節」。

　　作為中國電影界一年一度的盛大節日，集電影評獎、頒獎、中

外新片展映、學術研討、電影市場、國際文化交流和文藝演出於一體的全國性大型文化活動，金雞百花電影節在全國各地申辦城市輪流舉辦、形成了舉辦地人民的電影節日，數以萬計的群眾踴躍參與電影節各項活動，表達了廣大電影觀眾對中國電影的熱愛和關注，構成了「中國金雞百花電影節」獨特的風景線。至今電影節已先後在桂林、廣州、長沙、北京、昆明、佛山、重慶、瀋陽、南寧、寧波、無錫、杭州、蘇州、大連、南昌等城市舉辦了十多屆。

「中國金雞百花電影節」以強調學術性、群眾參與的廣泛性以及舉辦地的流動性作為自己的特點。除評獎、頒獎活動之外，中國金雞百花電影節還舉辦三大影展，即中國電影新片展，港、澳、台電影展，外國電影展，展映中國大陸、香港、澳門、台灣和世界各地優秀影片約五十部左右。中國金雞百花電影節學術研討會也是中國電影界最高水準的理論盛會。從2001年起，中國金雞百花電影節學術研討會定名為「中國電影論壇」，邀請中國最有建樹的電影專家商討中國電影繁榮發展的重大課題，並進行評獎、出版《中國電影論壇》學術論文集。

中國金雞百花電影節是中外電影的大交流，是中外影人的大聚會，是中國電影人向世界展示中國電影成就，是世界電影人瞭解中國電影現狀，是中國和世界電影界互相學習、互相借鑑的重要而獨特的窗口。

二、金雞百花電影節的發展歷程

1. 百花初放

1961年，周恩來總理親自倡導之下，中國影協隨即籌備設立電影評獎，以貫徹兩會精神，為電影藝術創「四好」。此後，在全

國發行量最高的《大眾電影》很快建立起相應平台，即由雜誌社主辦並在刊中附上候選名單及選票，待觀眾讀者評選後將選票回收統計，並根據票數決定獲獎名單。

　　1962年5月22日，第一屆百花獎在北京政協禮堂頒獎，頒獎者是時任中國文學藝術聯合會主席的郭沫若，由於當時並未設計獎座，故將多位文學藝術界名人的題詞墨寶裝裱作為獎品，其後在慶祝晚會上，一眾獲獎者更受到周恩來、陳毅等領導人接見，並前往駐京部隊、石景山鋼鐵廠、學校及工廠等地舉行聯歡活動，百花獎一時間變成一場全民參與的盛會。這在當時的中國可謂前所未有，亦可理解為何第一屆曾出現4000工廠員工集體投票、1962年舉辦第二屆時選票由12萬張增至18萬張等現象。

　　百花獎作為新中國歷史上第一個電影獎項，其「群眾性」理念使無數影迷獲得了評選心目中最佳影片與影人的機會，更重要的是，百花獎由始至終未有專業評審參與，究竟誰能奪魁完全來自百姓的眼光，反映出早期國產電影「為人民服務」的藝術宗旨。

2. 半路凋零

　　第三屆百花獎可謂曲折重重。1963年底，由於文藝整風運動的開展，大批影視作品皆受波及，但為籌備第三屆百花獎的舉行，中國影協仍如前兩屆般於1964年3月1日開始發放選票，由於本屆百花獎已擴大評選範圍，兼與多家中央文化部門聯合舉辦，故最終回收的選票高達空前的90萬張。

　　豈料，當時獲獎名單中不少影人正受檢查，部分影片更遭批判，此時隆而重之地為其頒獎豈非惹禍上身。因此，即便許多觀眾因不滿而寫信追問，百花獎依舊聲稱「暫緩頒發」；然而，「暫緩」終歸只是百花獎無力而無奈的藉口——當同年7月掀起第二次

整風運動後，影協成員早已被折磨得精疲力盡，唯有在年底以找理由申請撤銷評獎，大批影片（如《甲午風雲》、《南海潮》、《停戰以後》等）及影人（如蔡楚生、王為一、王曉棠、李默然等）紛紛失去了應得的榮譽。

作為當時中國唯一的電影評獎活動，百花獎向來在群眾領域中擁有巨大反響，突告停辦非但令大眾失去娛樂平台，更預示了電影界的失落命運。1966年《大眾電影》停刊，影協被砸，電影事業陷入一潭死水，百花獎也再無人提及，隨即而來的更是長達16年的沉寂歲月。

3. 重返舞台

1978年，中國影協終於恢復工作，1979年《大眾電影》復刊發行，百花獎的復甦已是大勢所趨。1980年，中國電影界如願以償地在北京政協禮堂舉行了第三屆百花獎頒獎禮。

此時國內尚未出現金雞獎，剛剛復頒的百花獎仍以停滯前的群眾投票方式選出獲獎名單，故當時附帶選票的《大眾電影》雜誌在短時間內便被搶購一空，幾乎出現「搶票」熱潮，編輯部不得不三番兩次地重印出版，往往一張選票都能引起觀眾的集體討論，更一度為此停課停工，最終《大眾電影》回收了高達70萬張的選票，足見熱情之盛。

然而，本屆百花獎卻在其後多年仍受許多電影工作者詬病，皆因它由「第三屆」開始——雖說原定於1964年舉辦的第三屆因歷史問題停辦，但當時畢竟已完成了選票的發放、回收、統計及評選工作，完整的獲獎名單也在6月頒獎前出爐，但復頒之後對此卻始終避而不談，無疑是國內電影獎項史上的最大憾事。

百廢待興的形勢下，如何重新贏得群眾對電影的熱忱是重要議

題。而百花獎的復頒正是迎合了這一趨勢，使觀眾繼續擁有影迷權利，亦在更大程度上滿足其觀影意見，同時通過一系列評選結果，也更能瞭解到當時觀眾的口味，並重新建立國產電影市場。

4. 聞雞起舞

自1980年百花獎重新頒獎後，再次在觀眾心目中樹立了權威。但另一方面，普通百姓對部分專業性的獎項分析卻始終存在偏頗，因而在第三屆百花獎上，失準情況時有發生，同時電影評論界也亟需獲得一個集體交流、討論電影的機會。那麼，既然有「群眾獎」，為何不能另設一個「專家獎」與之對應呢？終於在1980年的影協黨組擴大會議上，「專業性評獎」一詞也應運而生，這便是金雞獎的雛形。

不過，昔日金雞獎由誕生至頒獎，過程非常緊迫：1980年秋得到影協支持後，1981年2月中便制定評獎條例，其後在一個多月的時間裡，又透過對中央美術學院作品的篩選確定獎座及聘請評審人員，甚至在評選前夕將獲獎證書的設計班底拉到了杭州，終於在兩個月後的4月20日依時舉行評委大會，效率之高而不失品質的計劃實施在同行業中無疑是一個絕妙的榜樣。

5月23日，金雞獎與百花獎在杭州同時頒獎。與後者不同的是，金雞獎既更專業也更「倔強」：百花獎透過「發放選票—收集選票—統計選票」的方式評獎，而金雞獎則透過「書面推薦—委員討論—記名投票」的方式選出，而組成評委會的25位委員更是專家級的電影人士；此外，由於堅持以投票數量為主，金雞獎一方面曾多次出現空缺（第一屆評選上有八項大獎無人領取，包括最佳男主角），另一方面又多次出現「雙黃蛋」。

金雞獎開頒之後，很快在國內電影業中贏得重要地位，而百花

獎原本設立的一系列幕後專業獎項亦改由金雞獎評審頒獎，此舉無疑在提升獎項的專業性之餘更顯出專家的水平及權威。從此，「專家獎」與「群眾獎」互補求進，中國電影的評獎機制也更趨完整。

5. 雙獎合併

1992年，百花獎已復頒12年，金雞獎亦成立11年，但作為全國最具份量的兩大榮譽，評獎始終各自為政，同時也缺少港台及國外電影觀展、兩岸三地影人研討會等活動，因此在國內電影工作者多次提議下，中宣部終於批准舉辦中國「金雞百花」電影節，從而造就了電影界第一次大聯歡。

雙獎合併，規模自然空前盛大：過往多數在室內舉行頒獎禮，首屆電影節開幕式則在桂林灕江兩岸舉行，同時相關活動之多也屬首次——如頒獎典禮、基金國際影展、海峽兩岸及香港電影新作觀摩展、雙獎學術座談會、中日電影文學研討會、百花獎十五週年紀念活動、明星之夜、十佳歌手等，其後更有紀念碑揭幕、電影交易會、高峰論壇等陸續出現，在當時影圈中已算面面俱到。

1992年中國電影正處低谷時期，將兩大獎項合二為一，無疑能同時表現出群眾與專家的意見，同時亦可吸引更多的港台、海外電影人士參與其中，實為兩全其美。而透過兩岸三地影人的集體交流，其範疇也得以由「國產電影」轉變為「華語電影」，由此為多年後的「大片時代」奠定了文化基礎。

6. 體制改革

2002年，金雞百花電影節再起波瀾：作為獲獎代表之一的編劇王興東突然在媒體見面會上炮轟評審制度，這一代表中國電影權

威的活動頓時被推上輿論的風口浪尖，而「改制」也隨之成為電影行業的代名詞。

因此，在2003年的第十二屆金雞百花電影節上，此前受質疑的「暗箱操作」便首先以成立評委會資格審查小組出之，此前已擔任兩屆評委者統統離開，取而代之的是三分之二的新人評委；其他如提議拍賣電影節冠名權、在電影節過程中展示城市品牌及增設「國產新片」「港台新片」和「金雞國際」等專業影展的舉措，皆在回應此前的「黑幕」說法，也成為本屆電影節最大的看點。

曾經，評選制度、公信力度、操作內幕等因素一度使金雞百花招致口誅筆伐。既然不想淪為公眾箭靶，頒布必要的改革措施無疑不可怠慢，此番另闢蹊徑之舉無論是否能讓金雞百花電影節長期受益，但至少能在相應機制的運作模式上爭得一回前所未有的嘗試。

7. 榮譽分家

2005年，因國家規定兩年頒發一次電影獎項，故出現了在第十四屆金雞百花電影節上頒金雞獎、第十五屆金雞百花電影節上頒百花獎的情形，過往雙獎同頒，金雞為主、百花為輔的局面終告打破。

事實上，這與1992年以來金雞百花電影節厚此薄彼頗有聯繫：此前雙獎在典禮上同時頒發，但金雞獎往往經過提名角逐後方才揭曉，而百花獎則早已公開名單，這也導致觀眾多看金雞懶理百花的失衡現象。因此，亦是為維護百花獎的地位，第十四屆金雞百花電影節前夕終宣布隔年評獎，即單年頒發金雞獎、雙年頒發百花獎，而電影節則繼續維持一年一度，並沿用至今。

中國電影進入大片時代後，由於產量提升，電影節組委會往往要在一年數百部影片中評選。而金雞百花雙獎分家的改制，最初著

實減少了電影節的壓力，也使相關工作分配得更為細緻。但數年下來，這一在世界電影評獎史上從未出現的制度弱點便逐一暴露出來，如新片舊作同台爭獎等，公信力也日漸下降。而金雞百花電影節此番轉折能否堅持下去，還要拭目以待。

8. 港台加盟

　　1988年，第十一屆百花獎於深圳體育館舉行，在這個最靠近香港的城市中，也首次出現了港台作品的身影：首先香港銀都電影機構與八一廠合拍的《閃電行動》獲得「特別獎」，此外更追頒「觀眾最喜愛的台灣演員獎」，胡慧中則因《歡顏》成為首位獲得該項榮譽的港台藝人；6年後的第十四屆百花獎上，更首次增設「最佳合拍片獎」，首部獲獎作品則是至今仍在電影頻道反覆播放的《黃飛鴻之獅王爭霸》。

　　當然，此時這類獎項仍多屬「門外客」，直至21世紀後合拍片激增，港台影片／影人方頻頻亮相：第二十六屆百花獎獲最佳故事片的《英雄》便有三位香港巨星參與，而在第二十八屆百花獎上，首次參選的四位港台藝人：周星馳、劉若英、謝霆鋒及元秋更分別摘取最佳故事片、影后及最佳男、女配角殊榮，而本屆熱門李冰冰敗於元秋後的落寞神情也一度成為話題。此外，金雞獎則在第二十五屆（2005年）首次加入港台影片評選，成龍更是憑《新警察故事》一擊即中當選影帝，其後又有多位港台影人獲得多項大獎提名，如今已順利融入內地電影評獎機制當中。

　　2003年CEPA簽署後，香港電影紛紛以合拍片名義進入內地市場，非但享受到國產片的待遇，更有資格參加金雞百花電影節的評獎，此舉非但促進了兩岸電影的互補與交流，也為一眾港台藝人的演技實力得到國內更多觀眾、專家們的肯定。

總之,歷程雖然坎坷,但金雞與百花伴隨著中國電影的風風雨雨已然走過了多個春秋,在中國電影的崛起之路上,「中國金雞百花電影節」將以更加嶄新、先進、國際化運營管理理念健康發展,不斷進步。金雞高唱、百花爭艷,「中國金雞百花電影節」必將在所有電影人與觀眾們的共同努力下成為中國乃至世界的頂級文化品牌,成為全體電影人和廣大電影觀眾衷心熱愛的盛大節日並煥發出永恆的藝術光彩。

第四節　金雞百花影帝與影后

一、影帝風華

1. 永遠的硬漢——姜文

獲獎記錄:

第十屆大眾電影百花獎最佳男主角(1987年)

第十二屆大眾電影百花獎最佳男主角(1989年)

演藝經歷:

　　姜文是一個個性與塑造力極強的演員,從影至今,他塑造過的銀幕形象無一不棱角分明,個性鮮活,氣場強大。姜文原名姜小軍,河北唐山人,1963年1月出生。父親曾經參加過抗美援朝,母親是一名小學音樂教師。1973年在姜文10歲時,全家遷到北京定居。四處遷移的生活和部隊的特殊環境對姜文產生了不小影響,同時也大大豐富了他的社會閱歷,使他比同齡人顯得成熟。

　　少年時代的姜文相當調皮,愛和人鬥智慧。中學時代姜文遇見

了好朋友英達，在交往中受到英達父親英若誠的影響，逐漸喜歡上了表演。1979年中學畢業後姜文報考了北京電影學院，但沒被錄取，寄來的公函裡勉勵他「安心工作，安心學習」。第二年姜文又報考了中央戲劇學院，最終依靠張仁禮的慧眼賞識被破格錄取，同班同學裡有呂麗萍、叢珊等，姜文是中戲表演系80班中年紀最小的一個，也是成績最好的一個。

　　1984年6月姜文畢業，21歲的他被分配到中國藝術劇院，後來主演了《家庭大事》、《高加索灰闌記》等優秀劇目。1985年剛畢業9個月的姜文被導演陳家林選中，在影片《末代皇后》中出演溥儀，為了這個角色，他全身心投入去準備，找資料、看紀錄片，專門去找溥傑，甚至晚上躺在了床上也要跟弟弟說溥儀，最終得以塑造一個可恨可悲、可笑可憐的「末代皇帝」形象。

　　1986年，謝晉拍攝《芙蓉鎮》，年齡顯小的姜文和劉曉慶有大量精彩的對手戲。23歲的姜文就能與在當時最有號召力的「第三代」導演謝晉合作的確是件不簡單的事情。之後姜文還和秦怡演出了中法合拍影片《花轎淚》裡年齡跨度極大的角色，換言之，出道沒幾年的姜文就與當時中國最優秀的女演員潘虹、劉曉慶、秦怡有過精彩合作。

　　1987年夏天姜文被邀請到了《紅高粱》劇組，面對第一次當導演的張藝謀，同屬虎的二人每晚必然要「侃戲」。姜文的搭檔則是師妹鞏俐，那批合作者裡面還有顧長衛、楊鋼等。面對記者提問。姜文答道：「他們將會是中國電影的棟樑。」幾年後，他的話果然得到了印證。1988年，張藝謀導演、姜文主演的「第五代」代表作之一《紅高粱》震撼了世界，勇奪柏林電影節金熊獎。

　　1988年，姜文和劉曉慶在《春桃》中第二次攜手，導演是和謝晉同屬「第三代」的凌子風，與《紅高粱》裡的自由狂放截然相反，姜文含蓄地表現著主人翁的苦悶。凌子風評價道「姜文的戲路

子很寬，創造性很強。」這一年，姜文又和「第四代」導演謝飛合作，出演了《本命年》裡的看似「同齡人」的都市底層青年李慧泉。謝飛認為這是姜文在表演方面最接近他真實年齡和心態的一部戲，謝飛評價姜文「聰明，熱情又賣力氣」。

「如果你愛他，就把他送到紐約，因為那裡是天堂；如果你恨他，就把他送到紐約，因為那裡是地獄。」這段經典而熟悉的旁白正是出自姜文之口。1993年，姜文主演的電視連續劇《北京人在紐約》成為當年最熱播的電視劇，姜文的表演才華再次得到肯定。而此前極其謹慎選擇劇本的姜文並未接拍過任何電視劇，與他合作的劇組導演裡有馮小剛等人。在《北京人在紐約》前期籌備時，姜文和萬梓良聯合主演了他的第一部商業娛樂片《俠路英豪》。

1990年後的那段時期，姜文的興趣從表演轉向了導演，他開始四處尋找適合自己的電影劇本。1992年，可能是命中注定的，在聊天之後，王朔送給姜文一本新出刊的《收穫》，上面發表他的一篇新小說《動物兇猛》。那晚上姜文一口氣看完了這篇6萬字的小說，激動得徹夜難眠，並且下決定一定要把這部小說拍成電影。王朔拒絕了姜文讓他做編劇的邀請，只能選擇親自動筆的姜文改稿之後的劇本多達9萬字，並且有了一個新的名字：《陽光燦爛的日子》。這部自編自導的長片處女作表現了少年馬小軍在青春期放蕩不羈的生活、回憶與幻想，整個故事與動盪的時代背景交織在一起，顯得十分懷舊。《陽光燦爛的日子》技驚四座，姜文的導演才華迅速得到肯定，創下了1995年中國最高票房紀錄，共計500萬人民幣。

1996年姜文調入中央戲劇學院戲劇研究所。這一階段姜文出演了周曉文《秦頌》裡的秦始皇一角，和葛優、許晴有大量對手戲。1997年在姜文第二次參與張藝謀導演的作品《有話好好說》，在那年掀起了一陣熱潮，姜文的演技亦獲得不俗評價。

1997年11月，姜文作為在電影方面「做出傑出貢獻的人士」，受義大利電影文化界的邀請，並由義大利電影文化界主辦，在義大利五大城市舉辦「姜文主演、導演個人電影回顧展」。

　　2010年上映的改編自老作家馬識途小說《夜譚十記》之《盜官記》的《讓子彈飛》，影片票房將近7億。馬識途本人非常讚賞姜文的改編，稱其為「雄壯威武」。

2. 百姓的影帝——葛優

獲獎記錄：

第十五屆大眾電影百花獎最佳男配角（1992年）

第十三屆中國電影金雞獎最佳男主角（1993年）

第二十一屆大眾電影百花獎最佳男演員（1998年）

第二十五屆大眾電影百花獎最佳男主角（2002年）

第二十七屆大眾電影百花獎最佳男主角（2004年）

演藝經歷：

　　葛優似乎從出道起就帶著草根的符號，他飾演的大部分角色都是在現實中的可以找到對應的人物，有一點狡黠，有一點壞，但又脫離不了善良的本質。他標誌性的光頭和笑容成為一抹溫暖的記憶伴隨著銀幕多年。葛優出生於1957年，北京人，表演世家，父親是著名的電影演員葛存壯。雖然有個演藝明星爸爸，但是葛優最初的從藝之路卻並不順達。中學畢業以後他到北京郊區插隊，因為身體單薄，而被分去養豬。為了回城，葛優開始投考各類藝術團體，卻屢試不中。在父親的點撥下，25歲的葛優以小品《餵豬》叩開全總文工團的大門，當上話劇演員。但接下來的幾年只是在舞台上

跑龍套。1984年，他才很偶然地被選中在《盛夏和他的未婚妻》中扮演了一個小角色，葛優的名字第一次上了演員表。

真正給葛優的演藝之路帶來轉變的是1988年由王朔小說改編的影片《頑主》。他的外形與表演都恰合了王朔筆下那種「冷面熱心」幽默成性的小人物，他扮演的銀幕形象顯得輕鬆、到位，獲當年金雞獎最佳男演員獎提名。從此，葛優星運亨通。

北京電視台1992年春節推出的長篇電視系列劇《編輯部的故事》，其中由他扮演的李東寶這一角色則使葛優成了家喻戶曉、最有觀眾緣的大明星。

在近十年的時間裡，葛優扮演了20多位影視人物，其中1993年的《活著》可視為其表演上的轉折點。前期他扮演的角色大致可分為兩類，一類是在一些名導演的影片中出演「反派」配角，大多是舊時代的故事；另一類則是當代生活中的喜劇式小人物。葛優的配角戲往往很有光彩，1988年，他在張藝謀執導的《代號「美洲豹」》中飾演一名劫機犯，還存有一絲初試「反派」的生疏；1989年，藤文驥拍《黃河謠》，請葛優扮演土匪頭子黑骨頭，對這個年輕時無端作惡，垂暮之年卻向一生的仇人表示和解的土匪，葛優演來有聲有色，令觀眾跳出「好人」、「壞人」的定勢；他在何群導演的《烈火金剛》中扮演的頗有點人情味和骨氣的漢奸似與黑骨頭有異曲同工之妙；接著，葛優又在黃健中的《過年》中飾演好色猥瑣又假正經的大姐夫，贏得了「百花獎」最佳男配角獎；1993年陳凱歌的影片《霸王別姬》中又有葛優精彩的表演：袁四爺被押出去槍斃時，還劃著台步過戲癮的那個鏡頭，已成為人們津津樂道的經典；而在黃蜀芹執導的電視連續劇《圍城》中，只寥寥數筆，葛優便把大作家錢鍾書筆下的李梅亭，那個也算文人的小人，描畫得栩栩如生，令人過目不忘。難怪陳凱歌稱葛優是「中國最絕的男演員」。

扮演當代生活中喜劇式的小人物，對葛優而言更是駕輕就熟。他出演的《馬路騎士》《喜劇明星》《離婚大戰》《上一當》《消失的女人》《大撒把》和《父子婚事》等都成為大受觀眾歡迎的賣座片。值得一提的是在夏剛1992年執導的《大撒把》中，葛優的表演已見出圓潤之感，完美地體現了影片的風格。他因此片榮膺金雞獎影帝桂冠。而張藝謀《活著》中的主人翁福貴則為葛優打開了一個表演上的新天地。這一人物不僅時間跨度長，表演幅度大，更重要的是張藝謀要求葛優改變戲路，改變在觀眾中已形成的冷面形象。張藝謀認為：「葛優在以前的電影中，有控制地壓著自己，表面是鬆，其實還是緊。」果然，《活著》裡的福貴大哭大笑，大悲大喜，葛優時時出彩地演出了一場人生悲喜劇。他也因此而成為1993年的坎城影帝。

　　1996年他與姜文聯合主演了周曉文執導的大投資影片《秦頌》，飾演悲劇音樂家高漸離。1997年，葛優應香港著名女導演許鞍華之邀請，主演改編自張愛玲小說的影片《半生緣》。葛優以其良好的悟性、內向的性格，表演張馳有度，以大量的平淡襯托瞬間的精彩，令人物形象既貼近生活又不乏味，並使內在的幽默感成為保持人物張力的有效手段。

　　從1997年開始，葛優與馮小剛合作出演賀歲片，從《甲方乙方》、《不見不散》、《沒完沒了》直到《大腕》、《手機》、《天下無賊》以及《非誠勿擾》系列，葛優絕對是永遠的男主角，因此被觀眾戲言「鐵打的葛優，流水的女主角」。葛優身上平民卻幽默，真誠又善良的特色被馮小剛充分挖掘，使其成為賀歲大餐中必不可少的一味。

3. 演技實力派——李雪健

獲獎記錄：

第十一屆中國電影金雞獎最佳男主角獎（1991年）

第十四屆大眾電影百花獎最佳男主角獎（1991年）

演藝經歷：

李雪健的用功和努力是所有人看得見的。他或許不是最聰明的，但卻是最努力的。經過歲月的磨礪，他的演技與他的人格魅力已經渾然一體，成為一種實力。李雪健生在山東菏澤鄆城，父母給他取名「雪見」。兩三歲時，雪見得了場大病，病好後家裡人給他改名「雪健」，盼著他日後能夠健壯起來。1965年，舉家遷往貴州山區凱里。李雪健就讀於凱里師範附小，他講的一口山東話，在凱里人聽來更接近普通話，因而選進了校文藝宣傳隊。1970年初中畢業至1972年，李雪健在貴州凱里210廠業餘文藝宣傳隊工作。1973年他入伍參軍，在中國人民解放軍第二砲兵7784部隊業餘文藝宣傳隊，擅長表演山東快書、相聲、小話劇、小舞蹈等。

1977年，李雪健考入空政文工團，1978年進中央實驗話劇院。1980年，李雪健因在話劇《九一三事件》中扮演林彪而聲名大噪，不僅外形酷似而且氣韻奪人，並因此奪得戲劇最高獎「梅花獎」。這是他成功的開始，他的同事說：「演林彪那會兒，李雪健走路的姿態都是林彪式的，常見他在院子裡來回遛，犯魔怔，臉色陰沉沉的。」為演林彪他已經餓掉了20斤肉，每次上台前還要少吃，他說「這樣一上台就有手冰涼的感覺」。當時的空政文化部部長黃河說：「把這小子化妝後擱天安門上能把人嚇死。」外國記者從北京發出的消息寫道：「扮演林彪的演員與這位前國防部長非常像，他刻畫的林彪是一個病態的有偏執狂的人，用假嗓子唸著晦澀的格言，引起觀眾一陣陣轟動。」有一次演出後，王光美同志上台慰問演員，走到李雪健面前憤怒地不與這個「副統帥」握手。李雪

健先是一愣，但馬上明白而且高興了，他知道自己的表演成功了。

1985年李雪健在影片《鋼銼將軍》中成功地扮演了將軍李力，自然而有威懾力，且從30歲演到60歲，頗具難度，他的表演受到專家和觀眾的好評。該片獲「政府獎」優秀影片獎。1987年他受田壯壯導演之邀，在《鼓書藝人》中飾演老藝人方寶慶，演技更加成熟，並形成自己樸實而富於激情的表演風格。1988年李雪健又在《大偵探》中扮演舊時代一個機敏俠義、耿直幽默的私家偵探杜義甫，表演準確流暢，張馳有度。

1989年，李雪健因主演電影《焦裕祿》而名聲大震。李雪健是懷著老百姓的希望來演焦裕祿的，是懷著對那一代農村幹部的理解來演焦裕祿的，是懷著焦裕祿式的熱忱來演焦裕祿的。李雪健懷著對艱難歷史的悲壯感，來頌揚人在任何時候都不可泯滅的真誠、善良和不屈不撓的美麗精神。儘管他因此獲得了「金雞獎」、「百花獎」最佳男演員獎。李雪健在頒獎典禮上的講話樸實無華，卻令台下掌聲大作：「苦和累都讓一個好人焦裕祿受了；名和利都讓一個傻小子李雪健得了。」可見他為人為藝的真誠與謙遜。

1990年無疑是李雪健演藝和人生之路的轉折點。這一年中國第一部室內電視連續劇《渴望》轟動一時，萬人空巷。李雪健在此劇中扮演可親可敬的鄰家大哥大成，這一形像一時間深入千家萬戶，他如家居般鬆弛自然的表演獲得觀眾認可。他因此拿下電視「飛天獎」、「金鷹獎」雙獎。

此後，已是「大腕兒」級的李雪健有意接演反差極大的角色，磨練演技。在李少紅導演的《四十不惑》中，李雪健演了一個不算太成功的知識分子形象，但在張藝謀未獲好評的影片《搖啊搖，搖到外婆橋》中，他出演的小配角卻蓋過了主角的光芒。他還賦予電視劇《水滸傳》中古老的宋江形象以新意，在陳凱歌《荊軻刺秦王》中飾演了秦王角色等等。

2000年11月份，李雪健患了癌症，當時，他正在陝西參加一部描寫高科技軍事題材的電視連續劇《中國軌道》的拍攝。當檢查結果出來後，李雪健堅強地抑制住自己的悲痛，只提出如果可能的話，希望導演李林能把自己的戲往前「搶一搶」。這樣，他一邊拍戲，同時在西安當地一家醫院開始接受化療。2002年，與病魔做了一年多鬥爭的李雪健又復出拍片，在新片《至高無上》久未露面的李雪健已恢復了往日的神采，在該片中塑造起國家稅務稽查員老李。

二、影后風采

1. 東方的維納斯——鞏俐

獲獎記錄：

第十二屆大眾電影百花獎最佳女配角（1989年）

第十三屆中國電影金雞獎最佳女主角（1993年）

第二十屆中國電影金雞獎最佳女主角（2000年）

第二十三屆中國大眾電影百花獎最佳女主角（2001年）

演藝經歷：

馳名世界的美國《時代》週刊，曾多次把鞏俐選入世界最漂亮的五十人之一。「一字眉」、大紅對襟小襖、旗袍、盤頭髮髻等具有鮮明中國特色的鞏俐式招牌造型，贏得了海內外的一致喝彩，更讓渴望瞭解中國的西方人為之傾倒。在西方人眼中，鞏俐是東方女性漂亮的典範，是東方的「維納斯」。

鞏俐於1965年出生於遼寧瀋陽，1985年考入中央戲劇學院表

演系，畢業後留校任話劇研究所演員。大學二年級時，她被首次執導的張藝謀選中，在影片《紅高粱》中扮演女主角九兒。鞏俐的表演雖略嫌稚嫩，但清新可人，顯示出良好的個人潛質。這部影片在第三十八屆柏林國際電影節上大放異彩，而隨著《紅高粱》的聲譽日隆，鞏俐也在海內外聲譽大震，影片中敢愛敢恨的「我奶奶」的形象萬人矚目，使得鞏俐這個中戲尚未畢業的名不見經傳的新人迅速躋身名演員行列。

1988年她在影片《代號「美洲豹」》中飾演護士，獲第十二屆電影百花獎最佳女配角獎。1989至1990年間，鞏俐又主演了張藝謀執導的兩部影片《菊豆》和《大紅燈籠高高掛》，都是舊時代深受家族壓抑的女性形象。

使鞏俐的表演邁向高峰的是1992年張藝謀執導的《秋菊打官司》。鞏俐在張藝謀的這部作品中，成功地扮演了具有深情、陰沉、剛烈、堅忍等不同性格的女性。一時間，「討說法」成了中國人津津樂道的話題。片中演員賦予角色的生活實感深深打動了觀眾，秋菊不僅使鞏俐榮膺「金雞」、「百花」雙料影后，而且在第四十九屆威尼斯國際電影節上獲得最佳女演員獎，這是大陸女演員首次榮獲國際大獎。

鞏俐的藝術成就與第五代導演的崛起有著不可避免的關聯，這些人也是她早期的電影主要合作對象。她與張藝謀合作的影片還有《活著》《搖啊搖，搖到外婆橋》。與陳凱歌、黃蜀芹等導演合作過《霸王別姬》《風月》《畫魂》等。可以說，在近10年的時間裡，第五代導演的作品一次次把鞏俐帶上國際領獎台，讓她大出風頭，鞏俐的命運和第五代電影運動的興衰休戚與共，和一個時期裡中國電影的大文化背景緊密相關。

鞏俐也出演了不少娛樂片，像《古今大戰秦俑情》、《天龍八部》、《唐伯虎點秋香》、《西楚霸王》、《周漁的火車》等。

2006年，鞏俐的演藝事業再攀高峰，除與老搭檔張藝謀合作的《滿城盡帶黃金甲》之外，還進軍好萊塢，與一線大明星合作了《邁阿密風雲》，接下來她還出現在《沉默的羔羊》前傳中。

鞏俐是中國女星的國際代言人，她創造了中國影人闖蕩世界影壇的奇蹟。她是第一個在威尼斯電影節上獲獎的中國女演員，是第一個代言法國化妝品品牌歐萊雅的中國女星，榮獲法國騎士榮譽勳章，被《People》收錄為世界上最美麗的五十個人之一，獲加拿大蒙特利爾世界電影節上的特別獎，為第五十一屆坎城影展的特邀嘉賓，被奧斯卡委員會接納為會員，是第五十屆柏林國際電影節的評委會主席。

2. 國際舞台的寵兒——章子怡

獲獎記錄：

第二十三屆大眾電影百花獎最佳女主角（2003年）

演藝經歷：

章子怡，又被稱作「國際章」，是因為她已經躋身於國際影壇，成為華人演員的代表。從《我的父親母親》初登大銀幕就獲得萬眾矚目，到人生中經歷跌宕起伏與事業的低谷，2012年章子怡在王家衛八年磨一劍的《一代宗師》中依然用褪盡鉛華的表演征服了人們。章子怡於1979年出生在北京一個普通的工人家庭。她小時候曾苦練舞蹈，立志成為舞蹈演員。11歲的章子怡考入了北京舞蹈學院附中，開始了她6年的民間舞專業的學習，並且在1994年全國桃李杯舞蹈比賽中獲得了表演獎。小時候的舞蹈基礎並沒有白學，為她在以後拍攝武打戲奠定了良好的基礎。

1996年章子怡考取了中央戲劇學院表演系，和劉燁、秦海

璐、梅婷、曾黎、胡靜等演員是同班同學。在中戲時，她不是班裡最漂亮的，也不是專業成績最好的學生，還險些與劉燁一起被勸退學，但終究因自己的努力挽回了老師對她的印象。

1999年，章子怡因一個偶然的機會被著名導演張藝謀相中，作為「謀女郎」出演電影《我的父親母親》。銀幕上的她，穿著紅色碎花小棉襖、圍著紅色的圍巾，紮著綠色的頭繩，清純而樸素。在電影裡她成功塑造了一個在非常時期為愛痴狂的農家女孩，並以此角色獲得當年的百花獎最佳女演員獎以及2000年柏林電影節銀熊獎，這成為了章子怡事業的一個最為重要的轉機。

1999年，她出演台灣導演李安執導的電影《臥虎藏龍》的「玉嬌龍」女配角與周潤發、楊紫瓊、郎雄等港台資深影人共同演出，《臥虎藏龍》獲得次年美國奧斯卡金像獎最佳外語片獎。這個時候，章子怡與趙薇、周迅、徐靜蕾等其他三位中國女演員並稱四大花旦。

2002年，還是影壇新人的章子怡出演了導演張藝謀執導的國產武俠大片《英雄》中女配角如月，和李連杰、梁朝偉、張曼玉等資深影人共同演繹。2004年她又繼續在張藝謀的古裝大片《十面埋伏》中擔任女主角，並在片中發揮了其舞蹈才華，獲得不錯反響，演技也開始受到了重視，這部電影也奠定了其在華語影壇一線女星中的地位。

2005年2月第七十七屆奧斯卡頒獎典禮邀請她為最佳視覺效果頒獎，使她成為繼陳沖後又一位在奧斯卡獎上擔任頒獎嘉賓的華人女星。章子怡從這裡開始在國際舞台頻頻亮相，之後與鞏俐、楊紫瓊等資深影人一起拍攝了史蒂芬·史匹柏監製的日本電影《藝伎回憶錄》，並因此片被提名金球獎最佳女主角。

2006年，章子怡回歸華語影壇，接拍馮小剛的首部古裝大片《夜宴》，並憑藉該片找到自己在華語影壇的感覺。2008年，仍

將工作重心放在國內的她，參與拍攝了陳凱歌導演的《梅蘭芳》。此時的她，演技遊刃有餘，表演從容不迫，雖然戲份不多，但成功塑造了一代冬皇孟小冬，並拿下了人生的第二個華表獎優秀女演員獎。

2009年，章子怡遭遇了演藝生涯的危機，在其他導演避之唯恐不及的時候，導演王家衛邀其參演《一代宗師》女扮男裝的龔二先生；章子怡在這段時間裡人氣和形象雖遭受重傷，但之後文藝片導演顧長衛也伸出援手，邀其參演自己的新片《最愛》。同年，章子怡首次參加溝通事務的製片人，參演喜劇電影《非常完美》。章子怡終於從人生低谷中，逐步回歸公眾視野，多次出席慈善活動，彌補公眾形象。

2. 優雅的悲劇女皇——潘虹

獲獎記錄：

第三屆中國電影金雞獎最佳女主角獎（1983年）

第八屆中國電影金雞獎最佳女主角獎（1988年）

第十四屆中國電影金雞獎最佳女主角獎（1994年）

第十七屆大眾電影百花獎最佳女主角獎（1994年）

演藝經歷：

潘虹是公認的1980年代女演員中演技最突出的一個，這不僅僅因為她是三次獲得過由專家評定的金雞獎影后，還因為在同時代女演員當中她對悲劇人物的把握最為精準和到位。潘虹於1954年出生在上海。小時候的她愛好廣泛，喜歡運動和音樂，願望是當醫生和外交官。初中剛畢業的她遭遇了十年動亂，父親被打成右派。

1973年被上海戲劇學院表演系錄取，1977年畢業後分配到上海電影製片廠，後調到峨眉電影製片廠當演員。

  作為中國極少的演技和外形俱佳的演員，從上世紀80年代開始，潘虹塑造了無數悲劇女性形象，她也被稱為「悲劇明星」。潘虹的「悲劇明星」之路始於電影《杜十娘》。這部影片中的杜十娘出身卑微，淪落風塵，外表柔弱，內心剛強，追求純真愛情而不得，便以自殺來抗爭。這是潘虹第一個贏得反響的悲劇形象。其後，她塑造的《人到中年》中的陸文婷和《井》中的徐麗莎是她表演藝術的兩座豐碑。前者是一位以驚人的忍耐、獻身精神超負荷地承擔著社會和家庭責任的眼科大夫。潘虹以細膩深刻的表演，賦予人物以沉靜、高潔的氣質，顯現出無與倫比的悲劇美。後者是一位在政治生活、情感生活中經歷坎坷的科學研究工作者。潘虹入木三分地刻畫出這位女性受到周圍環境的重壓，夢醒了也無路可走，瀕臨絕望的精神世界。潘虹由於這兩個角色的塑造先後榮獲第三屆和第八屆金雞獎最佳女主角獎。

  潘虹在《人到中年》和《井》中的成功表演，使她的演藝之路更加寬廣。她在《火龍》中飾演李淑賢獲第六屆香港電影節金像獎最佳女主角獎；在《末代皇后》中飾演婉容獲第五屆大馬士革國際電影節最佳女主角獎；1994年因在《股瘋》中飾演女主角阿莉獲金雞獎最佳女主角獎、百花獎最佳女演員獎、中國電影政府獎最佳女主角獎；1995年因連續獲得最佳女主角獎而榮獲第十五屆中國電影金雞獎特別獎。潘虹先後三次獲得金雞獎最佳女主角獎，2006年榮獲金氏世界紀錄頒出的獎項——迄今為止獲得金雞獎最佳女主角獎次數最多的人。

  當初潘虹要出演《股瘋》的女主角傳出時，很多人都難以想像這位「悲劇明星」演喜劇會是什麼情形。而潘虹卻並沒有因為改變戲路而覺得有什麼壓力。事實也證明潘虹把那個粗俗但是可愛、精

明的阿莉扮演得栩栩如生。很多人印象頗深的是片中的兩場戲，一場是出場時在公交車上售票潑辣能幹，一場是與丈夫吵架時的耍潑無賴，非常生活化。片中潘虹也捨得放下明星美女的架子「醜化自己」，尤其在表演清晨擠入股票大廳的一場戲中，美麗臉龐竟被擠到玻璃上變形。遺憾的是之後，潘虹並沒有繼續開發她在喜劇表演上的潛力，加上外國大片開始進攻中國市場，中國電影的形勢讓潘虹開始轉向電視劇的拍攝。後來潘虹也試圖在其他影片中拓展戲路，像在《女人·TAXI·女人》中塑造過極具才氣又始終命運不濟的女科學家，在《獨身女人》中塑造了一個既孤獨寂寞又剛強果斷的一家大公司的女經理，但這些角色都影響不大。

　　進入21世紀，人到中年的潘虹逐漸將事業重心轉向小螢幕，塑造了一系列強悍母親和鐵腕家長式的角色，充分顯示了一個專業演員駕馭各種角色的能力。2002年，潘虹與台灣英俊小生邱心志成功合作，主演了電視連續劇《梧桐雨》，在觀眾中廣獲好評。後來她又主演了《青衣》、《無鹽女》等等。近些年潘虹依然活躍在電視螢幕上，在《京華煙雲》、《雙面膠》、《當婆婆遇上媽》等電視劇中時常可以見到她漸漸老去卻依然優雅的身影。

第二篇　音樂篇

第一章　大眾文化視野下的流行音樂

第一節　兩岸流行音樂發展的各個階段

一、早期的兩岸流行音樂

1.「先揚後抑」的大陸早期流行音樂

大多數人認為，大陸的流行音樂源自於改革開放之後對港台和西方的模仿與借鑑。但事實上，從現代音樂史上看，中國流行音樂形成於1920、30年代。當時，從民族文化的肥沃土壤中，誕生了很大一批才華橫溢的華語流行音樂的創作者和歌者。像中國流行音樂的開山鼻祖、第一代音樂創作大師黎錦暉，他在1927年創作了中國的第一首流行音樂歌曲《毛毛雨》，整首歌極其樸實，演唱簡易。因此，黎錦暉也被稱為「中國流行音樂的奠基人」。

大師級別的創作者還有創作了《何日君再來》的劉雪庵、《夜來香》的作者黎錦光和《玫瑰玫瑰我愛你》的作者陳哥辛等一大批才華橫溢的詞曲作家，他們創作的許多老歌至今都被人們傳唱著。這些詞曲作家成就了中國流行歌曲在1930、40年代的空前繁榮。

在當時的璀璨星河中，第一代中國大陸優秀歌者留下了很多非凡的音樂印記。如《何日君再來》、《夜來香》的演唱者周璇；黎明暉是在周璇之前的中國第一個演唱流行歌曲的女歌星，也是當時

流行音樂的一個高峰；而著名歌星姚莉演唱的《玫瑰玫瑰我愛你》則成為第一首世界流行的中國流行歌曲，之後被很多歐美音樂大師改編或翻唱。此時的中國流行音樂更加緊密地跟隨世界流行音樂的步伐。可以說，三四十年代的中國流行音樂是與國際接軌的。由此可見，中國的流行音樂誕生和初始階段，就具有很高的水準。

隨後，整個上海陷入了戰爭的漩渦之中。在黎派音樂的影響下，一大批優秀的流行音樂明星活躍在上海流行樂壇。其中周璇拍攝的電影《馬路天使》中的兩首插曲《四季歌》與《天涯歌女》紅遍大江南北。之後《何日君再來》和《鐵蹄下的歌女》這樣膾炙人口的流行歌曲也陸陸續續進入人們的生活。這時中國流行音樂的情況是缺少歌舞團體表演，少數專門靠錄製唱片和電台來演唱並獲得廣泛的傳播。大多數歌星都是以影歌兩棲形式出現，並獲得觀眾的認可。

1949年新中國成立後，流行歌曲的中心逐漸轉向港台。在內地，流行歌曲被歌唱祖國、歌唱黨和人民的民族風和美聲唱法的歌曲取而代之，像《我的祖國》、《我愛你中國》、《花兒為什麼這樣紅》、《讚歌》、《讓我們盪起雙槳》、《長江之歌》、《在那遙遠的地方》、《誰不說俺家鄉好》、《我愛五指山，我愛萬泉河》、《紅岩上紅梅開》......這些經典歌曲影響了大陸幾代人。但是，由於內地政治的影響，內地的流行音樂出現了斷層。人們滿耳充斥著雄渾有力的藝術歌曲和風格迥異的民歌，而膾炙人口的、大眾喜聞樂見、極易上口的流行音樂幾乎消失不見了。

2. 艱難中自求發展的台灣早期流行音樂

1960年代的台灣音樂由於版權規範的不健全而步履維艱，很多唱片公司可以隨意翻版國外的唱片，真正投資本土音樂的人極為

少見。60年代初，台灣當局對台灣本土歌曲管制極其嚴格，這讓台灣本土音樂發展幾乎處於停滯的狀態。由於外來音樂的文化滲透，本土文化逐漸消失殆盡。

　　60年代末，台灣樂壇上出現了一批劃時代意義的詞曲創作人，最著名的要數莊奴與左宏元。他們對台灣本土原創音樂的關注和付出的努力，在當時的音樂界受到了極大的關注。台灣本土創作上的起步，使一批歌手得到了十足的發展，如鳳飛飛、甄妮、崔苔菁、鄧麗君等都是當時極紅的歌手。

　　雖然本土創作得到了一些發展，但國語歌在形式上依舊無所突破。燈紅酒綠、內心哀怨、浪子風情仍然是當時創作的主題。所以在70年代初的台灣樂壇上依然流行翻唱外國歌曲，像黃鶯鶯、蘇芮都是當年翻唱中的佼佼者。

　　二十世紀七十年代中期，台灣出現過著名的校園民歌運動，此運動最先由學生發起創作並演唱。1977年，由台灣新格唱片承辦的第一屆金韻獎青年歌曲大賽在台北舉行，這讓更多的年輕人參與到流行音樂的改造中，這也讓民歌運動迅速火熱起來。而越來越火熱的民歌創作風，在當時的校園中特別突出。70年代末的台灣校園中，拿著吉他在草地上輕輕彈唱的場景隨處可見。《蘭花草》、《南坪晚鐘》、《再別康橋》、《阿美、阿美》等歌曲在當時的校園中風靡一時。

　　到80年代前期，「台灣校園歌曲」才匯入了流行音樂。這場民歌運動在歌曲的風格、題材、內涵等方面都取得了重大進步。從而讓台灣流行音樂擺脫了不成熟的階段，完成了流行歌曲現代化的轉變，對內地、香港流行音樂都產生了深遠的影響。

　　台灣校園民歌運動被譽為台灣流行音樂史上的「文藝復興」，是華語流行音樂的一場重要變革。這個時期的歌曲不論思想內容、創作水準、演唱水平都是華語歌壇一個難以超越的高峰，其地位、

影響非同一般。

台灣初期的流行音樂可以用「摸爬滾打」來形容。台灣音樂人用不同方式來闡釋流行音樂,並透過創造各種風格的歌曲來釋放內心情感、描述社會現狀。

二、兩岸流行音樂的崛起階段

1. 1980年代——大陸流行音樂崛起騰飛

1980年到1984年期間,在港台歌曲地不斷輸入和影響下,大陸流行音樂進入一個嶄新時期。首先對大陸產生影響的是台灣的校園歌曲,其次是伴隨港劇而流行的電視劇歌曲,如《孩子,這是你的家》和《萬里長城永不倒》等等。再有就是由著名音樂作曲家侯建德作曲、侯建德與羅大佑共同作詞、歌星蘇芮演唱的《搭錯車》的片尾曲《酒矸倘賣無》迅速流行並得到觀眾的普遍喜愛。1984年,張明敏在中央電視台春節聯歡晚會上演唱了一首《我的中國心》,由此紅遍大江南北,此歌也變成了一首中國大陸老百姓耳熟能詳的愛國歌曲。

這段時間是中國大陸流行音樂積累、學習的一個重要時期,也是大陸群眾轉變思想的一個時期。大陸群眾在對音樂的欣賞方式、認識方式、消費方式等方面都發生了很大改變。但這一時期的中國大陸流行音樂的風格還主要以模仿為主,透過模仿來慢慢探尋著屬於自己音樂道路的方向。因此出現了如音樂市場出現動盪、在模仿的過程中出現了某些低俗音樂的表演等負面的影響,這些負面的影響引起了社會廣泛關注和議論。

截止到1986年,大陸流行音樂在內地群眾的生活中已經成了不可或缺的部分。而崔健的搖滾樂在當時還只流行於小部分人群

中。當時，在流行音樂方面比較流行的還是如董文華、閻維文、彭麗媛等人，他們演唱的歌曲具有內地流行音樂在起步之初就已具備的多元化特點，因此也受到了大陸群眾的普遍歡迎。

不過，與此同時，80年代的內地流行音樂在模仿的同時，演唱歌手們也面臨著確立自己演唱風格的過渡時期。而音樂界的詞曲創作者們也正在努力地擺脫港台模式的束縛，試圖找到有內地特點的音樂方式。

縱觀整個80年代大陸的流行音樂發展，我們看到的是一個百花齊放、百家爭鳴、音樂縱橫的發展時期，是一個在模仿的同時又努力擺脫、試圖尋找具有自己獨特風格的矛盾時期。

2.1981年的崛起——台灣流行音樂

1981年，台灣經濟開始騰飛，台灣的音樂也隨之開始發展，隨之而來的，是台灣樂壇競爭機制和商業運作的發展。但隨著經濟的發展，社會的一些陰暗面也開始逐漸浮露出來。因此，一些粉飾社會太平的音樂作品再也無法滿足新新人類的要求，他們開始對西洋古典音樂著迷，西洋音樂從60年代開始也再度成為台灣群眾迷戀的熱門。

1982年，羅大佑的首張專輯《之乎者也》在屢遭唱片公司拒絕後終於與世人見面。羅大佑的這張專輯以現實社會中現代文明對傳統文化的衝擊為題材，開始了音樂作品批判現實的歷史。從而引起了台灣樂壇具有歷史意義的音樂革命。

蘇芮繼羅大佑之後掀起了台灣流行音樂的又一個音樂狂潮。1983年6月，隨著日本電視連續劇《阿信》在台播出，台灣女性開始重新審視其在社會中的角色扮演。與此同時，在樂壇上摸爬滾打了15年的蘇芮推出了首張國語專輯《搭錯車》。專輯中，蘇芮瀟

灑地襲一身黑衣，滿懷激情地將那種源自肺腑的吶喊注入到自己的專輯中，打破了以往女歌手軟弱無力、嬌柔的唱法。這種唱法不僅在當時的女歌手中絕無僅有，甚至整個台灣流行樂壇都為之震撼。

縱觀80年代的台灣流行音樂，應該說是縱橫交錯、風起雲湧、人才輩出的一個時期。在整個80年代，我們結識了齊秦、鄧麗君、李宗盛、蘇芮、羅大佑、黃韻玲、齊豫、王傑、紅螞蟻、丘丘合唱團、小虎隊等大家再熟悉不過的歌手和樂團。台灣流行音樂也先後經歷了「黑色風暴」、「明天會更好」、「台民眾赴大陸探親」等有標誌性事件。至此，台灣流行音樂正向一個更加健全、更加成熟、更加完善的方向道路前進著。

三、90年代至今——繼續前進的兩岸流行音樂

1. 追求原創之路的大陸流行音樂

1990年代初全球經濟一體化，大陸流行音樂成了大眾文化的主體文化。現代大眾傳媒的廣泛參與和影響，使得獨樹一幟的中國流行歌曲音樂風格的發展充滿了強烈的批判意識，從而極大地改變了人們傳統的音樂生活方式。客觀環境的變化，使得內地各音像企業不得不重新開始重視創作，而音樂的本土性和民族性逐漸被廣大的音樂創作者所自覺使用，音樂公司也開始重新培養自己的專屬歌手和製作人。

1990年代的流行音樂作品在音樂的表現內容和題材上，雖然還是以情歌為主，但也逐漸向反映時代、社會、人生等現實題材的方面拓展，並出現了一系列具有深度和廣度的優秀作品。如呈現普通人日常生活和內心喜怒哀樂的李春波的《一封家書》、何勇的《鐘鼓樓》和艾敬的《我的1997》。而騰格爾的《父親》、張楚

的《姐姐》則把關注點轉向了社會的底層。除此之外，還有劉歡的《彎彎的月亮》，讚頌家鄉的美麗、表達「今天的故鄉還唱著昨天的歌謠」的惆悵。

1990年代中期，「戲歌」即以傳統戲曲唱法演唱流行歌曲的演唱方式掀起了又一輪流行熱潮。《縴夫的愛》就是以傳統民間音樂為素材，並繼承了80年代的新民歌的傳統，以「戲歌」形式出現的典型代表。這種「戲歌」比80年代中期的那種戲曲民歌加上電聲樂隊的「合唱」又進步了一點。與此同時，興於90年代的校園民謠也掀起了中國大陸流行歌曲的一個創作潮流。1994年可以說是校園民謠豐收的一年。校園民謠以單一的吉他伴奏、流緩的旋律、傷感的情懷抒發了大學校園內對純真愛情、友情的歌頌和懷念，表達了對理想的無限追求和青春的無悔，以其清新、質樸的風格而在一夜之間成為廣大青年的內心寵兒。大陸的校園民謠，以高曉松、老狼、白雪、葉培等新生代演唱者為典型代表。校園民謠是中國大陸原創音樂的又一股強大勢力。

1990年代的大陸唱片公司對流行音樂的商業化又了更進一步的認識，在操作方面也有了很大的提升，而詞曲作家在探尋音樂形態方面也取得了令人振奮的成果。但是，大陸流行樂壇在強調音樂娛樂性的同時，對表現當代社會生活和表達現代人內心情感方面有所忽視。

進入21世紀，大陸的流行歌曲更注重於歌曲的原創和原生態音樂的創作。近幾年，各大電視台在不斷地舉辦各種選秀活動。從歌手演唱的曲目上我們不難看出，歌手們越來越傾向於原創歌曲，以更加貼切地表達自己內心的情感。如近幾年在央視三套比較火的綜藝節目《星光大道》，參加比賽的選手唱的越來越多的是自己的原創曲目，如2012年的總冠軍安與騎兵，參賽的曲目基本都是原創。

而近些年，大陸歌曲除了不再隨從在港台與國外曲風之外，還有個顯著特點，那就是原生態音樂越來越引起了人們的注意。前幾年央視推出了民歌大賽，很多以少數民族的原生態音樂為素材的作品得到了眾多評委和觀眾讚賞，並引發了新一輪音樂人對民族音樂的重視。阿寶、巴仁布雅爾等民族民間歌手的音樂正在走紅，更多的流行音樂創作重新開始向民族民間音樂回歸。這都是進入21世紀以來中國內地流行樂壇的明顯變化。

2. 多元化發展的台灣流行音樂

1990年代以來，台灣流行音樂的發展如萬花筒般讓人「耳不暇接」，其音樂的風格也呈現出多元化的發展。繼張雨生、伍佰的多元曲風在台灣流行音樂界流行之後，因張雨生為其創作的專輯《姐妹》而成為台灣天后的張惠妹也為台灣流行音樂注入了新鮮的血液，那就是高山族音樂風格的運用。90年代中期，樂團潮流和美國曲風在台灣音樂界興起。其中重金屬搖滾風格的代表人物要首推伍佰，而「R & B教父」陶喆則是美國曲風興起的關鍵人物。陶喆特別擅長的是將狂野的低重音和輕快的「R & B」節奏合二為一，這讓已經步入中年的台灣樂群又「重溫」了一把年輕時瘋狂的感覺。

進入新千年，台灣的歌曲創作更注重於中國風的體現。最具有代表性的要數周杰倫和王力宏。近些年，周杰倫一改往日曲風，唱起了極具中國風的流行歌曲，如《本草綱目》、《菊花台》、《青花瓷》、《千里之外》等。而王力宏從他的《龍的傳人》到後來的《花田錯》、《竹林風》，再到2013年春晚上演出的《十二生肖》，幾乎每一首歌裡都體現著濃濃的中國元素。

新千年的台灣流行音樂，在原有的音樂基礎上，音樂人們在不

斷地追求多種多樣、各種形式的音樂。我們堅信，繼續發展的台灣流行音樂會越來越精彩！

第二節　兩岸流行音樂的比較

　　流行歌曲從產生的地域來看，其多產生於城市，並帶有明顯的時代性烙印。作為一種大眾文化，流行音樂很容易在群眾中廣泛傳播。作為一種文化傳播途徑，流行音樂又具有明顯的商業性，也因此它對人們的生活、文化，甚至思想都有著深深的影響。它在豐富人們的藝術視野的同時，又為人們開闢出又一番廣闊的藝術天地。由於兩岸的流行音樂根植於不同的土壤與成長環境，因此導致兩岸的音樂各有不同。

一、兩岸流行歌曲的發展軌跡不同

　　中國流行歌曲作為一種文藝形式，是在特定的社會歷史條件下產生的特殊社會文化現象，依據社會制度的變革、意識形態的轉變及歌曲風格的變化，它有著一條自己獨特的發展軌跡。中國流行歌曲發展軌跡，大致可分為四個時期。

　　1.中國早期的流行歌曲的中心在上海，流行歌曲在電影、舞廳中最為常見。當時流行歌曲的演唱多為甜美鬆弛、婉轉輕柔，演唱風格具有抒情、俏皮的特點。周璇、袁美雲等人為這一時期的代表。這一時期的中國無論大陸還是台灣，流行歌曲的中心都在上海。

　　2.第二個時期，即從新中國成立到70年代末，從這一時期開始，內地與台灣的流行樂壇出現了很大的不同。

大陸：這一時期的大陸內地基本禁唱流行歌曲。早期的流行歌曲被認為是「靡靡之音」、「黃色歌曲」而被社會拒之門外，基本流行於「地下」。當時在大陸多唱一些民族性歌曲或外國歌曲。

台灣：流行歌曲此時在台灣繼續發展。當時老上海的很多歌星、詞曲作家遷移到港台發展，因此，這時港台歌曲的發展是承接在上海時期之後的。

3.第三個時期，即80年代初至90年代。

大陸：這一時期，大陸流行歌曲逐步趨向成熟，改革開放的春風吹開了內地群眾的心扉，使大陸人的生活、思想、文化等方面都發生了巨大的變化。流行歌曲在重新獲得了新生，新作品如雨後春筍般源源不斷地創作出來，並得到廣泛傳唱。如《太陽島上》、《年輕的朋友來相會》等。

到80年代中後期，各種各樣的歌曲比賽在電視上推出，這極大地推動了流行歌曲的傳播，大陸流行音樂有了進一步的發展。因此，出現了許多優秀的作品，如《讓世界充滿愛》、《媽媽的吻》等。另外，台灣歌曲也在不斷地輸入，如鄧麗君的諸多歌曲。

台灣：在這一時期，台灣流行歌曲事業發展更為迅猛。台灣流行歌曲在初期的時候多翻唱上海、香港時期的老歌，原創很少。後來開始不斷出現新作品，如蘇芮演唱的《酒矸倘賣無》等。這一時期台灣的校園歌曲也得到了長足發展，其中《童年》、《鄉間的小路》等廣泛在校園流行。侯德健、羅大佑等人成為台灣校園歌曲的代表人物。

4.第四個時期，即90年代至今。這個時期，世界及中國的經濟與科技迅速騰飛。互聯網、手機、MTV、電腦科技等的介入，更是極大地改變了人們的生活。各種流派、各類歌手、各種演出舉不勝舉。大陸音像製作也逐漸向多元化方向發展，而擺脫了單一的國

營模式。流行歌曲的特點更是豐富多彩,何影、王炎演唱的一曲《我聽過你的歌》清新自然,那英的《為你朝思暮想》深情滄桑,老狼的校園民謠《同桌的你》朗朗上口,風格迥異,不勝枚舉。台灣的「小虎隊」的組合表演更是開啟了歌舞組合表演的狂潮。台灣的周杰倫的《本草綱目》近乎於說唱的演唱形式更是讓無數年輕歌迷為之傾倒。

二、兩岸流行歌曲的差異

流行歌曲既然是一種社會文化現象,它必然受著政治、經濟等諸多因素的制約和影響。由於大陸和台灣經濟文化的差異,其流行歌曲也有著明顯的區別。主要區別主要有以下幾個方面:

1. 歌詞題材不同

歌詞從來都是表達人們的想法的,表達著創作者或社會群體的思想的。大陸和台灣由於社會制度的不同,其思想傾向也不同,所以其歌詞差異較大。

大陸:從思想性來看,大陸更多的是重視「弘揚主旋律」,堅持健康向上的精神面貌,如《走向新時代》《你和我》等。從題材範圍角度看,大陸歌曲題材極為廣泛,所有生活中的事物或內心情感都可以寫入歌曲。如《我愛你中國》表達了內心對祖國的無限熱愛之情;《春天的故事》描寫了對領袖的豐功偉績;《你是誰》謳歌了軍旅戰士英勇無私的崇高精神。大陸歌詞同樣也歌頌永恆的愛情,而表達愛情的模式、風格十分豐富。

台灣:從思想性角度來看,其價值觀、道德觀與大陸有所不同,很多歌詞推崇自我、強調內心情感,如《笑看紅塵》、《瀟灑

走一回》表達瀟灑人生路的思想;《美酒加咖啡》表達了孤獨、傷感的情感基調。從題材範圍看,愛情題材是台灣歌詞最主要的題材,受到大中學生和社會年輕人的喜愛。

2.旋律風格不同

大陸:大陸流行歌曲通常旋律氣勢恢宏,深情委婉,或粗獷豪放,或靈巧俏皮,風格多樣,性格突出,經典作品很多。如《黃土高坡》汲取了中國北方音樂的巨大能量,充滿陽剛之氣。另外,還有很多不同風格的歌曲,如劉歡奔放灑脫的《好漢歌》,李娜高亢開闊的《青藏高原》、宋祖英俏皮熱辣的《辣妹子》等。

隨著大陸文化的健康發展與逐漸成熟,流行音樂的創作風格具有了更為濃厚的人文理念,更加關注對專業音樂學院的投入。大陸的流行音樂風格也注入了更多的純淨音樂元素,並開始關注更有意義的年輕人的精神家園。《我的秋天》和《兩天》是許巍的代表作,音樂純淨簡單,從《夏日的風》、《藍蓮花》,到《天鵝之旅》,再到《完美生活》,在自己的世界裡,我們需要一個精神的高地,遠離世俗的煩惱,遠離金錢和名利,遠離人與人之間的爾虞我詐。

台灣:台灣流行音樂的旋律,整體偏向於休閒、浪漫、輕鬆的特點。如80年代初的校園歌曲《外婆的澎湖灣》,顯示了年輕人充滿了青春的活力,如一縷春風,帶給大陸聽眾一種從未有過的新鮮。又如姜育恆的《再回首》,歌曲如同一個熟悉的朋友在向你傾述,向你述說他經歷的浪漫往事。

3.演唱技巧和風格

大陸：早期基本沿襲了傳統的抒情唱法，演唱質樸，如《吐魯番的葡萄熟了》。李谷一是大陸歌者中突破創新的第一人，她大膽地運用真假聲的結合，靈活運用氣息，聲音甜美清新。其代表作有《絨花》、《鄉戀》等。到1980年代，許多歌手開始模仿香港和台灣的演唱方式，而到了90年代，大陸歌手大多已經從港台演唱風格的桎梏中解放出來，將歐美歌手的演唱技巧和風格吸收到自己的演唱風格中，形成了自己獨特的演唱風格。

台灣：在早期，台灣歌手的演唱較偏向於甜美與婉轉的唱法，典型代表為鄧麗君。後來經過不斷的發展，台灣流行音樂的風格日益多樣化。總體而言，台灣歌手的演唱氣氛更加活潑，聲音的收放也更加自如與自由。

當時的台灣音樂界比較擅長「包裝」，一些歌手沒有堅實的歌唱技巧訓練，從而缺乏深厚的演唱能力，這種現象充斥著台灣與大陸的流行樂壇，從而造成流行樂壇的演唱實力參差不齊。

三、形成差異的原因

從古至今，每一種文化形式都是在特定的社會歷史條件下形成並傳播的。流行音樂作為一種具有廣泛影響力的藝術形式，不僅受專業環境的影響，其形成更深深受著當時政治、經濟和文化背景的影響。

大陸和台灣由於歷史的原因，在近代已屬於兩種不同的社會制度。不同的社會制度，導致人們形成了不同的世界觀、人生觀與價值觀。大陸的社會主義制度堅持的精神風貌是積極、健康、向上的，注重愛國主義、社會主義與集體主義的弘揚。流行音樂作為一種大眾文化，也必然要反映這種大的背景，因此，在社會主義積極向上的大背景下，詞曲創作者們創作了很多反映時代最強音的作

品。如《走進新時代》，反映的是邁入新世紀的人們對生活的憧憬與熱愛；《我的祖國》歌唱了對祖國的熱愛與歌頌。隨著社會主義的計劃經濟轉變為市場經濟，流行歌曲也緊隨社會大環境的變化而變化著，現在的大陸流行音樂也是百家爭鳴、百花齊放、爭奇鬥艷的多元化的。

與大陸不同的是，台灣實行的是資本主義制度，其世界觀、人生觀、價值觀自然與大陸也是不同的。因此，流行歌曲反映的內容與大陸也是有差異的。台灣在思想文化領域更加注重自我的內心思想，鼓勵人們追求未來、追求自由與愛情。如鄭智化的《水手》就是對自我完善、頑強拚搏的精神的歌頌。而由周華健、黃耀明、成龍、李宗盛四個人合唱的《真心英雄》表達的也是同一種感情：「把握生命裡的每一分鐘，全力以赴我們心中的夢，不經歷風雨，怎麼見彩虹，沒有人能隨隨便便成功。」

第三節　兩岸流行音樂的交流與合作

回首兩岸流行音樂的發展歷程，已經經歷了數十年的路程。在80年代末，兩岸開始文化交流。在1987年，台灣當局開放台灣同胞赴大陸探親，台灣島內的一些人士開始與大陸接觸，一些台灣歌手來到大陸表演。而鄧麗君歌聲的傳入，更猶如一股狂風驟雨般席捲了無數少男少女的心，成為大陸與台灣兩岸文化交流的開始。

一、兩岸流行音樂的交流歷程

從1984年的央視春晚上第一位台灣歌手奚秀蘭演唱了《阿里山姑娘》之後，數以萬計的大陸觀眾算是正式接觸了台灣流行音樂。1987年，年輕的台灣歌手費翔如一夜春風，將《故鄉的雲》

吹入了億萬大陸觀眾的心扉，而《冬天裡的一把火》更是點燃了無數觀眾的內心。他帥氣的外表和舞蹈帶給大陸一種從視覺到聽覺的無限享受，從此，大陸觀眾開始痴迷地追求台灣流行音樂。

1988年國務院發布《關於鼓勵台灣同胞投資的規定》。1988年4月台灣當局擬以「個案處理」方式接受大陸民眾赴台探親。進入1990年代，每年進入祖國大陸探親訪友，觀光旅遊的台胞已達到百萬人次。

兩岸關係的解凍，直接推動了兩岸流行音樂的交流。1987年11月11日，台灣電視演員、歌星凌峰抵達北京，於大陸拍攝電視節目《八千里路雲和月》。1988年3月，由13名成員組成的探親代表團在首都體育館演出，實現了台灣團在大陸的首次表演。毫無疑問，這是兩岸文化交流史上歷史性的一頁。1988年2月，大陸歌星王虹與台灣作曲家劉家昌首次合作，錄製專輯。同年6月，台灣音樂人紀利男也來到北京，與大陸音樂人進行學術交流。

1992年8月，由12位大陸的藝術家組成藝術團第一次進入台灣演出，兩岸雙向文化交流得以實現。從此以後，在兩岸的共同努力下，兩岸文化的交流與合作不斷深化。

在大陸流行音樂初步發展階段，台灣流行音樂無論在技術上還是在觀念上確實是處於領先地位的。在海峽兩岸關係得到改善的社會背景下，這種文化的交流使大陸流行音樂界開了眼界、長了見識。

在大陸流行音樂發展的初期，台灣流行音樂在技術水平和觀念上處於領先地位。兩岸關係的改善使得兩岸的流行音樂得到了深入的交流，這種交流使大陸的流行音樂得到了長足的發展。

回望兩岸音樂交流走過的30年曆程，我們發現，兩岸的流行音樂在許多方面已經走過了很長一段路程。在這段漫長的30年

間，兩岸的交流經歷過無數的艱辛坎坷、淚與辛酸。但我們也共同體會到了兩岸交流成果的甜蜜。所以，在新世紀，我們更加期待兩岸雙方的交流與合作。

二、兩岸流行音樂未來的合作交流之道

1. 台灣與大陸互相依靠，互相需要

隨著兩岸文化交流的日漸頻繁，如今不僅越來越多的台灣藝人和唱片公司來大陸發展事業，大陸唱片業也正在以各種形式進入台灣，初步形成兩岸攜手共同為華語音樂打拚的新局面。

儘管大陸這些年進步很快，儘管台灣流行音樂與全盛時期相比有所下滑，但在全球華語流行音樂領域，台灣仍然占據著主導地位，其強大的創作力量和先進的運營模式催生出無數天王巨星，如從早期的鄧麗君、羅大佑、李宗盛、周華健，到近些年的周杰倫、五月天、王力宏、蘇打綠。30多年來，台灣流行音樂幾乎伴隨了大陸改革開放的全過程，無數耳熟能詳、膾炙人口的歌曲成為幾代大陸人的美好記憶。

受數位音樂崛起的影響，無論是大陸還是台灣，傳統的唱片業都已無法單純靠出唱片生存了。儘管大陸唱片市場也在下滑，但銷量過萬的唱片仍然為數不少。那英、韓紅、孫楠等大陸歌手的最新唱片都能賣到三四萬張。這一點令台灣業者羨慕不已。

傳統唱片不景氣，兩岸流行音樂產業越來越倚重現場演出，演唱會已成為兩岸歌手和唱片公司維持生計的重要形式，而大陸強勁的經濟增長和廣闊的市場使其成為兵家必爭之地。

近幾年，大陸舉辦的各種音樂節如迷笛音樂節、摩登天空音樂節、雪山音樂節、張北草原音樂節等發展迅猛，規模和影響力不斷

擴大，也成為台灣歌手開拓市場的新陣地。北京飛行者唱片公司董事長鍾聲說，公司幾乎每年都會邀請台灣歌手來大陸參加他們舉辦的音樂節。

2. 互相學習，互相幫助，共同合作

從1960年代開始，伴隨著經濟的起飛，台灣流行歌曲也順勢而起，台灣先行一步的經驗可為大陸借鑑。

就創作而言，台灣詞曲作者更多考慮的是「我能給聽眾什麼，而不是聽眾需要什麼」，因此非常富有個性。相比而言，目前大陸的詞曲創作比較表面化，顯得有些蒼白和空洞。

台灣原創文化科技有限公司總經理臧彥彬認為，在流行音樂領域大陸也有自己的強項，比如跨界音樂、世界音樂、搖滾樂等，實力都在台灣之上。之所以現在進入台灣的大陸歌手比較少，和觀念有直接關係。「有些大陸業者認為，大陸市場足夠大了，沒必要去做台灣那麼小的市場。這種觀念不對，進入台灣就算不能立刻盈利，也能產生宣傳效應，是不應該忽視的。」

除了大陸和台灣的市場之外，兩岸業者也同樣關注國際市場。在目前華語歌曲尚難進入西方主流社會的情況下，兩岸應該更加重視海外華人市場，畢竟全球海外華人超過8000萬，分布在許多國家的大都市，他們同樣需要華語音樂。如果加強海外音樂市場的投入，兩岸的音樂市場將會得到更加長遠的發展。

3. 政府加大投入，發展軟實力

雖然大陸現在高度重視文化產業，但在傳統觀念裡，仍把流行音樂視為較低層次的產業，不像對交響樂、歌劇等所謂高雅藝術那

麼重視。因此,對這方面的投入也不足。相比之下,韓國政府就重視得多。韓國政府2010年提出「音樂產業振興中期計劃」,五年內由政府投資1275億韓元(約合0.92億美元),推動流行音樂全球化,活躍內需市場,擴充音樂基礎設施。

但實際上,流行音樂是國家文化軟實力的重要組成部分,發達國家對此都高度重視,不斷推出優惠政策扶持其成長和對外推廣。英國從1980年代起就把扶持流行音樂作為文化政策的重點之一,推動英國成長為世界第三大音樂市場。韓國歌手在韓國政府的大力扶持下大踏步走向亞洲,掀起了強勁的「韓流」。韓國音樂產業的規模迅速擴大,2008年在亞洲僅次於日本居第二位(大陸和台灣分別為第五、第六位)。

因此,進一步加大政府投入,是促進兩岸流行音樂發展的必備條件,同時,這也是向外宣傳中國形象、發展國家軟實力的有力渠道之一。因此,進一步促進兩岸音樂的交流合作,需要政府的大力支持與鼓勵。

第四節　兩岸流行音樂的現狀與思考

走在大街小巷,到處都能聽到流行歌曲,除非耳朵有殘疾,不然,你想不聽都不行,這就是流行音樂發展的範圍性。而流行音樂的受眾人群更是上至80的老人,下至咿呀學語的孩童,只要會說話,都能哼唱出幾句,對於流行歌曲宣傳的普遍性,我們不得不為之佩服。流行音樂作為社會文化的組成部分,與市場經濟相伴並透過各種渠道滲透到社會生活中,成為文化的一種載體、社會生活的鏡子。流行音樂的發展方向和創作在一定程度上反映了當今社會大眾的審美標準和內心的情感需求。所以我們有必要給目前中國流行音樂的健康看看診把把脈,看看它是否存在一些疑難雜症。

一、流行音樂的走向

1. 歌詞內容庸俗空洞

隨著網路時代的到來，近幾年網路上出現大量的網路歌曲，如《愛情買賣》、《傷不起》、《癩蛤蟆想吃天鵝肉》、《犯賤》、《偷菜歌》、《甩蔥歌》等等。但歌曲所透露出來的問題卻是顯而易見的，即歌曲內容蒼白，缺乏文化底蘊和品味，歌詞赤裸露骨。如歌曲《傷不起》：「你的微博裡面辣妹很多，原來我也只是其中一個。萬分難過，問你為什麼，難道痴情的我不夠惹火。傷不起，真的傷不起，我想你想你想你想到昏天黑地。電話打給你，美女又在你懷裡，我恨你恨你恨你恨到心如血滴……」

中國是個擁有五千年古老文化的文明古國，但現在這些流行歌曲不僅歌名膚淺、媚俗，歌詞更是露骨大膽、庸俗至極。這暴露了中國流行音樂在發展中由於過度追求商業價值而丟失了文化的現狀。打開電視、電腦，滿耳聽到的都是愛情歌曲。我們並不反對歌唱愛情，從古至今，美好的愛情都被各種文人墨客傳誦傳唱著。但現在宣揚愛情，低級庸俗的歌詞太多，歌頌或披露現實生活的卻很少，而且如今所傳唱的愛情好像有些「變味兒了」：「出賣我的愛，逼著我離開，最後知道真相的我眼淚掉下來。出賣我的愛，你背了良心債，就算付出再多感情也再買不回來。當初是你要分開，分開就分開，現在又要用真愛把我哄回來。愛情不是你想賣，想買就能賣。讓我掙開，讓我明白，放手你的愛……」。這樣在1930年代被稱為靡靡之音的歌曲，如今卻被大眾追捧！要知道，流行音樂最大的受眾群體是青少年學生，介入流行音樂是他們長大成人的重要過程。他們透過音樂得以認識和進入社會，涉足文化……流行音樂歌詞創作的貧瘠，是我們這個時代社會價值的缺失，更是人類文化的一個黑點。

2.抄襲、翻唱歌曲現象泛濫

近幾年，大陸各大電視台競相舉辦各種選秀節目，從湖南台的「超級女聲」、「快樂男生」、「花兒朵朵」到上海東方衛視的「中國達人秀」，再從遼寧衛視的「唱響中國」到浙江衛視的「我愛記歌詞」，真是你方唱罷我登場。在這期間推出的許多歌曲只考慮到如何吸引人們的注意，如何可以得到更多金錢上的收益，卻忽略了對於音樂本身的關注。實際上這樣的「流行」背後缺乏了對音樂的真實追求。參賽者大多都是千篇一律地唱一首歌，完全沒有自己的風格，只是在一味地效仿。

除此之外，流行音樂界也頻頻爆出「抄襲」醜聞。對此，引起爭議的各家各執一詞，褒貶不一，但對「抄襲」持否定態度的依然是占了大多數。除了抄襲之外，「老歌新唱」之風也大有「瘋長」之勢，如鄧麗君的歌被眾多歌手翻唱個遍，只要是能用得上的曲風，能想得到的曲調，不管三七二十一統統唱一遍，變成自己的。其實，「抄襲」、「翻唱」在以前就存在，而且此類事件也不是中國所獨有。但近些年「抄襲」「翻唱」之風有繼續刮大之勢，這是值得我們深思和重視的。有人不禁發出疑問：流行音樂江郎才盡了？這是不是也在一定程度上反映了我們赤裸裸的文化無能呢？李宗盛也評論過中國流行音樂圈的諸多怪現狀：「現在的流行音樂圈，包括內地、港台在內，都進入了一個非常困難的時期。」

二、流行音樂找尋的光明之路

面對存在的諸多問題，流行音樂應該如何發展下去已經成為中國樂壇爭論和探討的重點。

首先，亟待解決的是行業規範和理論研究問題。必要的運行機

制和市場秩序是任何文化發展的必要基礎，流行音樂也一樣。只有做好了這些，才可以制止竊用、抄襲等不良做法的產生。流行音樂的理論研究也是不可小視的基礎之一。流行音樂的發展對人們的生活方式、價值體系的改變有很大的影響，因此對流行音樂進行全面和深入的理論研討十分有必要。近年來大陸的流行音樂正在受到台灣、歐美的影響，甚至一些音樂人只是做到簡單的模仿和照搬。我們要擺脫流行音樂面臨的這種困境，就要做好對國內流行音樂進行深入的理論研究。

其次，流行音樂的發展要與高科技相結合，走民族與流行相互融合的創作道路。最新的電子合成器的發展日益進步，給人們帶來了前所未有的試聽感受。在此方面，周杰倫的中國風歌曲是值得借鑑的。他恰當地把中國文化與西方流行音樂、說與唱相結合，創作出新穎獨特的作品，如《雙截棍》、《東風破》、《青花瓷》等。因此，利用新的電子科技，使流行音樂的創作多樣化，流行音樂也將提高發展的高度與深度，會更具時代感。民族與流行的結合不僅可以拓寬音樂人的創作題材，也是國內流行音樂發展的必經之路。

再次，流行音樂創作人才的培養。國內很多高等院校已經設立了如作曲專業、演唱專業等與流行音樂相關的一些學科。而詞曲作品的優秀與否直接決定了整個音樂作品的好與壞。好的音樂作品是可以唱到人們心底、喚醒人們麻木的情感、引起人們思想共鳴的。因此培養流行音樂專業人才，對於促進流行音樂發展具有十分重要的意義。

最後，時代背景和流行音樂之間是一種相互關係。時代背景決定了流行音樂的發展方向或風格，而流行音樂同時也反映了當下的社會。中國流行音樂想要在國際化這條道路上長久地走下去的必要條件就是市場化與國際化。目前，雖然中國流行音樂在這條路上還有很多需要改進的地方，但它所擁有的潛力是毋庸置疑的。中國流

行音樂來自大眾,相信經過進一步的努力探索與深入發展,中國流行音樂的前景必將輝煌。

第二章　兩岸流行音樂人及比較

第一節　台灣音樂人

一、記憶中的歌聲：鄧麗君、羅大佑、李宗盛

1. 鄧麗君

回憶甜蜜蜜的鄧麗君

「甜蜜蜜，你笑得甜蜜蜜，好像花兒開在春風裡，開在春風裡。在哪裡，在哪裡見過你，你的笑容這樣熟悉，我一時想不起……」還記得這個甜蜜的歌聲嗎？2013年5月8日，是一個特殊的日子。因為在這一天，一個逝去的名字再次被人們記起，這個名字就像一個情感坐標一樣，記錄著整整一代人甚至是幾代人深刻的情感記憶。這個人就是鄧麗君，這一天是她逝世18週年的忌日。這一年，也是她誕辰61週年。

在這裡，讓我們再次回憶這個久違的名字，與她所留給世人和這個世界的用音樂所鑄就的歷史與成就。

鄧麗君是在全球華人社會影響力巨大的歌手，贏得了「有中國人的地方，就有鄧麗君的歌聲」的美譽，她的唱片銷售量更是超過了4800萬張！鄧麗君是首位登上美國紐約林肯中心、洛杉磯音樂中心的華人女歌手。1986年，鄧麗君獲選美國《時代》雜誌世界七大女歌星，世界十大最受歡迎女歌星之一，是唯一一個同時獲兩項殊榮的亞洲歌手。她曾於1985、1986、1991三次參加日本紅白

歌會。2008年，鄧麗君的金曲《但願人長久》伴隨著「神舟七號」飛上太空。2009年，鄧麗君再次以850萬多票力壓群芳，獲得新中國成立60週年最具影響力文化人物網路評選榜首。在新中國最有影響力文化人物評選當中，鄧麗君被選為港台最有影響力的藝人。

　　這個在華語歌壇創造了神話的神奇女子本身就是個傳奇。她的歌有一種讓人忘卻痛苦的神奇魔力，她的笑容溫柔得讓人窒息。也許，對於現在的九零後甚至「蛋蛋後」的年輕人來說，她的年代已經遠去，她已經是個過去式的人，但是，當你在夜深人靜的時候重溫她的音樂，重新聆聽她發自內心的歌聲的時候，那種安靜、甜蜜與安慰卻總是能靜靜地流到你的內心深處的某個角落，觸動你那敏感的神經。

　　被譽為「華人世界20世紀最具代表性的國際級歌星」的鄧麗君，1953年1月29日出生在台灣省雲林縣褒忠鄉龍岩村，屬龍，水瓶座，祖籍為河北邯鄲。因為鄧麗君從小在台灣長大，所以她從小就會說流利的閩南語。除此之外，鄧麗君的語言天分極高，普通話、廣東話、上海話、閩南話、山東話、英語、日語、法語和基礎的馬來語，她都能輕鬆自如地進行交談。特別是她的普通話，字正腔圓，標準流利，因此得到了廣大華人的稱讚。再如英語、日語和法語，你只要給她一小段時間，鄧麗君就能準確地使用，而不需要翻譯。雖然鄧麗君沒有受過完整的學校教育，但她以驚人的毅力和極高的語言天分，使她與廣大歌迷拉近了距離。

　　在兩岸錯綜複雜的關係造成的歷史下，1980年代的鄧麗君以一身旗袍出現在了日本的音樂界，對日本人來說，這個聲音來自中國，這是一名來自台灣的中國人。鄧麗君所擁有的多重身分也正是兩岸歷史發展的一個綜合體。

鄧麗君出現在樂壇的時間,正是台灣經濟迅速上升的那一階

段。當時台灣民眾的生活富裕，已經能在保證物質生活的前提下，開始追求精神上的滿足，並且已經有足夠的能力追尋心目中的偶像明星。她出生台灣，加上她高貴、親切、成熟的形象，這些正好符合了台灣民眾所期待的明星心理。鄧麗君的歌，不但曲調優美，而且詞句淡雅。她把唐詩宋詞的文雅特徵演繹到了極致。還記得她演唱的那首《但願人長久》嗎？「轉朱閣，低綺戶，照無眠。不應有恨，何事長向別時圓。人有悲歡離合，月有陰晴圓缺。此事古難全，但願人長久，千里共嬋娟。」多麼優美的詞句啊！

鄧麗君的歌影響的不僅僅是一代人。她的歌在七八十年代風靡一時，這種流行一直持續了30多年。她的作品真正詮釋了什麼是「經典」。

為何鄧麗君能成為永遠的流行？

這裡，我們不想過多詳細地介紹鄧麗君成名的歷史，介紹她的傳記已經太多。但是，我要說一說鄧麗君生活的背景和為何她的音樂能經久不衰，讓人終生難忘。

人們對於「流行」的印象一般是某一類事物突然迅速地在社會上擴展與蔓延，又在很短的時間內消失。但是鄧麗君所演唱的歌曲從1970年代左右直到21世紀的今天，歷經近40年的時間依然在社會上廣泛流傳，顯然與「流行」這個概念並不是完全相符。長期以來，「鄧麗君」這三個字已經遠遠超出了一個人的名字所承載的含義。我想，能做到這一點，是與她所處的時代背景、社會文化，和她本人有著千絲萬縷的聯繫的。

（1）從時代背景和社會文化特徵看

從歷史的角度客觀地來看，台灣早已是一個多元文化融合與發展的地區。早在17世紀初，由於荷蘭人的侵略而被其奴役長達幾十年。之後由鄭成功收復台灣，再之後由清政府接管長達二百多年

的時間，又由於《馬關條約》而再度淪陷為殖民地長達50年之久。在接近四百年的歷史中，台灣不斷地吸收融合各種外來文化，成為一個以中國傳統漢文化為主，兼具其獨特性的文化區域。

　　以國語歌曲見長的鄧麗君在台灣的立足與走紅，與當時的國民黨政策也有著不可分的關係。日據時期大力推行日化教育，普及日語，實行文化壓制運動。國民黨當局為了鞏固對台統治，推行強勢官方中國政治文化，把北京話定為了國語，全面推行國語運動，並致力於中國歷史和文化的教育、重視古典詩詞等。這些文化政策無疑在很大程度上促進了國語歌曲的流行。而電視與廣播也增加了播放國語歌曲的頻率，國語歌者日益增多，一時之間全台灣掀起了「國語歌熱潮」。作為「外省人」的鄧麗君，以一口標準的國語應時而生，成為了演唱國語歌曲的佼佼者。

　　當鄧麗君的歌曲在台灣開始風靡時，中國正如火如荼地進行著「文化大革命」運動，整個社會趨於一種異化。1976年粉碎「四人幫」到1978年的改革開放，成了人們精神釋放的一個爆破口。改革開放後，壓抑已久的感情像洪水一樣破堤而出，再也沒有東西能夠阻止得住。

　　鄧麗君的歌最適合當時剛開禁的大陸人的情感。這種纏綿與柔情是多年來被禁止的，由於禁止的時間太長了，這猛一開放，便剎不住車了。人們唱得如痴如狂，彷彿一夜之間，國人全變得情意綿綿了。

　　（2）鄧麗君的演唱和演唱的歌曲

　　除了社會的因素和文化背景之外，作為一名歌者，鄧麗君的演唱特點更是其成為經典的重要因素。作為一名藝人，鄧麗君成功的背後還有很多其他人的努力，比如詞曲作者、製作人、錄音師等各種技術人員以及行銷人員等。無論在當時大家是出於商業目的還是什麼別的目的，畢竟，人們記住了「鄧麗君」這個名字。她不是一

個天才,即使她具有一些歌唱天分。人們為什麼會記住「鄧麗君」?並且她的歌曲也受到了21世紀年輕人的喜愛?我想,這是與她的演唱和演唱的歌曲的特點是有著密切關係的。

①發展「璇」式唱腔

周璇是中國早期流行歌壇的巔峰代表之一,她以自己獨特的演唱風格開創了一代曲風,應算是所謂「靡靡之音」的始祖了。鄧麗君是周璇的崇拜者和追隨者,不僅翻唱了許多她曾經演唱過的歌曲,並在演唱方法上保持並發展了她的「會話式」演唱。不過對鄧麗君而言,她並不是一味地全盤接受和模仿,與周璇相比,她的聲音更圓潤、更委婉,演唱技巧也更成熟完善。鄧麗君不僅在聲音的處理上把周璇的「尖」變「圓」了,在歌曲表達上也更為舒緩抒情,這種「更音樂化」雖不是舊上海浮華奢靡的完整再現,卻是新舊結合、與時代同發展的繼承與創新。

②鄧麗君獨特的歌曲風格

《回娘家》

風吹著楊柳嘛,唰啦啦啦啦,小河裡水流得,嘩啦啦啦啦,誰家的媳婦她走啊走得忙啊,原來她要回娘家。身穿大紅襖,頭戴一枝花,胭脂和香粉她的臉上擦,左手一隻雞,右手一隻鴨,身上還背著一個胖娃娃啊,咿呀咿得兒喂。

《我一見你就笑》

我一見你就笑,你那翩翩風采太美妙,跟你在一起,永遠沒煩惱;究竟為了什麼,我一見你就笑,因為我已愛上了你呀,出乎你的預料;我一見你就笑,你那翩翩風采太美妙,跟你在一起,永遠沒煩惱。

《蘇幕遮》

碧雲天，黃葉地，秋色連波，波上寒煙翠。山映斜陽天接水，芳草無情，更在斜陽外。

黯鄉魂，追旅思，夜夜除非，好夢留人睡。明月樓高休獨倚，酒入愁腸，化作相思淚。

鄧麗君演唱過很多經典歌曲，如《鳳陽花鼓》、《天涯歌女》、《何日君再來》、《夜來香》、《在水一方》、《但願人長久》、《北國之春》、《淚的小雨》、《楓葉飄飄》等。

從鄧麗君所選擇演唱歌曲的風格特徵我們也可以知道其音樂審美取向，即東方式的，這也是廣大歌迷記憶深刻的一大原因。

許多流行歌曲的歌詞，常常是具有代表性地寫出了一類人或一群人的心聲，讓很多人覺得自己就像歌詞中的主角，心情隨著歌詞波動，思緒與舉動也會受其影響。從歌詞內容上來講，鄧麗君演唱的歌曲大部分是抒發個人情感的內容。故此，從鄧麗君到羅大佑，怎一個「通俗歌手」了得！她的歌曲不是悲傷得讓人落淚，而是美麗得催人淚下。或許，永恆的並不是「鄧麗君」三個字，而是她全身投入，率性而歌的真情實意。

在人們對包裝、名利痴迷而迷失歌唱真諦的今天，鄧麗君卻以她短暫的藝術生命詮釋了「藝術即真情」的真理。然而，13億人掌聲依然如故，斯人卻已去也，活著的人再也無法見到甜美的鄧麗君。此刻，「水窪裡破碎的夜晚，搖落一片新葉」，燭光靜靜地串起雨滴。反覆聆聽「在哪裡，在哪裡見過你」，再次體味其熟悉而又「一時想不起」的淒涼。

更淒涼的是，無論走到哪裡又總能聽到你的歌曲。愛像一首歌，那是你從另一個世界唱出的歌。莫愁前路無知己，天下誰人不識君。有無數歌迷在許多個不眠之夜靜靜地讀你憶你，所以，我們離你很近，鄧麗君，你永遠都不是孤單的一個人。

在另外一個世界，請繼續用歌聲向我們傾訴……

2. 羅大佑

　　特殊的年代，總是在某個特殊的時間點上，會被時代挑選出某個特殊的人物。1980年，狂飆飛揚的台灣，歌壇引燃一股關於黑色的旋風。迄今，有人說他是情歌聖手，有人說他是解剖社會的手術刀，也有人說他是台灣的音樂教父。他的歌影響人們的，不僅僅在於自由主張的旋律或引動心靈的感性，不僅僅造就了一種嶄新的社會氣象，更像是一只魔術師的手，推開了缺乏想像的腐朽之門，帶領我們踏上一個瞭望台，展現給我們一個無盡的想像空間。而融合詩人與歌手、思索者特質的他經歷了許多人與事。這個特殊的融合各種身分於一身的人，就是羅大佑。

　　羅大佑：唱出了你我的童年

　　還記得這樣的旋律嗎：「池塘邊的榕樹上，知了在聲聲叫著夏天。操場邊的鞦韆上，只有蝴蝶停在上面，黑板上老師的粉筆還在拚命嘰嘰喳喳寫個不停。等待著下課，等待著放學，等待遊戲的童年……總是要等到睡覺前，才知道功課只做了一點點，總是要等到考試以後，才知道該念的書都沒有念。一寸光陰，一寸金，老師說過寸金難買寸光陰。一天又一天，一年又一年，迷迷糊糊的童年……」

　　出生於1960、70年代的一代人一定對這首歌特別熟悉和有感情，因為這代人剛好是聽著羅大佑長大的。所以，羅大佑的歌曲成了他們青春期永恆的記憶。因為羅大佑寫出了最熟悉的生活經驗，所以令六零後、七零後，甚至於現在的八零九零後的許多人感動。因為羅大佑是那樣的一個天才，所以他的歌曲深深地感染了你；因為是羅大佑，他唱出了你我的童年，所以他令你我勾起了關於童年

的點滴記憶……

　　《童年》，寫於1974年，但真正完成這個作品卻是在1978年左右，歷盡了四年半到五年左右的時間。羅大佑曾說過：《童年》這首歌描寫的時間是從幼兒園到小學六年級左右，以當時他曾住過的地方——宜蘭為寫作背景。在這裡，羅大佑度過了一年半的時間，雖然時間很短，但宜蘭卻是他後來創作《童年》這首歌的重要場景。羅大佑1954年出生於一個醫生世家，因爸爸的工作變動才搬去宜蘭，從此開始了令他終生難忘的一段童年生活。在《童年》這首歌的開頭，羅大佑就寫到了一棵大榕樹。這棵大榕樹也是羅大佑後來離開宜蘭後最為懷念的童年記憶。他曾說：「我最常懷念牆邊的大榕樹，它讓我覺得是一種寄託，它很穩，它可以爬，它是一個可以追求的標的，是一個中心，也是一個可以眺望的高點。這棵大榕樹帶給我無可取代的安全感，我相信它永遠都會守護著我們這群孩子。我想，每個孩子都有過那樣的精神堡壘，可能是一個玩偶、一本童話書裡的英雄、一封不知名的信、一個想像中的朋友，讓孩子們一生永遠無法忘懷。那段日子，就叫做『童年』。」

　　羅大佑和我們一樣

　　記得有人問過羅大佑類似「你覺得錢重要嗎」這樣的問題，羅大佑這樣回答：「不要把羅大佑看成一個理想主義者的人，別人不在乎錢，我很在乎錢，我覺得錢很重要……」這也是他從醫多年的原因。但這就是真實的羅大佑，一個真實表達自己的歌者，所以他受到了廣大歌迷的追捧與愛戴。

　　作為兩岸著名的明星，羅大佑也並非我們每天在電視上看到的那麼光鮮亮麗。其實，他也和我們一樣，內心也有恐懼的東西，恐懼失敗，不自信。記得羅大佑曾說過：「我是常常會有自感不足的那種人，我的個性就是這樣。就像演唱會之後總有一種被擊敗的感覺，其實就是這樣，那種被擊敗的感覺，全部都耗光了。你的感覺

也耗光了,激情過後,要替明天的一個嶄新的自我做打算,要告訴自己,昨天已經過去,你不能老是抓住昨日的歌,不要老是想做一些昨日那種輝煌的美夢,要為明天著想,明天是一個嶄新的你……」

明星,其實和我們一樣,他們除了要把光鮮的外錶帶到廣大觀眾面前外,他也面對這各種困難和困擾,需要解決各種身體和心理上的困難。同時,他們在面對外界的各種誘惑時,也和我們一樣,存有貪心。

在面對好音樂時,羅大佑就是一個十足的「貪者」。大家在聽羅大佑的歌時會發現,他創作的歌遣詞造句都比較講究。對於這個問題,羅大佑是這樣說的:「假如說有的時候太口語化的東西多了我也會擔心,想著是不是太通俗了點,太綿綿細雨的成分多了點,歌詞的層面是很多的,寫歌的方式也是有800多萬中。我想以後歌的創作方式絕對有800多萬種,那你怎麼讓這個創作空間有一種快的節奏能處理,慢的節奏也可以……在這方面我是很貪心的。」

面對這個對音樂高要求、對聽眾誠實的歌者,我想我們是幸福的。生活在這個利慾熏心的時代,能有這麼一個為聽眾著想、向聽眾袒露自己的歌者,我們應該心存感激。只有這樣的歌者,才能真正地唱出生活在高壓時代的人們的心聲。

羅大佑對抗時政的武器——《美麗島》

2004年,羅大佑發了一張名為《美麗島》的專輯。有人評論說這一年是令人望而生畏的羅大佑音樂版圖的擴張,終於呈現衰落的一年。這是野心勃勃、創造力驚人的羅大佑在22年歷史中,唯一一張不具任何超越性的專輯。

羅大佑以前也借歌曲批判過台灣的政治,但如此集中地批判了台灣政治的專輯,卻是以前沒有過的。《伴侶》的寫作源於非典疫

情,《綠色恐怖分子》寫台灣大選中的槍擊事件,《阿輝飼了一隻狗》罵李登輝和陳水扁,《手牽手》影射權力交替的政治變局,《網路》、《變天著花》、《南台灣仔共》、《真的假的》,也都直寫時局如時評。

　　毫無疑問,這是十年間羅大佑「最羅大佑」的作品。在激情盡失和失去主題的年代,音樂巨人還可以倖存下去的關鍵已經被剝去,羅大佑回到了人的原點。

　　一詠三嘆唱戀曲

　　你曾經對我說,你永遠愛著我。

　　愛情這東西我明白,但永遠是什麼。

　　姑娘你別哭泣,我倆還在一起。

　　今天的歡樂,將是明天永恆的回憶。

　　親愛的莫再說,你我永遠不分離。

　　什麼都可以拋棄,什麼也不能忘記。

　　春風颳著風,秋天下著,春風秋雨,多少山盟海誓隨風遠去。

　　你不屬於我,我也不擁有你,

　　姑娘,世上沒有人,有占有的權利。(《戀曲1980》)

　　烏溜溜的黑眼珠和你的笑臉,怎麼也難忘記你容顏的轉變。

　　輕飄飄的舊時光就這麼溜走,轉頭回去看看時已匆匆數年。

　　蒼茫茫的天涯路是你的漂泊,尋尋覓覓長相守是我的腳步。

　　黑漆漆的孤枕邊是你的溫柔,醒來時的清晨裡是我的哀愁。

　　或許明日太陽西下倦鳥已歸時,你將踏上舊時的歸途。

　　人生難得再次尋覓相知的伴侶,生命終究難捨藍藍白雲天。

轟隆隆的雷雨聲在我的窗前，怎麼也難忘記你離去的轉變。

孤單單的身影後寂寥的心情，永遠無怨的是我的雙眼。（《戀曲1990》）

遠攀入雲層裡的喜馬拉推，回首投身浪影浮沉的海峽，

北望孤獨冰冷如西伯利亞，傳情是否有這種說法？

等遍了千年終於見你到達，等到青春終於也見了白髮。

倘若能摩撫你的雙手面頰，此生終也不算虛假。

久違了千年即將醒的夢，你可願跟我走嗎？

藍色的太平洋隱沒的紅太陽，是否喚起了你的回答？

纏綿的千年以後的時差，你還願認得我嗎？《戀曲2000》

在羅大佑的歌曲中有這樣三首歌——《孤兒》、《童年》、《主人翁》，這三首歌分別象徵了民族、國家和人類歷史。在這之後，羅大佑又演繹了三首歌，分別是《戀曲1980》《戀曲1990》和《戀曲2000》。這三首歌是姊妹篇，透過這三首歌，羅大佑想向人們表達的是對戀人的深情、對民族的和解與對社會穩定的美好嚮往。

鄉愁的深情流露

還記得那英和劉德華共同演繹的那首《東方之珠》嗎？這首歌可以說是一夜之間紅遍大江南北，老幼皆知。但卻很少有人知道，這首歌的詞曲也是「叛逆」的羅大佑創作的。那優美、親切、深情的曲調和歌詞，把作者深深的愛國、愛港之情表達得淋漓盡致。

　　小河彎彎向南流，流到香江去看一看。

　　東方之珠我的愛人，你的風采是否浪漫依然？

　　月兒彎彎的海港，夜色深深燈火閃亮，

　　東方之珠整夜未眠，守著滄海桑田的諾言。

　　讓海風吹拂了五千年，每一滴淚珠彷彿都說出你的尊嚴。

　　讓海潮伴我來歌唱你，請別忘記我永遠不變黃色的臉。

　　羅大佑的《追夢人》則生動地述說了一個人為了實現自己的理想奮力拚搏、矢志不渝、努力去做的決心。

　　讓青春吹動了你的長髮讓它牽引你的夢，

　　不知不覺這城市的歷史已記取了你的笑容。

　　紅紅心中藍藍的天是個生命的開始，

　　春風不眠隔夜的你曾空獨眠的日子。

　　讓青春嬌艷的花朵綻開了深藏的紅顏，

　　飛來飛去的滿天的飛絮是幻想你的笑臉。

　　秋來春去紅塵中誰在宿命裡安排？

　　他——羅大佑就這樣一個複雜的人，既是優秀的歌者，又是平凡的觀眾；既有對現實的不滿，又有對未來回歸團圓的期盼；既想不管世事，又不免去關注社會。就是這樣一個內心充滿了掙扎的人，才發自內心地唱出了你我所想、你我所怨和你我所盼。這個

人，就是我們喜愛的羅大佑。

3. 李宗盛

　　提起《愛的代價》、《傷痕》、《夢醒時分》、《真心英雄》、《我是一只小小鳥》等一些華語流行歌曲，你肯定耳熟能詳，但你是否知道這些經典歌曲背後的創作人李宗盛。

　　李宗盛，祖籍北京，1958年生，台灣明新工專肄業。代表作：《凡人歌》、《傷痕》、《夢醒時分》、《寂寞難耐》、《讓我歡喜讓我憂》、《領悟》等

　　音樂教父——李宗盛

　　李宗盛是1980年代台灣流行樂壇最具實力的詞曲作家和唱片製作人。詞曲不分家，詞作者一般都通曉音律，但是，能將這二者做得如此出色的卻不常見。李宗盛就是這樣一個既能寫得一手好詞，又能譜得一手好曲的傳奇音樂人。李宗盛也因此被公認為華語流行樂壇的「音樂教父」。

　　你我皆凡人，生在人世間。終日奔波苦，一刻不得閒。

　　既然不是仙，難免有雜念。道義放兩旁，把利字擺中間。

　　多少男子漢，一怒為紅顏。多少同林鳥，已成了分飛燕。

　　人生何其短，何必苦苦戀。愛人不見了，向誰去喊冤。

　　問你是否曾看見這世界為了人而改變，

　　擁有夢寐以求的容顏，是否就擁有了春天？（《你我皆凡人》）

　　這是李宗盛的《凡人歌》，雖然它已經不再流行，但再次聽到仍令人感慨良多，因為它寫進了人們的內心，道出了人們的無奈。

喜歡李宗盛是需要累積生活的，如果沒有豐富的人生閱歷和歷經苦難，是很難喜歡《凡人歌》這首歌的。這個長相平平，長相像鄰居大叔一樣的男人從歌手、詞曲作者一路做到金牌音樂製作人，如今在流行音樂界已經是響噹噹的一個人物。但就是這樣一個大人物，卻唱出了平凡人內心的無奈與苦悶，道出了普通人對生活的真誠與渴望。

李宗盛給人最大的感覺是親切，不論從外表還是內在。李宗盛有努力追求的理想，有平凡的喜怒哀樂，有說不清楚的內心煩悶，有對生活的無奈與牢騷，還有一群可以暢所欲言的「狐朋狗友」。這些與我們的生活沒有什麼不同！李宗盛常說「你我皆凡人」。於是，他逐漸走入我們的生活，融入我們的內心。透過他的演唱，我們盡情地發洩著情感的喜怒哀樂和生活的繁瑣紛雜：「今天有點煩，有點煩，有點煩。」

小李哥的作品向來都是為我們平凡人而創作的。他的歌詞雖然樸實無華，但卻能獨領風騷，寫進人們的心坎兒，這就是李宗盛的魅力。如《你像個孩子》：

你像個孩子似的，要我為你寫首歌，

一點也不理會，會有好多的苦從我心中重新來過，

重新來過，重新來過，重新來過。

而寫歌容易寫你太難，怕如果寫了，

因為想要你而有的苦苦堅持，

就要被你統統發現，已經做了的決定。

……

工作是容易的，賺錢是困難的；

戀愛是容易的，成家是困難的；

相愛是容易的，相處是困難的；

決定是容易的，可是等待是困難的。

從歌詞我們可以看到，小李哥的歌詞沒有華麗的辭藻，但卻句句都是大實話，將平凡的城市人生活的心酸、不易與無奈描寫得維妙維肖。讓我們不得不伸出大拇指為其稱絕叫好！李宗盛用歌表達了活在當下的我們的生活境地。作為一個音樂人，這是他的過人之處。

聽過了李宗盛，你會感到這世上有一個跟自己一樣的都市人，每天與時間在賽跑，為生和死而拚搏掙扎。他的歌裡有種包容的態度，永遠可以包容生活的酸甜苦辣。作為華語流行樂壇的金牌製作人，他總是將平凡人的普通情感填寫在輕描淡寫間，透過輕鬆的演唱方式演繹出來。他說，他是用心做音樂的。所以他才能牢牢地抓住聽眾的心。

金牌製作人──李宗盛

李宗盛除了自己唱歌外，現在大部分時間都用在音樂製作上。可以不誇張地說，唱了李宗盛製作的歌，基本都會一夜而紅，專輯更是會大賣特賣。從音樂圈裡因唱了李宗盛的歌而紅的明星就可以證明這一點，例如：梁靜茹、林憶蓮、張艾嘉、辛曉琪、五月天……

李宗盛的作品和人品在台灣的音樂界都是評價極高的。特別是他創作的歌曲，更是所有歌手求之不得的。說到與李宗盛合作過的明星，我們就不得不提到一個人，那就是林憶蓮。自從得知林憶蓮與李宗盛的婚姻走到盡頭之後，人們驚詫不已，如此完美的小李哥這是怎麼了呢？李宗盛用音樂回答了疑惑的觀眾和朋友：

往事不要再提，人生已多風雨。

縱然記憶抹不去，愛與恨都還在心底。

真的要斷了過去，讓明天好好繼續。

你就不要再苦苦追問，我的消息。

愛情它是個難題，讓人目眩神迷。

忘了痛或許可以忘了，你卻太不容易。

你不曾真的離去，你始終在我心裡。

我對你仍有愛意，我對自己無能為力。

因為我仍有夢，依然將你放在我心中。

總是容易被往事打動，總是為了你心痛。

別留戀歲月中我無意的柔情萬種。

不要問我是否再相逢，不要管我是否言不由衷。

這是當年李宗盛與林憶蓮合唱過的《當愛已成往事》。林憶蓮不僅以一曲《愛上一個不回家的人》而征服海峽兩岸，而且又以這首與李宗盛合作的《霸王別姬》的主題曲再次輝煌。林憶蓮並不漂亮，但她卻有一種令你無法言傳的魅力在李宗盛的心裡，林憶蓮是個用心唱歌的歌手。她的歌細膩、真徹，深受廣大歌迷喜愛。李宗盛曾經這樣評價林憶蓮：「她是那種拿心出來唱的歌手，是那種最熱忱最真心付出的歌手。」小李哥為其創作過很多膾炙人口的歌曲，如《為你我受冷風吹》、《不必在乎我是誰》、《假如你吻下去》、《當愛已成往事》等等。林憶蓮因此而贏得「亞洲歌后」美譽，李宗盛也更是被稱為音樂界的金牌創作人。

除了林憶蓮之外，與李宗盛合作過的歌手眾所周知，如張艾嘉、梁靜茹、周華健、許茹芸、陳淑樺、辛曉琪、張信哲等等。透過與李宗盛的合作，這些人的名氣只增未減。小李哥為其創作的歌曲更是大家耳熟能詳的，如周華健的《讓我歡喜讓我憂》、張艾嘉的《愛的代價》，陳淑樺的《夢醒時分》等等。還記得那首唱得令人魂斷的《領悟》嗎？

我以為我會報復，但是我沒有。

當我看到我很愛過的男人竟然像孩子一樣無助，

這何嘗不是一種領悟，讓你把自己看清楚，

被愛是奢侈的幸福，可惜你從來不在乎。

……

我們的愛若是錯誤，願你我沒有白白受苦。

若曾真心真意付出，就應該滿足。

啊，多麼痛的領悟，你曾是我的全部。

只是我回首來時路的每一步，都走得好孤獨。

掌握歌詞成功密匙的李宗盛

「讓我歡喜讓我憂」、「明明白白我的心」、「不經歷風雨怎麼見彩虹，沒有人能隨隨便便成功」，還記得這些熟悉的歌詞嗎？我們經常在寫作或談話中引用。被人們冠以「金牌製作人」美譽的李宗盛雖然現在不那麼高產了，但以前他創作的作品之多、流傳之廣是眾所周知的。但大多數小李哥的歌迷也知道，李宗盛從沒受過音樂訓練，但卻能取得今天如此輝煌的成績，讓那些專業人士都望塵莫及。李宗盛自己有什麼獲得成功的密碼嗎？

「密碼」一：寫自己所熟悉的生活

揚長避短、藏拙顯長是人們的本能，李宗盛也一樣。細數他創作的音樂作品，我們發現，其創作的大部分歌曲都是情歌。而作為把愛情當作生活必需品的李宗盛創作出了《愛的代價》、《問》、《戀愛告白》、《當愛已成往事》等等。李宗盛的生活中除了愛情以外，親情也是至關重要的。李宗盛是一個好丈夫、好父親與好哥哥，這些角色都是生活中的平凡角色，於是他還為他的親人們創作了《希望》、《我的未來，我的家，我的妻》、《和自己賽跑的人》等作品。

「密碼」二：流露內心真情實感

眾所周知，小李哥是金牌製作人，但當有人慕名請他寫一首歌時，他也有毫無頭緒、內心煩悶的時候。李宗盛是個誠實的人，所

以他索性「實話實說」：

　　最近比較煩比較煩比較煩，總覺得日子過得有些極端

　　我想我還是人習慣，從默默無聞到有人喜歡。

　　最近比較煩比較煩比較煩，總覺得鈔票一天比一天難賺。

　　朋友常常有意無意調侃，我也許有天改名叫周轉。

　　最近比較煩比較煩比較煩，我看那前方怎麼也看不到岸，

　　那個後面還有一班天才追趕。

　　哎呦，寫一首皆大歡喜的歌是越來越難。

　　「密碼」三：寫小人物的故事，凡人寫凡人的生活

　　李宗盛還特別擅長寫平凡人的生活和情感。李宗盛曾說過：「我只是把自己的經驗、自己的感情、自己知道的寫出來而已。」因為李宗盛也是平凡人，所以他能把現代都市人每天面對的種種壓力和誘惑、心中的疑問與無奈描寫得真實、細膩、透徹。也因此，李宗盛唱出了《我是一只小小鳥》、《凡人歌》、《最近比較煩》等歌曲。李宗盛也常常自稱自己為凡人，他沒把自己看成高高在上的情感專家、心理剖析者，而是把自己經歷和瞭解的平凡生活、感情世界寫入他的音樂創作中。平凡人雖然弱小，但都心存希望。於是李宗盛寫道：「養幾個孩子是我人生的願望，我喜歡他們圍繞在我身旁，如果這紛亂的世界讓我沮喪，我就去看看他們眼中的光芒。總有一天我會越來越忙，還好孩子總是給我希望，看著她們一天一天成長，我真的忍不住要把夢想對她講。」（《希望》）在他筆下，小人物是弱小的：「有時候我覺得自己是一只小鳥，想要飛卻怎麼也飛不高。也許有一天我攀上了枝頭卻成為獵人的目標，我飛上了青天才發現自己從此無依無靠。」（《我是一只小小鳥》）。與此同時，平凡人也更渴望成功：「把握生命裡的每一分

鐘，全力以赴我們心中的夢。不經歷風雨，怎麼見彩虹，沒有人能隨隨便便成功」（《真心英雄》）。因為他寫出了我們熟悉的生活狀態，所以小李哥的音樂作品更容易唱進到人們的內心，引起人們內心深處的共鳴。

走吧，走吧，為自己的心找一個家。

也曾傷心流淚，也曾黯然心碎，這是愛的代價。

也許我偶爾還是會想他，偶爾難免會惦記著他。

就當他是個老朋友啊，也讓我心疼，也讓我牽掛。

只是我心中不再有火花，讓往事都隨風去吧……

他的歌，是可親的；他的人，是可愛的。

李宗盛，會讓你想起以前樓下的鄰居、學校超市的老闆，抑或同事的丈夫等等熟悉又陌生的某個人。

短短的平頭、一副黑色的眼睛、憨厚誠實的笑臉、一雙總是瞇瞇的小眼睛，偶爾會抱怨：「最近比較煩，比較煩……」或「忙忙忙……」，偶爾又露出智慧的光芒。這個可愛的人就是李宗盛。

二、台灣音樂新生代：周杰倫、蔡依林

1. 周杰倫

E時代的樂壇怪才——周杰倫

幾年前，一首「吼吼哈嘿、快使用雙截棍」的歌紅遍了中國的大半邊天。這首歌就是《雙截棍》，而演唱者周杰倫更是一夜爆紅。獨特的R & B風格和含糊不清的咬字是周杰倫的獨特風格。對於此，大眾各持己見。縱觀當今流行樂壇，以R ＆ B曲風和

Hippop曲風著稱的，周杰倫並不是第一人，如內地的胡彥斌、香港的陳小春、台灣的潘瑋珀等等。但是，周杰倫的出現，立即引起了流行音樂節的轟動，人們都叫他怪才。

張揚個性卻內心孤獨的Jay‧周杰倫

百度百科裡這樣介紹周杰倫：周杰倫，亞洲流行天王，生於1979年，台灣華語流行歌手、著名音樂人、音樂創作家、作曲家、作詞人、製作人、杰威爾音樂公司老闆之一、導演，近年涉足電影行業。周杰倫是2000年後亞洲流行樂壇最具革命性與指標性的創作歌手，亞洲銷量超過2700萬張，有「亞洲流行天王」之稱。他突破原有亞洲音樂的主題、形式，融合多元的音樂素材，創造出多變的歌曲風格，尤以融合中西式曲風的嘻哈或節奏藍調最為著名，可說是開創華語流行音樂「中國風」的先聲。周杰倫的出現打破了亞洲流行樂壇長年停滯不前的局面，為亞洲流行樂壇翻開了新的一頁。

打開電腦的音樂文件夾，相信大多數八零九零後甚至零零後的電腦裡都有十幾首甚至幾十首周杰倫的歌，甚至有的人會保存他的每一張專輯、每一首單曲，這就是周杰倫的威力。「手牽手一步兩步三步四步望著天，看星星一顆兩顆三顆四顆連成線。背對背默默許下心願，看遠方的星是否聽得見，它一定實現……」優美的旋律，簡單的歌詞，輕鬆的感覺，在那一瞬間，就會讓你愛上周杰倫的歌。因為他的歌，會讓人放鬆下來，愉悅的曲調中還帶有那麼一點點初戀時羞澀的純美感情。

我們喜歡Jay不僅僅是因為他的傷感純美愛情風，還有他張揚的個性。也許，這種張揚更符合現代年輕人個性飛揚的心理與飛速發展的時代。《我的地盤》應該是這種風格中最具代表性的一首歌。輕盈的快節奏、嘻哈的唱法、饒舌的歌詞，都給人留下了極為深刻的印象：

在我地盤這你就得聽我的，把音樂首歌用聽覺找快樂。

開始在雕刻我個人的特色，未來難預測堅持當下的選擇。

在我地盤這你就得聽我的，節奏在招惹我跟街舞親熱。

我灌溉原則培養一種獨特，觀念不及格其他全部是垃圾。

用態度擴張地盤到底什麼意思怎麼一回事。

……

我說老師我是不是真的不懂事，聽我念饒舌歌詞欣賞我打拳的樣子。

我站在教室練拳方式，你的樣子線條一致。

隔壁的小姑娘公開表演需要勇氣。

別人玩線上遊戲，我偏耍猴戲……

這首歌道出了年輕人對音樂和街舞的熱愛。「在我地盤這你就得聽我的」，強調年輕人的主體性與獨立性；「開始在雕刻我個人的特色」，則彰顯了現代人的個性與特色；「生活不該有公式」，表現了自己喜歡無拘無束而非被各種公式套住的反叛情緒。

《三年二班》則真實地記錄了一名普通學生的心緒：

眼睛你要擦亮記住我的模樣，表情不用太緊張我是三年二班。

我專心打球的側臉還蠻好看，黑板是吸收知識的地方。

只是教室的陽光，那顏色我不太喜歡……

這第一名到底要多強……可不可以不要這個獎。

不想問我只想要流一點汗，我當自己的裁判……

只是想炫耀我永遠做不到，你永遠贏不了我永遠做不到。

走鄉下尋找哪有花香，為什麼這麼簡單你做不到……

這首歌很形象地傳達了很多中學生的想法。歌曲中既表達了中學生對自己正確的認識和評價，還有對家庭社會以單一標準衡量學生的厭惡，更強調了追求獨立性和自主性、自然、簡單、不想被名與利異化的願望。

周杰倫歌曲的歌迷集中於「80後」，現在擴展到「90後」。他們有著異於前輩們的特殊成長環境與心路歷程。「80後」、「90後」被社會看成有個性、自私的兩代人。有人說：個性張揚往往是內心孤獨的一種表現，透過張揚來吸引別人的注意。也許這正是周杰倫想透過音樂告訴大家的。因此，他的音樂獲得了廣大「80後」、「90後」的青睞。他創作的歌曲很多都隱藏著某種孤獨與傷感。如他寫的《安靜》：

只剩下鋼琴陪我彈了一天，睡著的大提琴安靜的舊舊的……

為什麼我連分開都遷就著你，我真的沒有天分安靜得沒這麼快。

我會學著放棄你是因為我太愛你……

和其他歌手不同的是，周杰倫對親情的描寫更加偏愛。看看他的專輯，幾乎每一張裡都有對親情的詮釋：父親、母親、爺爺、外婆，他都給寫到了自己的音樂創作中。但不知為什麼，周杰倫筆下的親情都帶有一絲絲的無奈與苦楚。「仁慈的父我已墜入，看不見罪的國度。」、「聽媽媽的話，別讓她受傷。想快快成長，才能保護她。」、「外婆她的期待，慢慢變成無奈，只有愛才能夠明白。她要的是陪伴，而不是六百塊，比你給的還簡單。」歌曲中流露出來的淡淡憂傷雖不濃郁，但卻讓人覺得心疼。

周杰倫的中國風

21世紀開始時，世界時尚舞台掀起來新一輪的「中國風」。

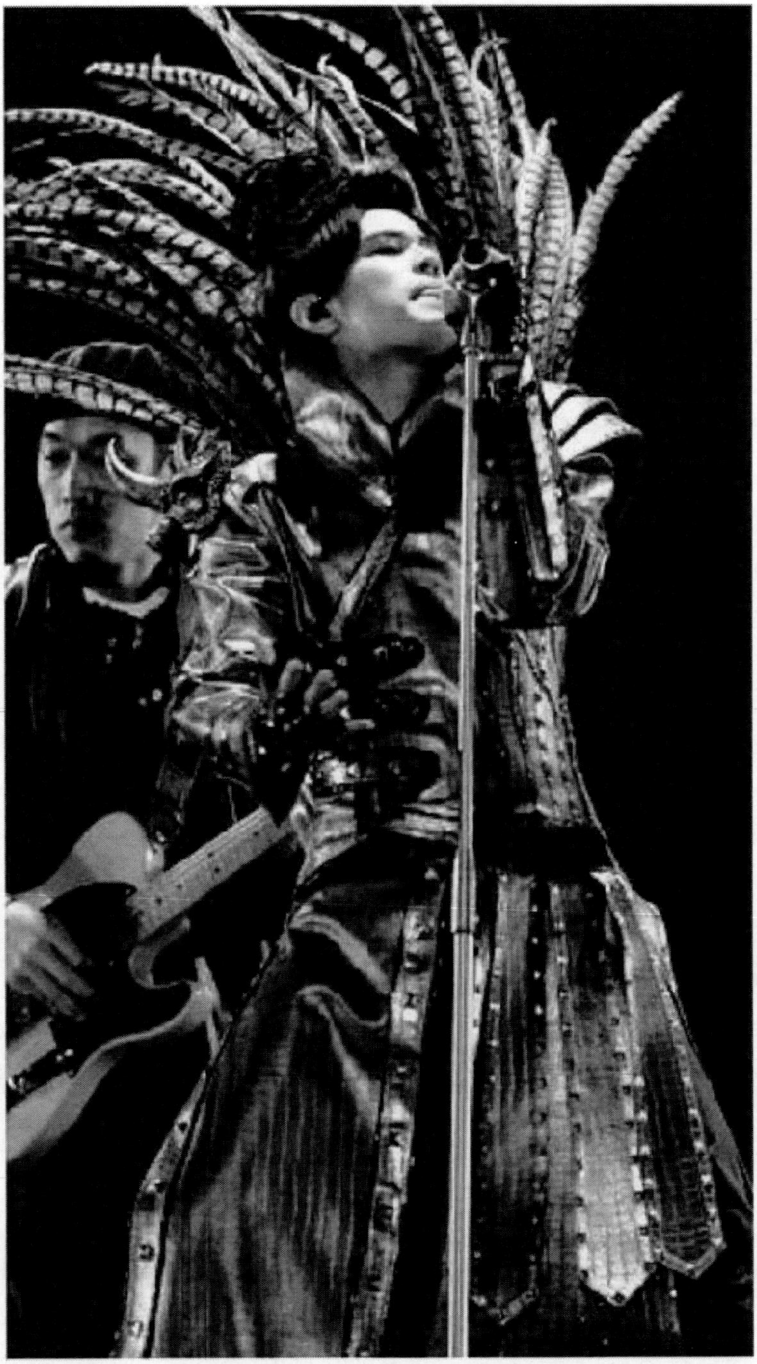

到了2008年，中國的奧運會更令各大品牌競相追逐「中國風」。而「青花瓷」幾乎成為時尚界裡最搶眼的中國元素之一。服裝設計、流行音樂，以及產品設計、家居裝潢……處處皆可見「青花。」

2008年周杰倫把一首《青花瓷》帶上了春節聯歡晚會，頓時成為風靡流行樂壇的「中國風」主打歌曲。雖然在這之前這首《青花瓷》已經相當流行了，可是漂亮的背景畫面，方文山撰寫的古雅歌詞，再配上周杰倫譜寫的動人旋律和精彩演繹，營造出水墨畫般的詩意意境。「……天青色等煙雨而我在等你，炊煙裊裊升起，隔江千萬里。在瓶底書刻隸仿前朝的飄逸，就當我為遇見你伏筆。天青色等煙雨，而我在等你，月色被打撈起，暈開了結局。如傳世的青花瓷自顧美麗，你眼帶笑意……」周杰倫把這首充滿著濃濃「中國風」的歌曲演繹得美輪美奐，給歌迷一種全新的感覺。

2000年初《雙截棍》時期的周杰倫曾經備受爭議，主要是中年以上的觀眾接受不了那種「哼哼哈嘿」吐字不清、唱腔怪異的說唱，這大概是周杰倫在大齡歌迷中的最初印象。不過隨著《東風破》等一批「中國風」歌曲的先後問世，周杰倫的「粉絲」群大大擴展了，而且目前數量還在增長中。許多人透過「中國風」認識並喜歡上了周杰倫。周杰倫不再只是另類「80後」、「90後」等青少年的心中偶像。

「中國風」的流行讓我們深深體會到現代人的一種情懷，即懷舊情懷。每天奔波於競爭激烈的社會，當人們靜下來時，往往更喜歡以前的一些東西，一些傳統的文化，這就是「集體懷舊意識」。「懷舊」對於一個民族而言，意味著這個民族集體懷念傳統文化。而我們祖國五千年傳承下來的文化不僅僅是中國人的財富，更是人類的共同財富。對傳統的懷念是對歷史文化的延續。我想，這也是大多數人喜歡周杰倫「中國風」的原因吧。

談論周杰倫的「中國風」，我們就一定要說說Jay的第一首「中國風」歌曲—《東風破》：

一盞離愁孤燈佇立在窗口，我在門後假裝你人還沒走。

舊地如重遊月圓更寂寞，夜半清醒的燭火不忍苛責我。

一壺漂泊浪跡天涯難入喉，你走之後酒暖回憶思念瘦。

水向東流時間怎麼偷，花開就一次成熟我卻錯過。

誰在用琵琶彈奏一曲東風破，歲月在牆上剝落看見小時候。

猶記得那年我們都還很年幼，而如今琴聲悠悠我的等候你沒聽過。

誰在用琵琶彈奏一曲東風破，楓葉將故事染色結局我看透。

籬笆外的古道我牽著你走過，荒煙蔓草的年頭，

就連分手都很沉默……

「東風破」是中國古代詞調名，歌詞表達的是在分離與漂泊中，對以前幸福時光的懷念。傾聽《東風破》讓我們又想起了那些自己經歷過的「漂泊浪跡天涯」的舊事。也許那些從前的「離愁別恨」會再次刺痛我們的內心，但這會讓我們更加珍惜現在來之不易的生活。

《東風破》作為周杰倫樂壇生涯中的第一首中國式歌曲，可以說掀起了華語流行樂壇「中國風」的高潮。它把「中國風」深深地吹入廣大樂迷的心中，並開花結果。

在「中國風」的運用上，很多人常常把內地的胡彥斌和周杰倫做比較。胡彥斌也是內地運用「中國風」較成功的一位藝人。但和胡彥斌相比，周杰倫把「中國風」更加直接地運用到歌曲中，如他的好多歌曲的名稱就透著濃濃的中國傳統意味：《雙截棍》、《蘭

亭序》、《聽媽媽的話》、《千里之外》、《本草綱目》、《四面楚歌》、《髮如雪》、《爺爺泡的茶》、《亂舞春秋》、《龍拳》、《霍元甲》等等。「聽媽媽的話，別讓她受傷，想快快長大，才能保護她。美麗的白髮，幸福中發芽，天使的魔法，溫暖中慈祥。」這首歌是在勸誡那些不聽話的孩子，雖是勸誡，但卻帶著同齡人之間聊天兒的輕鬆，就像是朋友之間的開導。

對於中國傳統文化的承傳，我們應該感謝台灣。瓊瑤、鄧麗君、周杰倫，都在用自己的獨特方式向人們傳遞著中國的傳統文化，這也是他們深受大眾喜愛的原因。

喜歡周杰倫的原因

周杰倫原來的音樂受眾只限於「80後」、「90後」和現在的「蛋蛋後」。但隨著他把「中國風」融入歌曲創作後，他的歌迷人群擴展到了中年。周杰倫的音樂作品的形式是多種多樣的，反映的內容也很多，如有「中國風」的《青花瓷》和《東風破》，有北歐風格的《半獸人》，有積極向上的《蝸牛》，有環保意識的《梯田》，還有弘揚愛國情懷的《雙節棍》。有人會問：為什麼青年人還一如既往地喜歡周杰倫呢？甚至他的喜愛人群還在繼續擴大？我想，大家喜歡周董的原因可能是這幾個原因吧。

第一，周杰倫擁有一顆努力進取之心。在剛出道很多人都不認可他的情況下，周杰倫沒有氣餒，而是繼續努力地改進自己的不足，創造出一首首更加優秀的音樂作品來回報喜愛自己的觀眾。而面對外界的批評，他也沒有反駁，而用自己的努力來改變那些不認同他的觀眾的看法，最後，他做到了。他用他的「中國風」征服了那些不認可的聲音。他從不滿足於現狀，不斷從演唱和歌曲創作中去超越，去創新。

第二，他用音樂傳承著中國的傳統文化和民族精神。在周杰倫的歌曲中，如《菊花台》、《本草綱目》、《霍元甲》等歌曲中採

用了中國傳統音樂元素，或者將音樂創作中加入中國的民樂。周杰倫的音樂使青少年透過另一種方式瞭解了中國傳統文化，在傳統音樂文化的引導方面起了積極的作用。

基於以上幾點，大家特別是青少年可以從周杰倫身上學習到很多書本上學不到的東西，自然大家也就可以忽略掉他吐字不清的這個缺點。

作為E時代的音樂代表，他向人們傳播的不僅是他的另類音樂，還有對這個社會的思考。

2. 台灣小天后——Jolin蔡依林

眾所周知，台灣流行樂壇有羨煞旁人的「雙J」，即Jay周杰倫、Jolin蔡依林。周杰倫被稱為E時代的音樂怪才，而Jolin蔡依林則被公認為台灣小天后。如今的蔡依林經歷了從出道至今化繭成蝶的完美蛻變，她將向更高的山峰前進。

踏上星路，簽約環球

蔡依林，原名蔡宜凌，出生於台北。蔡依林是參加歌唱比賽入行的。

第一次踏上舞台的蔡依林還在讀高二，當時舉辦的是高二的熱音社迎新晚會。沒想到Jolin唱的《Zombie》受到了大家的熱烈歡迎。1999年3月，環球公司與蔡依林簽約，蔡依林正式成為環球公司的新人。

19歲時蔡依林發行了演藝生涯的第一張專輯——《蔡依林 Jolin 1019》，由吳大衛和李偉菘兩位重量級音樂製作人操手製作完成。整張專輯除了POP Music，還加入了R＆B、Hip Hop與World Music等音樂元素。

some say love it is a river

that drowns the tender reed.

some say love it is a razor

that leaves your soul to bleed.

some say love it is a hunger

an endless、aching need

I say love it is a flower,

and you it's only seed.

……

just remember in the winter

far beneath the bitter snow

lies the seed that with the sun』s love,

in the spring, becomes a rose

　　還記得這首唱得鏗鏘有力充滿感情的歌曲嗎？在蔡依林的處女作專輯中，《The Rose》是整張專輯的開場曲，雖是翻唱，但卻為蔡依林的處女之作增添了無限的光彩。

　　在整張專輯中，《怪我太年輕》、《我知道你很難過》和《空白》是最具市場賣點的三首歌。蔡依林用她特有的嗓音和傾情的演唱演繹了這幾首歌，帶給觀眾另一種全新的感受。

　　勇於挑戰勇於面對的蔡依林

　　繼第一張專輯《1019》熱賣之後，蔡依林又馬不停蹄地開始了她第二張專輯的準備。2000年4月，蔡依林的第二張專輯《Don't Stop》與廣大歌迷見面。《Don't Stop》這首與專輯同

名的歌曲雖然又是翻唱歌曲，但卻表達了蔡依林對自己以及音樂的要求和對夢想的無限憧憬。這也象徵了Jolin蔡依林將更加自信地迎接未來的挑戰！

這張專輯較第一張專輯在音樂曲風上做了新的嘗試，蔡依林勇敢地在她的音樂中加入了搖滾、雷鬼等多元曲式，值得一提的是在這張專輯中，蔡依林還嘗試性的將《Sugar　Sugar》重新改編為2000年的Hip　Hop版本，沒想到這一次的嘗試竟然成為延續依林專輯的特色之一。意料之中，這張專輯好評如潮。蔡依林也因此獲得了當年的金曲新人獎。專輯更是買出了40萬張的好成績。

事情都具有兩面性。蔡依林的快速躥紅在獲得鮮花和掌聲的同時，伴隨而來的還有一些負面影響。面對這些負面的影響或者說挑戰時，她這樣說：「身為公眾人物，我無懼狗仔隊......我無法控制別人的言論自由及喜好，其實我也會搞笑，不過我不會刻意去改變或故意證明什麼，只期望隨著自己的逐漸成長，可以慢慢改變這些人對我自己的印象。」

看我七十二變：蔡依林的完美蛻變

出道之初蔡依林一直以清純的形象面對觀眾，也因此被稱為「少男殺手」。沒想到，這個外界看來帶有美譽的稱號卻給蔡依林帶來了難以突破的瓶頸。因為任何完美的形象看久了都會造成視覺疲勞。於是，蔣承縉——蔡依林的經紀人高瞻遠矚地作出了轉型的決定。

蔡依林在生活中是一個多變、超級愛美的女孩，為了美可以說不計一切。蔣承縉在發現了這點之後，與音樂團隊為其量身製作了一首歌。這首歌中的一句「看我七十二變」吸引了蔣承縉，於是把歌名定為《看我七十二變》，因為大家都覺得「七十二變」特別符合蔡依林。後來歌名又定為專輯名，《看我七十二變》就這樣問世。專輯推出後，蔡依林成功轉型，完成了由清純少女到百變女郎

的完美蛻變。

蛻變後的蔡依林人氣大增，乘勝追擊，蔡依林開始了全亞洲的巡迴演唱會。巡演讓蔡依林的人氣大增，也讓廣大歌迷再次深入瞭解了這個長相甜美但性格倔強的百變美女。由此，Jolin蔡依林完成了由麻雀到鳳凰的完美蛻變，她正憑藉著自己的實力與毅力一步步邁向更廣闊、更具挑戰的世界舞台！

第二節　大陸音樂人

一、歌壇常青樹：崔健、劉歡

1. 大陸搖滾教父——崔健

初露端倪的崔健

「搖滾」進入中國已30年有餘。熱愛音樂的人們仍然記得，在流行音樂走入低潮的時候，一個充滿批判的、理想的、人性的、自由的聲音叫醒了已經沉沉欲睡的內心，中國流行樂壇好像一夜之間就出現了搖滾樂。而發出這聲怒吼的人，就是崔健。

崔健，朝鮮族，1961年8月出生於北京。1981年，20歲的崔健順利考入著名的北京愛和樂團，成為一名小號手，開始了影響其一生的音樂生涯。1984年，他與朋友成立了「七合板」樂隊，在北京的小餐館和小旅館裡，演奏一些西方流行音樂，這是中國搖滾樂隊的雛形。同年，他出版了第一張專輯《新潮》。這張專輯中沒有歌詞，唱片的品質也比較劣質，但是，唱片中顯露出來的一些創新理念，卻給當時的大陸流行樂壇注入了一股新鮮的血液，崔健的搖滾風格也在這張專輯中初露端倪。

模仿就是失敗

流行音樂最忌模仿，必須有新的流行元素，且有獨創性和發現性包含其中，否則，便不具有流行的素質。

1986年，崔健在紀念國際和平年的百名歌星演唱會上自創自唱的一曲《一無所有》宣告了中國搖滾樂的誕生，這是中國音樂史上一個革命性的改變。這次演唱會，同時也宣告了崔健時代的開始！

我要給你我的追求

還有我的自由

可你卻總是笑我一無所有

哦，你何時跟我走

哦，你何時跟我走

腳下的地在走

身邊的水在流

可你卻總是笑我一無所有

為何你總笑個沒夠

為何我總要追求

難道在你面前我永遠是一無所有

崔健在唱這首《一無所有》時，曾經全場掌聲雷動，人們不由自主地鼓掌，因為從來沒有聽過這樣演唱的《一無所有》。人們覺得崔健唱出了每個人內心的「一無所有」。

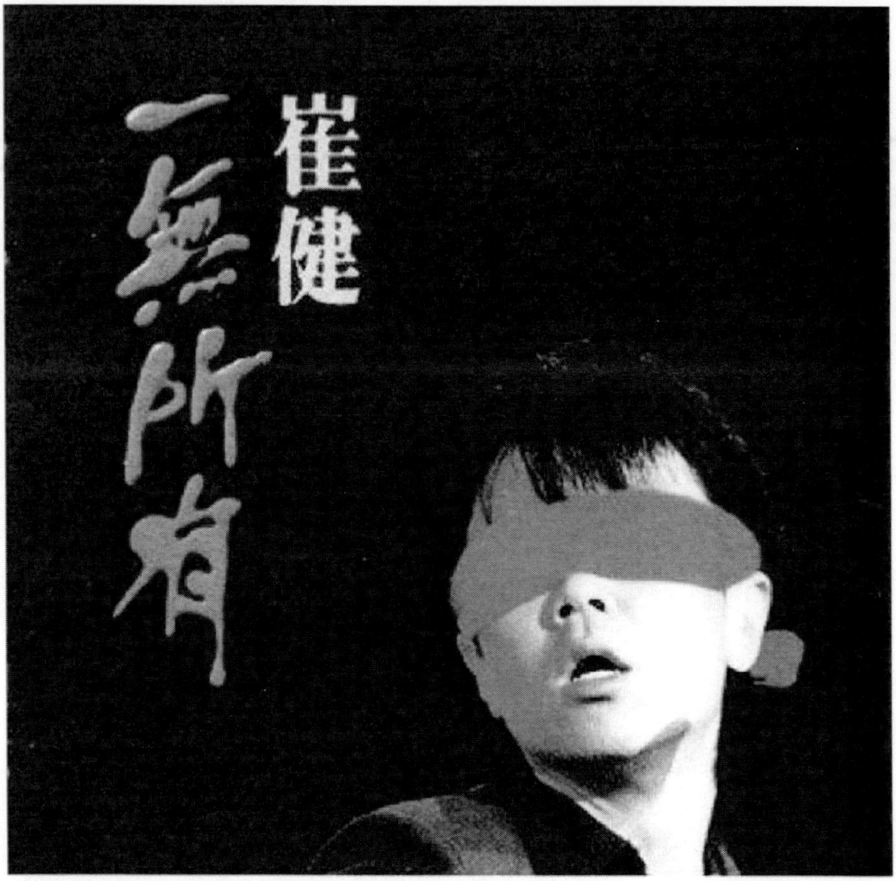
崔健
一無所有

《一無所有》是中國搖滾音樂的開山之作,因其巨大的影響力

和衝擊力而成為一個時代的文化烙印。

1989年4月，應該說是在崔健音樂生涯中的一個嶄新起點。這一年，他發行了自認為是第一張專輯的《新長征路上的搖滾》，這張專輯包括了成名作《一無所有》。隨後，崔健開始了《新長征路上的搖滾》的全國巡迴演唱的準備工作。《新長征路上的搖滾》是中國搖滾音樂史上非常經典的一張專輯，因其具有強烈的煽動性和動感的旋律而吸引了無數的觀眾。崔健透過專輯唱出了人們長期以來模糊而又真實的現實生活，因此能引起觀眾內心的共鳴。我們堅信，這樣的專輯即使時間也不會讓它退色，因為它所表現出來的真實只有有豐富的內心世界的人才能真正地創作出來。

《解決》——崔健音樂路上的里程碑

流行音樂帶給這個世界的是一個敞開的感覺。流行音樂一直在幫助人們從封閉的靈魂中解放自己，讓人們從內心的掙扎與痛苦中解脫出來。

基於這種思想，崔健創作了一張名為《解決》的專輯，並於1991年2月在大陸出版發行，同年3月在港台出版發行。

《解決》也包括了崔健1989年以前的作品。作品大都於1989年前完成錄音，歷時60天。《解決》作為崔健音樂生涯中的第二章專輯，在其音樂生涯中造成了承前啟後的作用，具有里程碑的意義，決定了崔健未來音樂的發展方向。

1991年10月，專輯中的單曲《快讓我在雪地上撒點野》被崔健做成音樂電視。第二年，該片在美國三大音樂獎之一的MTV大獎中，獲得了「觀眾最喜愛的亞洲歌手」獎，此獎項是首次為亞洲地區設立。隨後，崔健在家鄉雲南連續演出了六場演唱會。也是這一年，崔健第一次在東京與廣大樂迷見面。

崔健新的音樂之路因《解決》而開啟，崔健也因此而開始被世

界觀眾所關注。

崔健告訴我們：靈魂似乎還活著

1980年代中期，中國彷彿剛剛從漫長的冬天中甦醒過來。作為生長在紅旗下的崔健，從小是聽革命傳統故事長大的，因此，想與傳統文化一下分割開來並非易事。在他的早中期作品中，「反思」成了作品的主題。如果把人生比作一次「紅軍長征」，那麼，剛剛步入社會、開始人生路的年輕人如何把這一傳統傳承下去呢？在《新長征路上的搖滾》中，崔健唱到：

聽說過，沒見過，兩萬五千里

有的說，沒的做，怎知不容易

埋著頭，向前走，尋找我自己

走過來，走過去，沒有根據地

快讓我哭要麼快讓我笑

快讓我在這雪地上撒點兒野

在崔健的作品中，有首歌就像我們手中的攝影機一樣，生動地拍下了90年代無數年輕人平庸混日子的生活狀態：

吃不著鐵飯碗像咱家老頭子

也不想處處受人照顧像現在的孩子

我們沒吃過什麼苦也沒享過什麼福

所以有人說我們是沒有教養的一代混子

真要是吃點苦我準會哭鼻子

下海掙點錢兒又TM不會裝孫子

說起嚴肅的話來總是結巴兜圈子

可幹起正經的事來卻總要先考慮面子

除了眼前的事我還能幹點什麼

除了吃喝拉撒睡我還能想點什麼

嘿！若要問我下一代會是什麼個樣子

那我就不客氣的跟你說：我管得了那麼多嗎

湊合的生活是典型的對自己不負責。但是當湊合成為社會風氣時，熱愛生活的人就失去了立足之地，就失去了活下去的空氣。於是，熱愛生活的崔健發出這樣的吶喊：

我愛這兒的人民　我愛這兒的土地

這跟我受的愛國教育沒什麼關係

我恨這個氣氛　我恨這種感覺

我恨我生活除了「湊合」沒別的目的

崔健是一個關注靈魂的人。無論社會變成什麼樣子，他都以一個理性的靈魂活著、看著、經歷著。對於經歷的磨難與挫折，他沒有逃避，更沒有投降，而是堅強地對抗。正因為如此，他的搖滾才能激起人們心中那份早已死去的激情！

2. 流行歌壇大哥大：劉歡

劉歡印象

《彎彎的月亮》、《亞洲雄風》、《從頭再來》、《我和你》……看到這些歌，能想起一個人嗎？他給你的印象又是什麼呢？不高的個子、微胖的身材、飄逸的長髮、閉眼搖頭地演唱、不刻意打扮的裝束、紮實震撼的唱功……對，這就是劉歡留給觀眾的印象。

劉歡被觀眾譽為歌壇的常青樹，他那高亢激昂的演唱、情真意切的演繹、「該出手時就出手」的豪邁給觀眾留下了深刻印象。有人評價說他是音樂全才，因為民族、流行、搖滾、古典都是他擅長的，他的演唱集合了各種演唱風格。

「不務正業」開啟天才音樂夢想

生於1963年的劉歡並不是畢業於專業的音樂專業或其他的藝術學校，他大學就讀於國際關係學院學法語。早在上大學時，劉歡的音樂天賦就展露出來了。戲傳同寢室的同學因不堪忍受他的「夜半歌聲」而搬了出去。劉歡沒有接受常規的音樂學習，曾經學過一段時間二胡和黑管。但是劉歡非常喜歡音樂，各種音樂他都喜歡。但是真正使劉歡脫穎而出的，卻是1985年在北大的一場演出。那次，他和同學要一起表演個節目，原本被排在後面的節目突然被換到前面去了，這下可嚇傻了劉歡兩個人。慌忙中倆人把鋼琴擺到台上後，劉歡就立刻調整好了狀態，一張嘴，就把台下的所有老師和同學吸引住了。就因為這一嗓子，劉歡被中央電視台的導演看中，隨後被請到《電影世界》節目，為其演唱法語主題歌。從此，劉歡的演唱及創作生涯開始了。

被電視劇成就的音樂人生

如果說劉歡能取得今天的輝煌成就，還要歸功於電視劇。1980年代，每晚七點半以後的電視劇時間是每家的休閒大餐。人們常常為電視劇中的情節而爭論不休，可見，電視劇在當時的影響有多大。因此，一首優秀的電視劇主題曲或插曲不僅為電視劇增添色彩，還會因廣大電視劇觀眾而快速走紅。

「幾度風雨幾度春秋，風霜雪雨搏激流。歷盡苦難痴心不改，少年壯志不言愁……」1986年，一部名為《便衣警察》的電視劇紅遍全國，其片尾曲《少年壯志不言愁》以悲傷壯烈的旋律、深情傷

感的演唱也隨著電視劇的熱播而傳遍大江南北，成為膾炙人口的歌曲。演唱者就是當時年僅23歲的劉歡。憑藉《少年壯志不言愁》紅透全國的劉歡從此與電視劇結下不解之緣。先後為《雪城》《東邊日出西邊雨》等電視劇演唱主題歌。當時流行樂壇正流行「吹」西北風，劉歡豪放大氣的演唱風格正符合「西北風」的特點。劉歡因此開始了自己豪放派的演唱生涯。

1993年，大陸流行樂壇流行歐美、港台音樂，內地的一些音樂人也開始效仿港台音樂。當時，劉歡正為電視劇《北京人在紐約》創作主題歌曲。他沒有隨波逐流，憑藉自己多年對歐美流行音樂的喜愛與瞭解，一舉改變了國內流行音樂保守的風格，創作出了獨具特色的《千萬次地問》。意料之中，這首歌一舉得奪年度最佳電視音樂的桂冠，並取得了專輯破百萬的好銷量。1997年，劉歡加盟國際SONY聲像，成為SONY簽約內地歌手的第一人，並推出精選集《記住劉歡》。

1998年，大型電視連續劇《水滸傳》拍攝完成，劉歡被邀請演唱主題曲《好漢歌》。這首歌的曲風是民歌，劉歡對民歌並不擅長。可他還是以磅礡的氣勢，利用自己的高音演繹出了《水滸傳》中一百單八將的豪放與義氣。「該出手時就出手，風風火火闖九州」一夜之間紅遍大江南北。此後，劉歡開始不斷地把各種音樂風格融入到自己的演唱與創作之中。因此，劉歡被公認為樂壇的「內地流行音樂之王」。

「多變、少產」的劉歡

說起劉歡的作品產量，算是「屈指可數」。從藝二十餘年，一共只出過三張專輯，即1997年的《記住劉歡》、2003年的《六十年代生人——給我的同齡人及後代》，還有2004年的《劉歡經典

20年珍藏錦集》。與其他歌手相比，劉歡的專輯數量真是少之又少。不過小品演員潘長江說過：「濃縮的都是精品。」劉歡的專輯雖然少，但隨便拿出一首歌，都是經典中的經典，都是大眾耳熟能詳、能夠輕哼幾句的。單憑這一點，劉歡就足夠讓人們豎起大拇指。

還記得2000年央視春晚上劉歡演唱的那首《溫情永遠》嗎？

也許是因為每天都相見，生活有點平淡

也許是由於彼此太瞭解，覺得不夠浪漫

好像所有的蜜語甜言，過去早已說完

留下來幾句貼心的話，雖平凡但溫暖

你太累了，也該歇歇了，不可能所有事一天做完

你太累了，也該歇歇了，給自己一點時間……

這首歌的演唱就像是一位鄰居或朋友在和你嘮家常。所以為了達到這種效果，劉歡在演唱的過程中，只是坐在那裡靜靜地演唱。沒有耀眼的燈光，沒有華麗的服飾，更沒有伴舞。劉歡曾說過：「你唱完了歌，你的聲音，你的動作，連同你的形象都可以被淡忘……如果你太注意表現本身了，你就會失去掌握核心部分的那種境界。」雖沒有絢麗的舞台配飾，沒有誇張的節奏和動作，但人們更加喜愛這個長頭髮、胖胖的深情男人——劉歡。

2008年北京奧運會，劉歡很榮幸地被特邀為奧運音樂創作人之一。他以驚人的速度創作出了與北京奧運會口號極為貼切的歌曲：《One world, One dream》，並在2008北京奧林匹克運動會開幕式上與沙特布萊曼深情對唱：

我和你　心連心　同住地球村

（You and me From one world We are family）

為夢想　千里行　相會在北京

　　（Travel dream A thousand miles Meeting in beijing）

　　來吧　朋友　伸出你的手

　　（Come together Put your hand in mine）

　　我和你　心連心　永遠一家人

　　（You and me From one world We are family）

　一首《我和你》唱出了世界一家人的團結與和平夢想。

　　劉歡和沙特布萊曼的深情對唱再次體現了北京奧運會的人文內涵：包容、寬廣、厚重、平和、全民參與。《我和你》成為北京奧運會開幕式上又一道讓人記憶深刻的文化符號。

　　很多人批評劉歡長頭髮像女人，胖胖地沒有明星樣子，胖得沒脖子。但我想，真正喜愛劉歡的歌迷們一定不會在乎這些外在的東

西，因為，劉歡真正吸引我們的，是他的精彩演繹，深情、大氣的演唱，他唱出了中國流行音樂的流行樣子，唱出了中國流行音樂的精華。這就是劉歡，即使再胖我們也喜愛支持的瀟灑哥！

　　劉歡、李宗盛音樂比較

　　作為中國內地流行樂壇的大哥大，劉歡和台灣樂壇大哥大李宗盛有所不同。劉歡的歌絕大多數都是「大氣磅礡」的、鼓勵人們上進的勵志歌曲，如《少年壯志不言愁》、《天地在我心》、《亞洲雄風》、《從頭再來》、《好漢歌》等等，每一首歌都透露出一種「大氣」的音樂氣勢。雖都為鼓勵人們追求人生的歌曲，但李宗盛的歌曲更多的是在告訴人們一種笑對人生，坦然面對的生活態度，也更像是對人們內心深處情感的一種描寫與敘述。他把現代人們的情感需求與變化演繹得淋漓盡致。就如他歌詞中寫的：「往事不要再提，人生已多風雨，縱然記憶抹不去愛與恨都還在心底，真的要斷了過去，讓明天好好繼續。」

　　李宗盛與劉歡最大的不同就是，李宗盛創作的多為情歌，因此他的作品被人們譽為「李氏情歌」。但我們回看劉歡的演唱作品，好像都不太「愛情」，即使有描寫愛情的歌曲也不像李宗盛描寫的那樣熱切，只是淡淡的，淺淺的，彷彿讓人們都有點捕捉不到「愛情」的影子。

　　兩位樂壇的大哥大，各有各的風格，各有各的特色，他們在用自己的心靈詮釋著人們的生活與情感，描寫著人們的歡娛與無奈。

二、校園民謠的代言人——老狼、高曉松

1.和「同桌的你」一起走過的歲月：老狼

「明天你是否會想起，昨天你寫的日記；明天你是否還惦記，曾經最愛哭的你。老師們都已想不起，猜不出問題的你，我也是偶然翻相片，才想起同桌的你......你從前總是很小心，問我借半塊橡皮；你也曾無意中說起，喜歡跟我在一起。那時候天總是很藍，日子總過得太慢；你總是說畢業遙遙無期，轉眼就各奔東西......」聽著老狼的這首《同桌的你》，我們的思緒總會被帶回到那段美好純真的校園生活，想起那段和同桌一起笑、一起鬧、一起躲避老師偷偷聽隨身聽的青蔥歲月；想起共同攙扶、攜手並進的純真情誼，想起那些充滿著美好回憶的青春；想起那個與我們共同奮鬥過的同桌。這時候，我們總是想問：同桌的你，現在還好嗎？

　　提起校園民謠，我們總會第一個想到老狼，沒有人會討厭透著傷感如喃喃自語般地吟唱往昔校園的低沉聲音。畢業那天，很多同學聚集在樓下一起唱《住在我上鋪的兄弟》，回憶輕狂時與大學四年的兄弟朝夕相處的日日夜夜；在唱《青春無悔》時抱頭痛哭......這就是校園民謠，這就是無悔的青春，這就是老狼歌曲的魅力所在。

　　不知是從什麼時候開始喜歡老狼的歌的，可能是從《同桌的你》？還是《住在我上鋪的兄弟》？抑或那首帶著些絲絲傷感，卻飽含深情的《戀戀風塵》？我想是因為成長吧......每當我們寂寞時，老狼的聲音總會無聲無息地進入到我們心靈的最深處，觸動心靈中最敏感最柔弱的部分，彷彿沙漠中的一滴甘泉，滋潤著我們因生活而逐漸枯萎的脆弱心靈。

　　向青春告別

　　在這個紛繁複雜的時代，老狼的出現打破了傳統的束縛。在無數的歌星藝人中，老狼是另類的。他的笑容、他的聲音，都足夠融化你我因生活的繁瑣而冰冷的心。但是，人總會變老，老狼也一樣。老狼不再是那個穿著牛仔褲和白襯衫的大男孩兒了，而是變得

成熟了，也變得更加隨和、從容與淡然了。

　　從出道至今，老狼只出過三張專輯：《戀戀風塵》、《晴朗》和《北京的冬天》。《戀戀風塵》是對校園時光的生動描繪；《晴朗》是對青蔥歲月的無限緬懷，而《北京的冬天》則是對逝去青春的揮手作別。「校園民謠」注定讓老狼為了「青春」而活。回想那時他和高曉松、葉蓓、小柯等是何等的青春，現在，都已人到中年，「不得不向青春告別」了。

　　2007年，繼上一張專輯《晴朗》時隔五年，老狼再度開口，創作了第三張專輯《北京的冬天》。被問及專輯創作的初衷時，老狼這樣回答：「我最想把這張專輯送給和我同一年齡段的人。當時我們就是一塊兒從校園出來，都會被校園民謠時代的那些東西感動，然後上班，成家立業，娶妻生子，都是在這種大環境的變遷中，一轉眼就人到中年。有好多年少時的情感和夢想都在流逝的過程中，有些東西在淡忘，可是好多東西大家還是在堅持。」當年輕的外表被歲月無情地刻畫上一道道痕跡時，誰也無法去逃避。青春時的悲傷與痛苦、快樂與幸福，都會隨著歲月的流逝而與我們告別。

這張專輯也較《晴朗》有了很大的改變，雖然「懷舊」的基調沒變，但在這張專輯中，老狼對都市人的內心與情感有了更為著重地描寫：「我們是蜂箱口的蜜蜂，忙忙碌碌為了團聚，辛辛苦苦為了分離」。「北京的冬天，飄著白雪。這紛飛的季節，讓我無法拒絕。想你的冬天飄著白雪。丟失的從前，讓我無法拒絕。飄雪的黑夜，是寂寞的人的天堂。獨自在街上，躲避著節日裡歡樂的地方。遠方的城市裡，是否有個人和我一樣，站在窗前幻想對方的世界。」

　　經歷過校園生活的我們，對教室裡的那塊黑板懷有深深的感情，因為那塊純淨的黑板上寫下的是整整一代學生的記憶，一經提起，內心便隱隱作痛，無法釋懷。

　　老狼也是那個經歷了校園生活的人，雖然他也走出了青春的行列，但他還是那樣的淡然與從容！郭敬明這樣評價老狼：「老狼的歌像是本日記，一頁一頁地將他的成長撕給我們看。」

2. 能文能武高曉松

　　談校園民謠，就不能不說高曉松。大家都知道老狼的《同桌的你》和《睡在我上鋪的兄弟》，但你知道嗎？成就老狼的，正是現在這個在電影、音樂創作、嘉賓評委等多個領域多棲發展的高曉松。

　　之所以說高曉松是「能文能武」的全才，是因為大家是從他創作的作品開始認識高曉松這個人的。高曉松生於「饑餓」的60年代，他的家庭是典型的知識分子家庭，之前的四代人都曾接受過西方教育，是個實實在在的「海歸」家庭。從小在這樣的家庭中長大，高曉松也是個典型的好學生。高中畢業後曾放棄保送浙江大學的機會，而考上了清華大學。但出乎大家意料的是，讀到大三時，高曉松毅然決然地放棄了大家羨慕不已的清華，著手考北京電影學院的導演專業，之後沒能考上。

　　1994年，高曉松再次出人意料地做了一件事，那就是出版了《校園民謠》。從此，校園民謠的流行之風吹進了中國的流行樂壇，並且一發而不可收拾。高曉松創作的《同桌的你》、《睡在我上鋪的兄弟》榮獲了當年幾乎所有流行音樂大獎，如最佳金曲獎、最佳作詞獎、最佳作曲獎等等，這張專輯也獲得了十年來銷量最高的好成績。高曉松更是因此而成為了音樂界的名人。

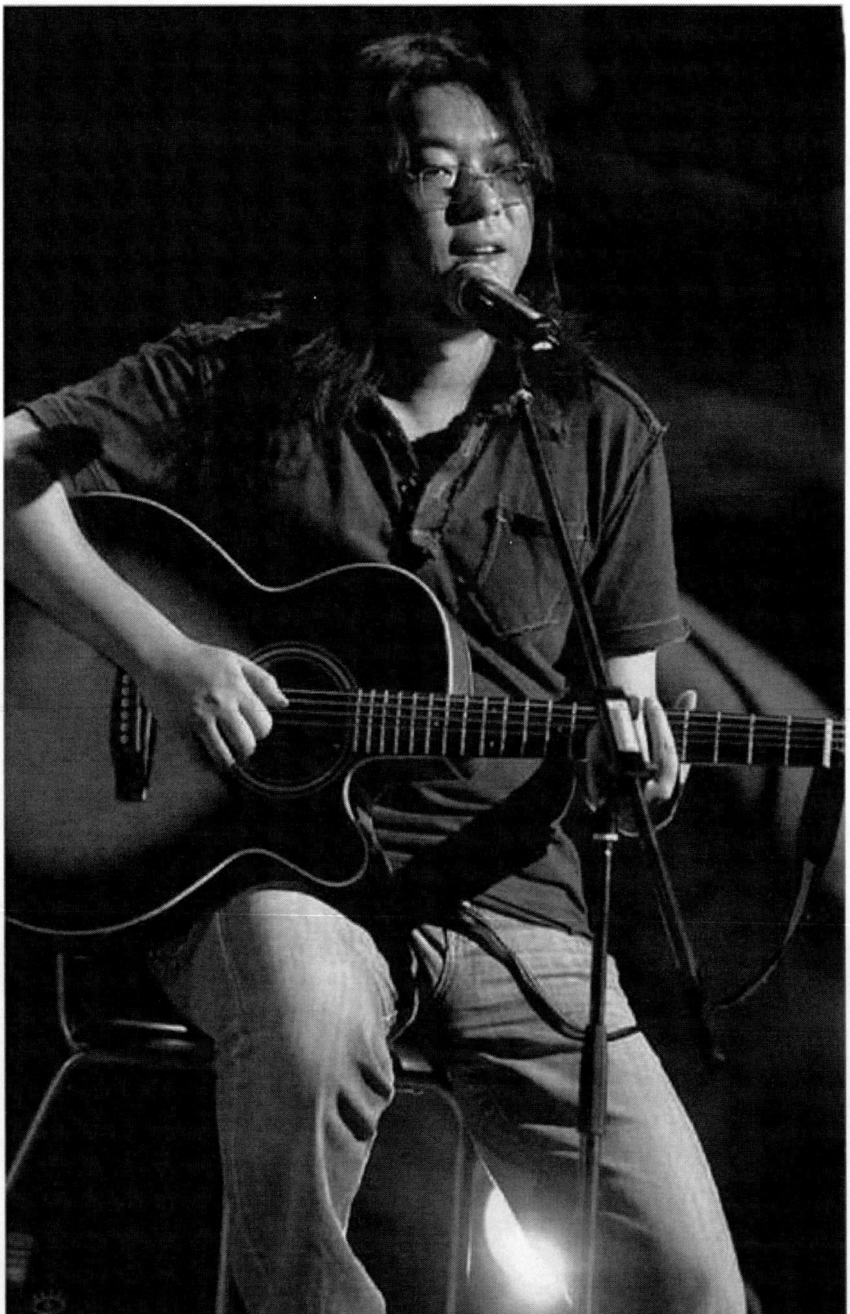

在之後的幾十年中，高曉松先後為多位歌手創作過歌曲，如那英、老狼、劉歡、小柯、零點樂隊、黃磊、葉蓓等等，之後也相繼獲得了多個音樂大獎。1995年和1996年高曉松相繼創作了《戀戀風塵》和《青春無悔》兩張專輯，這兩張專輯把校園民謠又推向了一個新的高潮。高曉松毫無疑問地成為了20世紀校園民謠的代言人。

以前甚至現在有人批評高曉松輕狂自大、故作深沉、咬文嚼字。可是高曉松的歌迷卻覺得這些是可以忽略的，因為他的歌是能夠觸動人們內心的，這就是一個詞曲創作者的成功所在。高曉松的才華，是人們不得不承認的。

歲月不留痕，忘了相親相愛的人。你我也會蒼老連相片也看不清，只有你的小東西還藏在我的日記本裡。紅的像火一片楓葉上面刻著你和我的心......（《久違的事》）

冬等不到春春等不到秋，等不到白首。還是走吧，用一甩頭。在這夜涼如水的路口，那唱歌的少年，已不在風裡面，你還在懷念......（《白衣飄飄的年代》）

你是否還記得模範情書？你是否還記得曾經的往昔？......我是你閒坐窗前的那棵橡樹，我是你初次流淚時手邊的書......（《模範情書》）

還記得這些熟悉的旋律嗎？你的心再次被觸動了嗎？這就是高曉松的魅力所在，他可以讓所有有過校園時光、經歷過青蔥歲月的人們能再次在音樂裡找回那個稚嫩純真的自己。

現在我們雖然很少再在校園民謠這個團體中看見高曉松的身影，他開始拍微電影，擔當嘉賓評論人，甚至是節目的主持人。但我們始終忘不了校園民謠時期的高曉松，因為他是和我們這群校園學子們一起成長起來的，他見證了我們大家一起走過的青蔥年代，

是他把我們那些憂心忡忡而又青春萌動的少年情懷永遠定格在了音樂符號中。我們要說：謝謝你，高曉松。

3. 海峽兩岸校園民謠的對比

大陸的校園民謠是深受台灣影響的。校園民謠概念的首次出現，「校園民謠」這個概念第一次出現在台灣是在1970年代初。台灣最早的一批校園民謠歌手是趙樹海、胡德夫、揚弦等人，這些人和後來台灣校園民謠的一大批歌手，如羅大佑、侯建德、齊豫等人，一起鑄就了台灣校園民謠的經典時代。校園民謠傳入中國後，快速地收到了廣大校園歌手和學生的喜愛，並在大陸飛速流行開來。

縱觀兩岸的校園民謠，其實基調是相同的，即創作者、演唱者和接受人群想要抒發的感情都是相同的：懷念我們逝去的青春和簡單純潔的感情，因為校園民謠為大家青春做了見證，留下了印記。例如侯建德的《龍的傳人》，劉文正的《走在鄉間的小路上》、《外婆的澎湖灣》，羅大佑的《童年》，周杰倫的《回到過去》，老狼的《同桌的你》、《睡在我上鋪的兄弟》，何炅的《梔子花開》，許巍的《那些花兒》等等。但台灣和大陸的校園民謠又有所不同，台灣的校園民謠題材更加廣泛，如感嘆青春時光流逝的《光陰的故事》，描寫童年童趣的《捉泥鰍》，歌唱思鄉之情的《蘭花草》、《走在鄉間的小路上》，歌唱親人的《外婆的澎湖灣》、《聽媽媽的話》等等，而更多的是關乎愛情的。但大陸的校園民謠更加側重於校園生活的描寫、廣大學子們內心細膩的情感、對青春與夢想的無限追求，以及對現實生活的無奈和感慨。如之前的《新長征路上》、《青春無悔》、《冬季校園》、《文科生的一個下午》，後來的《白樺林》、《那些花兒》，再到現在的《那年夏天》、《畢業紀念冊》，每一首歌都表達了對逝去的校園生活的深

深懷念與無限感慨。

凡事分久必合、合久必分，任何事物都必定經歷榮辱興衰的過程，台灣和大陸的校園民謠難逃此定律。曾經伴隨校園民謠榮辱興衰的那些人如今已經在校園民謠這個隊伍中漸行漸遠。羅大佑老了，老狼累了，高曉松改行了，水木年華和許巍似乎也經不起世俗的摧殘了。隨著網路時代的到來，網路歌曲每天數以萬計地湧現，衝擊著跌跌撞撞走過來的校園民謠。

離開的終將離開，這是自然的規律。以此向那些為校園民謠付出過青春的人致敬吧，致校園民謠，致我們生命中的那些青春……

三、實力唱將：那英、孫楠

1. 歌壇天后——那英

略帶沙啞而富有磁性的嗓音、粗獷而又極具穿透力的演唱、舞台上瀟灑大氣的表演，這就是那英留給觀眾的印象。作為天后級的人物，「那英」這個名字在中國大陸流行音樂界可以說是無人不知無人不曉，而她熱情、爽朗、豪邁的性格也深深烙入了廣大觀眾的心中。

那英踏入歌壇已有20多年。可以說，那英是中國流行樂壇中必不可缺的一部分，因為她見證了內地流行樂壇的成長。如今，她是大陸流行音樂的大姐大，擁有讓其他歌手羨慕嫉妒恨的在中國及周邊國家強大的影響力，她的唱功更是無可挑剔。可以說，此時的那英在事業上算是功成名就。而作為一個女人，那英同樣活得精彩，她把愛情演繹得跌宕起伏；她把子女照顧得健康可愛；她把父母贍養得無微不至。這就是那英，一個率真的東北女人。

那英出生於醫生世家，像大多數家庭一樣，那英的父母也希望

那英能成為一名醫生，但事與願違，從小性格叛逆的那英卻對音樂痴心不已，偷偷出去拜師學藝。1988年1月，北京舉辦了「人才之春通俗歌曲大賽」。那英是「人來瘋」，超常發揮，在眾多參賽者中脫穎而出，成績名列前茅。沒想到，更大的機會在等著她。那英的一副好嗓子得到了著名作曲家谷建芬老師的青睞。休息時，古老師還詢問那英是否願意拜她為師，那英欣然同意。在古老師的鼓勵下，在這次比賽中那英一舉奪得了演唱金獎。就這樣，那英成為了繼解曉東和李勇之後的谷建芬老師的第三個弟子。

1990年，那英為電視劇《籬笆、女人和狗》演唱主題曲《山不轉水轉》，沒想到，那英憑藉這首歌榮獲了全國影視十佳歌手大獎。與此同時，那英又為參加世界女足首屆錦標賽的開幕式演唱了主題歌《擁抱明天》。所有這些都是在恩師谷建芬的指導下取得的，這些成績也為那英以後的成就奠定了堅實的基礎。

1994年，那英在全亞洲發行了首張專輯《為你朝思暮想》。這張專輯是那英音樂生涯中的一個里程碑，這標誌這她正式踏入了國際樂壇。而專輯只在一個月內就取得了突破15萬張的好成績，同名歌曲《為你朝思暮想》更是成為了年輕人在卡拉OK必唱的歌曲：

　　為你朝思暮想　　為你飛越重洋　　千回百轉也不能夠阻擋

　　為你朝思暮想　　為你日夜牽掛　　三言兩語又怎能夠表達

　　為你朝思暮想　　為你飛越重洋　　千辛萬苦也不能夠阻擋

　　為你朝思暮想　　為你日夜牽掛　　隻字片紙又怎能夠表達

1995年，那英推出了第二張專輯《白天不懂夜的黑》。同名主打歌《白天不懂夜的黑》更是一夜紅遍大江南北：

　　你永遠不懂我傷悲，像白天不懂夜的黑

像永恆燃燒的太陽，不懂那月亮的盈缺

你永遠不懂我傷悲，像白天不懂夜的黑

不懂那星星為何會墜跌……

　　此後，那英與福茂唱片期滿，後來那英遇到好友王菲，在王菲的幫助下簽約百代唱片，以一首《征服》再次征服了廣大觀眾。在這首歌的演唱方面，那英一改一直以來的西北風，這使得那英的演唱進入一個嶄新的領域。可以說，《征服》是那英歌曲中經典之中的經典，因為它與那英灑脫的氣質是非常符合的。繼《征服》之後，那英又推出專輯《乾脆》，並順利地進入了日本樂壇，成為第三位被日本歌迷認可的中國歌手。專輯《征服》和《乾脆》賣出了全亞洲550萬張的可人銷量，使得百代唱片賺得盆滿鉢滿。

　　2001年，「華納唱片」把人氣超高的那英攬入旗下。同年9月，那英推出新專輯《我不是天使》。之後的全球巡迴個唱可以說把那英推向了音樂界天后級地位的人物。那英先後在馬來西亞吉隆坡賭場、香港公館、上海大世界、瀋陽五里河體育場等地演唱，場場歌迷爆滿！音樂界的各種大獎更是被那英輕鬆收入囊中。可以說，2001年是那英收穫的一年！

　　也許一旦達到一個高度就很難去超越。在隨後的日子中，那英也出了幾張專輯，但市場接受度一般。可能觀眾對那英有了更高的要求，觀眾想看到一個有主見、理智、大女人的那英，而不只是那個在感情的漩渦中深陷不能自拔的小女人。

　　平淡了一段時間後，40歲的那英以母親的身分出現在廣大歌迷面前，但母親的身分並沒有阻礙歌迷對那英的喜愛與支持。也許，40歲的女人更加懂得如何用歌聲詮釋生活與生命。

　　這就是那英，一個女人、一位媽媽、一個女兒。同時還是一個唱功深厚、努力堅強、天賦異稟的歌者。一個在中國內地流行樂壇

舉足輕重的漂亮女人。

2. 實力唱將——孫楠

一首《不見不散》讓全國的觀眾認識了一個當年的大男孩兒、現在的成熟男人——孫楠。孫楠給大家的印象是他高亢和極具穿透力的嗓音、舞台上大氣磅礴的氣勢和激情澎湃的曲風。

唱將的崛起

以一首《不見不散》紅遍大江南北的孫楠生於一個音樂世家。父親是一位很優秀的男高音，母親曾演過歌劇和舞劇，姐姐和哥哥都在歌舞團工作。在這樣的環境下長大的孫楠，也被熏陶地學會了唱歌。

1987年，孫楠考入煤礦文工團，1990年又進入大連歌舞團。同年，孫楠的首張專輯《彎彎的月亮》由廣東音像出版社出版。從此，孫楠開始了職業歌手的演藝生涯。

1991年，孫楠來到北京，他有幸加入了谷建芬藝術中心，不久就被安排與當時被評為內地十大通俗歌星的歌手那英、毛阿敏、解曉東等人組成代表團，參加在香港舉辦的「92中國風」的交流演出。出人意料的是，孫楠在香港的演出一炮而紅，隨後著名的唱片公司BMG主動找到他，與之簽了為期兩年的合約，之後又續約。在90年代還沒有內地歌手與公司簽約的情況下，孫楠成為了與港台唱片公司簽約的第一位內地歌手。在古老師的指引下，孫楠打入了東南亞樂壇，並舉辦了多場演唱會。1997年，孫楠覺得內地的發展空間更大，於是毅然放棄之前優越的演唱環境，與內地的星工場簽約，開始在內地發展。

與電影電視歌曲「不見不散」

孫楠回內地發展後發行了首張專輯《認識孫楠》，主打歌《愛得精彩》得到了廣大歌迷的喜愛與認可，但距離成功還是有距離的。1998年，孫楠有幸演唱了馮小剛導演拍攝的電影《不見不散》的主題歌《不見不散》。隨著電影的播放，孫楠幾乎在一夜之間紅透了大江南北，內地觀眾也真正從內心完全接受了這個嗓音高亢、獨特的東北小伙兒。可以說，《不見不散》在孫楠的音樂道路上具有里程碑式的意義。

1999年，孫楠發行了自己的新專輯《南極光，孫楠sunnan》，新千年的第二個星期，專輯主打歌《你快回來》就榮登各大音樂排行榜榜首。同時，歌曲《你快回來》還被選為電視劇《永不瞑目》的主題歌。隨後，馮小剛再次找到孫楠，為其拍攝的電影《沒完沒了》演唱主題歌。此後，孫楠幾乎成了馮小剛賀歲電影的御用主題歌演唱者。

在接下來的日子裡，孫楠相繼給電視劇《少年包青天》、《拿什麼拯救你，我的愛人》演唱了主題曲。甚至孫楠還被美國迪士尼公司邀請，為其製作的3D動畫《海底總動員》演唱主題曲《飛越海洋》。從此，孫楠與電影電視結下了不解之緣。

此時的孫楠進入了豐收的季節，在接下來的幾年中，孫楠因其激情的演唱多次獲得各大音樂大獎。但成功了的孫楠並沒有驕傲，他常說：「我相信，在音樂這條路上，要別人感動，先得感動自己。」

2003年，孫楠推出全新專輯《緣分天空》。專輯中的大部分歌曲都是孫楠自己親自操刀創作的。2008年，北京奧運會前期，孫楠受邀參與了奧運歌曲的錄製，和張惠妹共同合作，深情演唱了奧運歌曲《永遠的朋友》。

現在，孫楠在內地的流行樂壇已經占據了不可否認的王者地位，但他並沒有因此而驕傲自大。相反，孫楠變得更加努力和勤

奮，同時也更加的謙遜。我們希望孫楠在日後的時間裡能帶給大家更多優秀的歌曲，我們與孫楠永遠「沒完沒了」。

第三章 兩岸流行音樂大獎漫談

第一節 台灣金曲獎

金曲獎（Golden Melody Awards）是台灣規模最大的音樂獎項，也是華人世界中最有影響力的音樂獎之一。1990年開始舉辦，由台灣行政院新聞局主辦，每屆頒獎典禮大約在每年的5、6月前舉行。

一、金曲獎的歷史

首屆金曲獎舉辦於1990年。歷年來，越來越受到音樂界和廣大聽眾肯定與喝彩。從1986年開始舉辦三屆的《好歌大家唱》，到設立了男女歌唱演員獎的金鐘獎，再到1991年舉辦的「第一屆金曲獎頒獎典禮」，華語樂壇音樂人終於有了一個屬於自己的音樂盛會。

前七屆金曲獎的評選範圍只侷限在流行音樂領域，從1997年開始，在保留了流行音樂的基礎之上，將古典音樂、民族音樂、戲曲曲藝、宗教音樂、兒童音樂和跨界音樂等形式都納入到評選範圍，並且接受全世界華人音樂作品參選，這是借鑑了葛萊美的評選機制。這讓金曲獎一舉成為華語樂壇涵蓋最豐富、涉及最全面、內容最專業，也是最具影響力的音樂獎項。

二、金曲獎的由來

說法一：1970年，中國電視公司播出由今世有限公司與歌林股份有限公司共同製作的金曲獎節目，播出了18個月之久。這個節目旨在「鼓勵國內創作歌曲」，所以詞曲作者可以自由投稿，再由歌星演唱，之後讓觀眾投票選出優秀歌曲，最後錄製成唱片。這個節目的形式在社會上引起了非常大的轟動。

說法二：1986年，台灣行政院新聞局廣電處舉辦名為「好歌大家唱」的活動。這次活動以「徵選優良詞曲創作以激勵台灣音樂市場與音樂人」為目的，從而獲得了廣大媒體與社會大眾的強烈反響。

1998年，為了使金曲獎成為國際性的音樂大獎，大賽取消了參賽者國別的限制。只要音樂作品是在台灣首次發行的，都可以參加評比，並且設立了獎金的獎勵機制。

三、金曲獎的現狀

「金曲獎」按照兩大類設立獎項，即「演唱類」和「演奏類」。為了保護本土文化，還設立了「閩南語」、「客家話」和「原住民語」的歌曲獎項。這足以體現出台灣音樂人對本土音樂的保護。以往的「金曲獎」雖然專業性很強，但是也不免出現一些主流與大眾的方向性的失敗。如歷屆的最佳男女歌手的獲獎作品很多並不是當年音樂中最優秀的作品，如蔡健雅的《Goodbye & Hello》，庾澄慶《海嘯》等。

金曲獎從設立至今不過短短23年，但金曲獎卻被譽為華語的葛萊美，可見其含金量之高。金曲獎獲得如此高的評價是有理由的：一是因為金曲獎中的大部分獎項的設立是面向華語音樂的，而華語是流行樂壇傳播最廣泛的語種之一；二是因為金曲獎所涉及的音樂種類之多、範圍之廣令人瞠目；三則是因為金曲獎以台灣流行

音樂為依託,它有足夠的資源可以選擇。而台灣流行音樂在華語樂壇具有舉足輕重的地位。

這幾年金曲獎被評價為欠缺新意。而金曲獎之所以不如以往輝煌,是有諸多原因的。評審機制方面,眾多作品經過多輪的篩選後,由專業評審團選出最佳作品。這一過程中缺乏程序上的嚴密性和統計的權威性,還會因評審的個人興趣和辨別力的不同而產生不客觀的結果。還有一個原因就是華語流行樂壇銷量機制的不健全。這些都是「金曲獎」需要逐漸改進的地方。

第二節　大陸音樂盛典:中國歌曲排行榜

中國歌曲排行榜簡稱中歌榜,又叫北京流行音樂典禮,是大陸時間最長、最具權威性和公信力的華語流行音樂排行榜。從創建至今,推出數以萬首海內外膾炙人口的優秀歌曲。

北京流行音樂典禮是國內最有影響力的音樂典禮之一,包含了年度最佳男女歌手、最受歡迎男女歌手、最佳專輯、最佳創作歌手等單項大獎。

作為內地歷史最悠久的流行歌曲排行榜,中國歌曲排行榜的審美原則是健康、積極,多年來也一直秉承著這一原則。舉辦以來,排行榜成功發掘出《青藏高原》、《家鄉》、《最美》、《白樺林》、《吉祥三寶》等膾炙人口的好歌傳遍大江南北,更挖掘出像韓紅、羽泉、許巍、樸樹等大眾喜愛的優秀歌手。

一、中歌榜創建簡史

中國歌曲排行榜設立於1993年5月,由北京音樂廣播於1993年創建,每年舉辦一次,每週公布榜單和推薦新歌。設立之初正值內地歌壇的起伏與發展之際,中歌榜在設立之初經歷了相當困難的一段時期。所以,早期的頒獎活動都沒有頒獎典禮。

　　從2000年開始,隨著該榜的逐漸成熟,所設獎項逐漸被細緻劃分出來,同時,主委會也決定以後的每年都要隆重地舉行盛大的頒獎活動。在中歌榜創建的第七年,即2000年頒獎典禮才正式舉行。在這次頒獎典禮中,孫楠、田震分別獲得「最受歡迎男女歌手」、那英獲得「最受歡迎女歌手」,「年度傑出成就獎」被劉歡

收入囊中。這四人應該算是中歌榜最早獲得這些獎項的歌手。

2000年的中歌榜還處於發展時期，所以當時並未開設港台部分獎項。在2004—2006這3年期間，也只有內地、港台最受歡迎男女歌手獎，不設置最佳男女歌手獎，從2007年開始，中歌榜也正式更名為北京流行音樂典禮，但由於習慣，還保留中歌榜這個名稱。2007年以後增設了內地、港台最佳男女歌手獎。

2012年，中國歌曲排行榜創建20週年。為了紀念這一特殊的日子，頒獎典禮在台北小巨蛋舉行，兩岸三地的明星和觀眾一起慶祝這個值得紀念的日子。

二、中歌榜的成長歷程

1. 跨地域聯合，走出國門，邁向國際

1993年至2001年期間，中歌榜只是在北京地區播出。到2001年年底，與22家省市音樂廣播組成合作的音樂廣播協作網成立。這樣22個省市的4億聽眾在每天能都透過衛星接收到中歌榜。

從2002年開始，中歌榜走出北京，走出國門，在美國、加拿大、澳大利亞等中文電台固定播出。

2009年4月，中歌榜在台灣正式開播，從而成為中國內地規模最大、傳播地域最廣、最具權威性的原創歌曲排行榜。

2. 創新的推薦渠道和評選機制

2006年，中歌榜開風氣之先，大膽實施每週推出40首榜上歌曲和10首推薦新歌，歌曲不分語種、不分地域。這樣，中歌榜每

週就能推出50首歌曲，一年能向聽眾推薦超過500首新歌。這樣的新歌推薦量是前無古人的。

中歌榜非常重視歌曲的評選品質。因此，中歌榜有一套自己的評選細則：即「433」規則，即由全國22家音樂廣播主持人組成的專家評審小組評分占40%，聽眾網路投票占30%，聽眾簡訊投票占30%。也就是說，一首新歌如果要想在中歌榜上榜，至少得滿足三條中的一個條件，否則都無法參選。正是這樣公正、公平、透明的評選標準，才會造就了現在中歌榜在音樂界和廣大聽眾中的權威地位。

3. 與互聯網的聯姻

中歌榜一直高度重視與新浪、搜狐、騰訊等各大門戶網站的合作關係。透過這些入口網站，在評選的過程中，中歌榜能聽到廣大觀眾最真實的聲音，從而取得最客觀、最真實的評選結果。以2007年度中歌榜年度盛典為例，參與網路、簡訊投票超過220萬人次，新聞報導量超過44.2萬次，新浪專題點擊超過7000萬次。

4. 與流行音樂的消費終端——KTV的聯姻

近年來，KTV成為中國男女老幼最喜愛的消費娛樂場所之一。一首歌曲在KTV被點唱的次數，代表了這首歌曲在老百姓中受歡迎的程度和大眾的傳唱度。2007年，中歌榜與在全國連鎖的知名品牌錢櫃合作，將每一季度排名前20的打榜歌曲植入錢櫃的每一個分店。最後在年度頒獎時，推出以全年的點唱數據為依據的年度KTV點唱大獎，這在其他的歌曲排行榜中是絕無僅有的。與KTV的「聯姻」使得去唱K的人們能從另一個方式瞭解正在打榜的金曲，

同時也大大增加了打榜歌曲的傳唱性，而另一方面也使得錢櫃的歌曲緊跟流行音樂的發展潮流。可以說是一舉多得。

一個廣播節目歷經17年的春夏秋冬，不但沒有被歷史和時代淘汰，反而愈加煥發勃勃生機。因為中歌榜是一個廣播節目，所以始終堅持著「只認歌不認人」的評選標準。這使得中歌榜成為了內地最權威的響噹噹的流行音樂排行榜。

第三篇　戲曲篇

第一章　世代傳承的戲曲

　　中國戲曲萌芽於先秦，形成於漢唐，發展於宋元，元雜劇是其成熟的標誌。明清時期中國戲曲走向繁榮，京劇成為國粹。中國戲曲藝術源遠流長八百年，博大精深，有著輝煌燦爛的歷史，在世界的戲劇史上占有重要地位，與印度梵劇、希臘悲喜劇並稱為三大古老的戲劇文化。從12世紀宋代戲曲形成，陸續繁衍出300多個劇種、多達上萬個劇目的戲曲，深深地紮根在廣大群眾之中。正是由於戲曲表達了中國人的思想感情、喜怒哀樂，有濃厚的鄉土氣息，載歌載舞，充滿活力，深受廣大群眾的喜愛。台灣與祖國大陸有著源遠流長的文化血脈，台灣文化是博大精深的中華文化的一部分，它與中華文化有著不可分割的關係。台灣是中國傳統戲曲彙集之地，已有三百多年的歷史，明末至清前期大陸戲曲陸續傳入台灣，確立了與大陸同構的戲曲形式，為台灣以後的戲曲發展奠定了基礎，台灣戲曲大多源自大陸閩粵地區，可以說台灣早期民間戲曲乃建立於閩粵曲藝的基礎之上。

第一節　兩岸戲曲的發展歷程

一、大陸戲曲的發展進程

1. 萌芽及形成發展階段

　　先秦時期，戲曲有了萌芽的勢頭，主要以逗笑為主，難登大雅之堂。唐朝時期國家繁榮昌盛，唐玄宗對戲曲特別熱愛，使得戲曲

與宮廷有了密切的關係，採取多種措施促進戲曲的發展，加速了戲曲的形成。戲曲形式逐漸增多，主要有優戲、歌舞戲等。宋代瓦舍勾欄的建設把演員和群眾分開，使戲曲表演更具有專業性。優戲與歌舞戲逐漸融合表演說唱特色，一個新的戲劇形式即戲曲誕生了。宋金雜劇和南戲得到了蓬勃發展。宋元南戲產生於民間，其音樂多用民間小曲，兼採宋詞、北曲，並無固定的宮調。南戲最早的劇本是《趙貞女蔡二郎》和《王魁》，今已失傳，現今保存下來的最早的劇作是《永樂大典》中的《張協狀元》，也是現存最好的戲曲劇本，有「活化石」之譽。還有著名的號稱「四大傳奇」的南戲作品《荊釵記》《劉致遠白兔記》《拜月亭記》和高則誠的《琵琶記》。

2. 戲曲的成熟與繁榮期

元雜劇是中國戲曲成熟的標誌。在元代，上至宮廷，下至民間，觀看戲曲演出已經成為人們一種重要的娛樂習慣。同時，演員的品牌效應也推進了元雜劇的興盛，元代眾多文人參與戲曲活動促進了劇本創作的繁榮。元雜劇著名的作家有「元曲四大家」（關漢卿、王實甫、白樸、馬致遠），其中，關漢卿是元雜劇最著名的作家，也是中國古代最偉大的劇作家。元雜劇通常從體裁上分為悲劇和喜劇。從題材上可分為公案戲、歷史戲、愛情戲，或社會戲和神話戲。元雜劇有著名的四大悲劇，即《竇娥冤》《梧桐雨》《趙氏孤兒》《漢宮秋》，還有有著名的四大愛情劇，即《西廂記》《牆頭馬上》《拜月亭》《倩女離魂》。

中國戲曲自宋金形成以來，歷經元雜劇的成熟，明清時期則進入了繁榮階段。演出活躍，劇目較多，作家迭出，形成了各種流派。戲曲的表演形式和各種聲腔不斷向外發展流傳，彼此之間為了爭取觀眾，互相競爭、互相學習、互相影響，取長補短。如明清傳

奇起源於宋元南戲，產生於元末，至明代萬曆而極盛，明清傳奇是用南曲各種聲腔演出的戲曲的總稱，同時為適合一些曲目內容的需要，加入了北曲。明清傳奇作品之多，號稱「詞山曲海」。明傳奇最傑出的代表作就是湯顯祖的《牡丹亭》，清代初期的優秀作品是孔尚任的《桃花扇》和洪昇《長生殿》，號稱「雙璧」。乾隆、嘉慶年間，四大徽班進京後與崑曲、漢劇、弋陽和亂彈等劇種融會，逐漸演變成中國的國粹——京劇，其表演的曲目、劇團、演員、受觀眾的關注度都是中國戲曲歷史上空前的。京劇的代表作品有《貴妃醉酒》《擊鼓罵曹》《玉堂春》《遊園》《霸王別姬》《三岔口》等。

3. 大陸「十七年」時期戲曲（1949—1966年）

從新中國成立到「文化大革命」開始這段時間裡，劇作家和戲曲藝人在整理、改編傳統戲曲劇本上投入了巨大精力。經整理、改編的優秀傳統戲是「十七年」上演劇目中數量最大的部分，在戲曲史上占有重要地位。

傳統戲曲的整理和改編大多取材於《三國演義》《西遊記》《說岳》等長篇小說，分為「打掃塵土」、「去蕪存菁」、「脫胎換骨」三種情形。陳仁鑒及其《團員之後》、《春草闖堂》，可視為這時期傳統戲改編「脫胎換骨」的代表性作家及作品。「去蕪存菁」的代表性作品，有京劇《白蛇傳》和《楊門女將》、黃梅戲《天仙配》、崑曲《十五貫》、川劇《拉郎配》等。

4. 大陸「文革」時期戲曲（1966年—1976年）

毛澤東提出要在文藝領域進行社會主義革命，江青、康生發起

了對崑曲《李慧娘》、京劇《謝瑞環》和《海瑞罷官》等所謂「壞戲」的批判，揭開了「文化大革命」的序幕。繼而「文化大革命」在全國如火如荼地展開，導致戲曲超越舞台而進入到政治領域，出現了「現代戲」被「樣板戲」所代替的局面。

中央「文革」小組顧問康生講到現代京劇《紅燈記》《智取威虎山》《沙家濱》《奇襲白虎團》是「革命樣板戲」，其演出團體是「樣板團」。在「樣板戲」毒霸舞台的時代，整個文藝界死氣沉沉、一片蕭條，正所謂「我花開時百花煞」。

雖然「樣板戲」在這個階段是劇壇主流，但1971年「林彪事件」發生後，人們對「文革」開始產生懷疑，對戲曲界一花獨放的「樣板戲」產生反感，開始反省並做出調整，戲曲界萬馬齊喑的局面開始稍有改變，出現「樣板戲」之外的其他創作劇目，突破了國家只有「樣板戲」會演和「樣板戲」電影聯合放映的壟斷。如越劇《半籃花生》、豫劇《劃線》、評劇《向陽商店》、黃梅戲《小店春早》等地方戲曲。1976年10月隨著「四人幫」的垮台，中國戲曲史上的「樣板戲」時代也隨之結束。

5. 大陸「新時期」與90年代戲曲

1976年「文革」結束，大陸戲曲進入「新時期」，無論是在戲曲創作還是在戲曲舞台藝術上，均取得了很大的成就，形成了繼1940年代後，20世紀中國戲曲發展的又一個高潮。200多種地方戲曲逐漸復甦，2000多個戲曲劇團陸續重建，大量優秀的傳統劇目、新編古代戲和現代戲上演，戲曲舞台呈現出精彩紛呈的局面。

然而，這時期的戲曲發展的「生機」卻始終伴隨著「危機」。新的傳媒技術的出現，催生了電影、電視等一系列新的藝術形式，觀眾走出劇場更趨向電影、電視乃至歌舞廳等。隨著戲曲觀眾群落

和人們審美情趣的改變，面對危機，戲劇界提出了「振興戲曲」的口號，進行了一定程度的改革和創新。進而出現了1990年代的戲曲在重視現代意識與審美時尚、吸納現代戲劇手段的同時，更強調「如何使自己更像自己」。京劇《駱駝祥子》（鐘文農）、川劇《死水微瀾》（徐棻）、梨園戲《董生與李氏》、淮劇《金龍與蜉蝣》（羅懷臻）等，都是這段期間的代表作品。

二、台灣戲曲的發展歷程

1. 明末至清末的戲曲

　　大量閩粵移民到台灣，不僅帶去了漢文化，更為突出的是促進了民間戲曲的流傳。江日昇在《台灣外記》中提到閩南的竹馬戲：「大張花燈、煙火、竹馬戲、彩星歌妓。」由此可見，荷蘭占領台灣期間，竹馬戲已經成為民間節慶中的表演內容，明末已經流傳到台灣。《中國戲曲志·福建卷》中提到：「明末清初，民族英雄鄭成功率領福建部隊東渡收復台灣，從而把流傳於閩南的『錦歌』、『車鼓弄』等民間藝術帶到了台灣。」台灣呂訴上先生在《台灣電影戲劇》一書中提到：鄭成功的幕僚沈光文，為了台灣民眾的娛樂，從大陸南部邀請戲班到台灣演出。

　　以上這些記載，說明明末時期福建的民間歌舞和戲曲已傳到台灣。閩南最有代表性的劇種是梨園戲，在明代已經成為獨立的聲腔劇種，明末清初傳入台灣，成為台灣最有影響的劇種之一。梨園戲因以南管音樂為聲腔，在台灣被稱為「南管戲」。此外，傀儡戲、潮州的潮劇等也相繼傳入台灣，為以後台灣戲曲的發展奠定了一定的基礎。

　　清中葉後期北管戲傳入台灣，形成了台灣戲曲南北音樂的兩大

系統，之後傳入台灣的四平戲、高甲戲等劇種，也由於音樂所屬的聲腔不同，逐漸被分為南北，使台灣南管戲和北管戲的名稱產生了廣義和狹義的兩種含義。狹義的南管戲指梨園戲，廣義的南管戲包含梨園戲、高甲戲、潮州戲、白字戲等以南管為聲腔的劇種。狹義的北管戲指亂彈，廣義的北管戲包含了亂彈、四平、正音（京劇）等北方劇種。

2. 日據時期的台灣戲曲（1895年－1945年）

日據時期的社會環境發生了很大的變化，自然會影響到台灣戲曲的發展。1895年到1935年，日本對台灣的舊俗採取寬容的政策，並不強加干涉，民間戲曲中的亂彈、四平、梨園、布袋、高甲、白字戲、傀儡、車鼓、採茶、皮影等戲非常活躍。京劇作為一種綜合性較高的藝術，它的審美典範成為台灣戲曲的榜樣。加上鄉紳宦官的推崇，更直接影響了其他劇種的發展。日據前期形成的歌仔戲是唯一產生於台灣的戲種，在20年代發展得已經相當成熟，逐漸取代其他劇種的地位，成為台灣第一大劇種。1936年到1945年，是台灣戲曲面臨最嚴峻危機的階段。日本進入戰時緊急狀態，經濟上瘋狂搜刮的同時，文化上也強制推行皇權化的政策。民間戲曲受到很大的傷害，大部分傳統戲曲劇團被迫解散，台灣戲曲處於萬馬齊喑的境地。

3. 光復後台灣戲曲的曲折（1945年－1970年）

1945年抗戰勝利，台灣回歸祖國的懷抱。被壓抑太久的台灣人民，以極大的熱情投入到中國傳統文化的恢復中，民間戲曲復甦，職業劇團數量不斷增多。大陸不斷有優秀的劇團和演員赴台演出，如受邀赴台演出的上海京班「張翼鵬劇團」和「顧正秋劇

團」,對台灣京劇的傳承和發展造成了重要的作用,成為京劇藝術在台灣的主要奠基者。就在戲曲迅速發展之時,1947年又發生了「二二八」事件,大部分台灣戲曲停止演出。到1949年國民黨退台,「官方戲曲」成為這時期台灣戲曲的主體。在各種戲曲中,京劇被尊為「國劇」,台灣當局十分重視京劇的發展,成立「國立藝專」、「空軍大鵬戲劇學校」多所京劇院校,培養京劇人才,使京劇成了名副其實的「國劇」。1960年到1970年是台灣京劇的蓬勃發展階段。單就舞台演出來說,它甚至可以說是台灣當代京劇的全盛時期。「全盛」的含義著重體現在這樣的幾個方面:第一,軍中京劇團名角如雲、演出頻繁。第二,「復興劇院」和「軍中小班」的人才逐漸長成。第三,大陸赴台的資深藝人與台灣自己培養的新人長期合作,共同為台灣京劇寫下了絢爛的一頁。

　　台灣土生土長的歌仔戲是擁有最多觀眾的劇種,在50年代形成高峰期時,有多達五百多個劇團的記錄,但是卻沒有一個官辦的劇團(至90年代後宜蘭縣才成立一個官辦「蘭陽歌劇團」)和一所學校。可見京劇作為「國劇」的重要地位。

4. 探索轉型期的台灣戲曲(1970年代後)

　　1970年代後,台灣社會已進入經濟起飛時期,電影技術的革新、電視的普及、歌舞業的擴大,娛樂形態趨於多元化,原來的戲曲觀眾日趨減少,民間戲曲受到了嚴重的打擊,民間戲曲一統天下的局面結束了。

　　台灣戲曲進入了探索轉型的新的歷史時期,尋找傳統藝術與現代生活的切合點。利用傳播手段把傳統戲曲傳播出去,如布袋戲藝師黃俊雄率先把布袋戲引入電視傳播,在「金光戲」(60年代興起的,利用霓虹燈、流星管、噴火焰,使用機關等現代特技)的基

礎上，結合電視手段，達到讓觀眾耳目一新的效果。電視布袋戲的興起，使得金光布袋戲進入了高峰。

台灣擁有眾多觀眾的歌仔戲，也進行了新的變革。1979年，以楊麗花為主的歌仔戲首度以改良歌仔戲的新穎形式在電視上出現，帶動了人們再一次對民間戲曲的關注。1981年楊麗花電視歌仔戲在孫中山紀念館演出《魚娘》，可以說翻開了歌仔戲發展的新的一頁。這一時期的歌仔戲，以演出場地來看可成為「現代劇歌仔戲」，就藝術品質來說可以稱為「精緻歌仔戲」。

台灣民間戲曲走過了三百年的歷史，歷史上的每一個時期的移民都帶動台灣戲曲的發展，而每一次社會變遷也都引起台灣戲曲的思變。雖然它已走過輝煌時期，但它還將繼續延續下去，求新求變，與民眾生活融為一體，只要中華民族文化不息，民間戲曲的精髓將永遠流傳下去。

第二節　兩岸戲曲種類

一、大陸戲曲種類

中國戲曲之母是崑劇，也稱為崑曲，繼而出現大量戲曲劇種，據不完全統計，中國戲曲劇種大約有360多種。新中國成立後，又出現許多改編的傳統劇，新編歷史劇和表現現代生活題材的現代戲。比較流行的劇種有：秦腔、京劇、越劇、黃梅戲、評劇、豫劇、越調、崑曲、粵劇、川劇、淮劇、晉劇、漢劇、湘劇、潮劇、閩劇、祁劇、莆仙戲、河北梆子、湖南花鼓、呂劇、花鼓戲、徽劇、滬劇、紹劇等六十多個劇種。大陸五大劇種通常指京劇、越劇、豫劇、評劇、黃梅戲。下面簡單介紹一下這五大劇種：

1. 京劇

　　康熙、乾隆年間，「四大徽班」（三慶、四喜、和春、春台）進京後，與來自湖北的漢調藝人合作，同時接受了崑曲、秦腔的部分劇目、曲調和表演方法，又吸收了一些地方民間曲調，透過不斷的交流、融合，最終形成京劇。盛行於1930、40年代，時有「國劇」之稱。京劇是目前影響力最大的劇種，與豫劇、越劇同為中國戲曲三鼎甲（京劇位居榜首），已有200多年的歷史。它的行當全面、表演成熟、氣勢宏美，是近代中國漢族戲曲的代表。2010年11月17日京劇被列入「人類非物質文化遺產代表作名錄」。

　　京劇較擅長於表現歷史題材的政治和軍事鬥爭，故事大多取自歷史演義和小說話本。既有整本的大戲，也有大量的摺子戲，此外還有一些連台本戲。京劇角色的行當劃分比較嚴格，早期分為生、旦、淨、末、丑、武行、流行（龍套）七行，以後歸為生、旦、淨、丑四大行。

代表人物：有梅蘭芳、尚小雲、程硯秋、荀慧生「四大名旦」。當代著名演員于魁智、張建國、趙葆秀、尚長榮等。

京劇經典劇目：《霸王別姬》、《白蛇傳》、《貴妃醉酒》、《群英會》、《楊門女將》、《借東風》、《玉堂春》、《九件衣》、《文昭關》、《望江亭》、《徐策跑城》、《轅門斬子》、《四郎探母》、《紅鬃烈馬》、《趙氏孤兒》、《文姬歸漢》等。

2. 豫劇

豫劇是中國最大的地方劇種，僅次於京劇。豫劇，是在河南梆子的基礎上，不斷進行繼承、改革和創新發展起來的。新中國成立

後，因河南簡稱「豫」，被官方正式命名為豫劇。從1940年代到1960年代，是豫劇發展的鼎盛時期，影響力十分廣泛，是21世紀後擁有專業戲曲團體和從業人員數量最多的劇種。1950年代，導演楊蘭春、作曲王基笑開闢了一條豫劇現代戲道路，創造了以《朝陽溝》為代表的反調唱法，被稱做「現代戲流派」，是豫劇中的歌劇，《朝陽溝》成為一部不可複製的經典。

豫劇劇目多取材於歷史小說和演義，如封神戲、瓦崗戲、包公戲等，也有一部分描寫婚姻、愛情、倫理道德的戲。新中國成立

後，出現了描寫現實生活的現代戲。豫劇藝術古今兼納、剛柔相濟、豁達寬厚、有「中和」之美。豫劇角色行當由「生旦淨丑」組成。

代表人物：陳素真、常香玉、崔蘭田、馬金鳳、閻立品、桑振君。

豫劇經典代表劇目有《對花槍》、《鍘美案》、《提寇準》、《劈山救母》、《穆桂英掛帥》、《紅娘》、《香囊記》、《花木蘭》及現代戲《朝陽溝》、《李雙雙》等。

3. 越劇

越劇是流行於浙江一帶的地方戲，是目前中國第二大地方劇種。越劇源於浙江嵊縣的「的篤班」，1916年左右進入上海，以「紹興文戲」的名義演出。1938年後採用「越劇」這一名稱。從最初的男子越劇演變為女子越劇，發展中吸取了崑曲、話劇、紹劇等劇種表演藝術之特色，長於抒情，以唱為主，委婉優美動聽，表演真切感人，極具江南靈秀之氣。多以「才子佳人」題材為主。1953年底，越劇電影《梁山伯與祝英台》作為新中國的第一部彩色戲曲藝術片拍攝竣工。在日內瓦會議期間，此片被周恩來總理多次用來招待各國政要和記者，被讚譽為「東方的《羅密歐與朱麗葉》」，享譽世界的小提琴協奏曲《梁祝》亦源自越劇唱腔。電影《梁山伯與祝英台》擴大了越劇在國內外的影響，捧紅了一個劇種。1962年攝製完成的電影《紅樓夢》在80年前後轟動一時，可謂空前絕後。自此，一曲《天上掉下個林妹妹》傳唱大江南北。

越劇《西廂記》尹桂芳飾張生

代表人物:「越劇十姐妹」,包括袁雪芬、尹桂芳、筱丹桂、范瑞娟、傅全香、徐玉蘭、竺水招、張桂鳳、徐天紅、吳小樓。

越劇經典代表劇目：《祥林嫂》、《梁山伯與祝英台》、《紅樓夢》、《西廂記》、《五女拜壽》、《陸游與唐琬》、《孔雀東南飛》、《追魚》、《情探》、《打金枝》等。

4. 評劇

　　評劇是流傳於中國北方的一個地方劇種。清朝末年，在河北灤縣的小曲「對口蓮花落」基礎上形成，後進入唐山，成為「唐山落子」。在北京、天津、河北等華北各省市和東北三省特別流行。1930年代以後，在京劇、河北梆子影響下日趨成熟，1950年以後，以《劉巧兒》、《楊三姐告狀》、《秦香蓮》等劇目在全國產生很大影響。

　　評劇以唱工見長，吐字清晰，唱詞通俗易懂，生活氣息比較濃厚，有民間味鄉土特色的味道，善於表現當代人民生活，為眾多觀眾所喜聞樂見。

評劇《花為媒》

代表人物：新鳳霞、小白玉霜、魏榮元、趙麗蓉、韓少雲、喜

彩苓、花月仙等著名演員。

評劇經典代表劇目：《小女婿》、《劉巧兒》、《花為媒》、《楊三姐告狀》、《秦香蓮》。

5. 黃梅戲

黃梅戲是安徽的主要地方戲曲劇種。黃梅戲原名「黃梅調」或「採茶戲」，清代中葉後形成民間小戲，稱「黃梅調」，用安慶方言演唱，唱腔淳樸流暢，以明快抒情見長，具有豐富的表現力；黃梅戲的表演質樸細緻，以真實活潑著稱。1950年代，在嚴鳳英等人的改革下，表演日趨成熟，發展成為安徽地區地方大戲。一曲《天仙配》讓黃梅戲流行於大江南北，在海外亦有較高聲譽。

黃梅戲《天仙配》劇照（嚴鳳英．王少舫）

代表人物：嚴鳳英、王少舫、張輝、黃新德、吳瓊、馬蘭、韓再芬。

黃梅戲經典代表劇目：《天仙配》、《女駙馬》、《牛郎織女》、《夫妻觀燈柳樹井》、《藍橋會》、《路遇》、《王小六打豆腐》、《小辭店》、《玉堂春》、《西樓會》、《紡棉花》、

《鞦韆架》等。

二、台灣戲劇種類

　　台灣戲曲種類繁多，主要劇種有從福建傳入的梨園戲、高甲戲、福州戲等。還有從民歌基礎上吸收大陸各劇種的唱工、音樂、行頭、道具等而生產的地方戲劇，如歌仔戲、採茶戲、車鼓戲、童子戲等。此外，還有布袋戲、傀儡戲、皮影戲等。國民黨退台後，大陸的京劇、滬劇、越劇、崑曲、蘇州彈詞、粵劇、川劇、漢劇、江淮劇、揚州戲、呂劇、黃梅戲、河北梆子、河南梆子等也隨之傳入台灣，使得台灣戲曲豐富多彩。在這裡，主要介紹一下最具台灣地方特色的歌仔戲和布袋戲。

1. 歌仔戲

　　台灣地方戲中鄉土氣息最濃、最具代表性和擁有廣泛觀眾群體的一種地方戲劇——歌仔戲，是唯一產生於台灣的戲曲劇種。相傳明清時期，漳州薌江一帶的「錦歌」「採茶」和「車鼓」等各種民歌隨著閩南移民東渡到台灣，受到很大的歡迎，民間逐漸出現了演唱「錦歌」的「樂社」和「歌仔陣」。隨後，又融合台灣民間的「七字四言」小曲與中國傳統戲劇的演出形式，逐漸形成一種以閩南語演唱的古裝歌唱劇，即「歌仔戲」。在1920年代，初具規模的歌仔戲又傳回祖國大陸福建閩南地區，盛行一時。由於它流行於福建薌江流域，所以在閩南一帶又稱為「薌劇」，是台灣同胞和福建人民共同培育與喜愛的地方戲曲劇種。

　　初期的歌仔戲是以男女對答清唱為主的小戲，內容多強調忠孝節義，一般無固定劇本。歌仔戲依其表演形式的不同，可分為「落

地掃」歌仔戲、「野台」歌仔戲與「內台」歌仔戲等。其劇目大都源自中國歷史或民間故事，如《陳三五娘》《梁山伯與祝英台》《八仙過海》《濟公傳》等。

　　歌仔戲的代表人物：楊麗花、廖瓊枝、孫翠鳳、葉青。其中，楊麗花的歌仔戲維妙維肖，也是楊麗花把歌仔戲推動到電影歌仔戲、電視劇歌仔戲。

　　台灣歌仔戲的發展歷程同其他劇種一樣，也較為曲折，曾受到日本殖民統治者的破壞。台灣光復後，歌仔戲得以重新發展，其中1950年代成為歌仔戲最輝煌的時期，歌仔戲劇團一度達到230多個，占了當時台灣各種劇團的近一半。此後，隨著社會的進步，受現代文化藝術形式發展的影響，歌仔戲等傳統戲在青年人中不再受歡迎，僅在中老年與社區中流行。1990年10月，台灣成立了「台灣歌仔戲學會」，旨在推動與挽救歌仔戲這一藝術。

2. 布袋戲

　　布袋戲是台灣偶戲中流傳最廣、影響最大的表演類型。布袋戲，起源於福建泉州，明末清初傳入台灣。因演出使用的木偶，形似布袋，故稱「布袋戲」，又因表演中用手指活動來操作，故又稱「掌中戲」。布袋戲，藝術風格純樸，操縱技藝靈巧嫻熟，木偶造型生動，在台灣乃至國際藝壇上享有很高的聲響。布袋戲的種類主要有金光布袋戲、霹靂布袋戲、天宇布袋戲、神魔布袋戲、新世紀布袋戲、奇遼布袋戲。其中，霹靂系列是現今布袋戲中最為風行的一種。因每出劇名皆有「霹靂」二字而得此名。

　　布袋戲的劇本，大多以漢、唐、宋、元、明、清等朝代的民間傳說為題材。日據時期，布袋戲曾被控制與禁演。光復後，這一藝術形式才得以恢復與發展，1960年代還發展成為「金光戲」，即

使用大型戲偶,以唱片、錄音帶等取代後場,重視特殊效果,劇情自由安排,節奏明快。1970年代,布袋戲還一度再顯熱潮。

台灣布袋戲在北京展演

　　布袋戲的代表人物有許王,黃海岱、黃俊卿、黃俊雄、黃文擇等。其中許王被稱為「掌中戲的戲狀元」。許王生於布袋戲之家,父親許天扶是著名的北管雙臂的布袋戲大師。許王繼承了父親創立的小西園掌中劇團,經常在國外巡迴演出,奪得了多項戲劇比賽的冠軍。黃海岱、黃俊卿、黃俊雄、黃文擇可謂是台灣掌中戲第一世家。黃海岱和弟弟一起創立了五洲園掌中劇團,經過苦心經營,成為台灣南部掌中戲的霸主。黃海岱的長子黃俊卿是五六十年代台灣布袋戲的掌中霸主,二兒子黃俊卿表演更是讓台灣觀眾如醉如痴,而現在電視上的「霹靂布袋戲」掌門人就是黃海岱的孫子、黃俊雄的兒子——黃文擇。

三、兩岸戲曲一脈相承

1. 台灣戲曲源頭在大陸

　　台灣戲曲現有歌仔戲、客家大戲、崑曲、京劇、布袋戲等劇種，每個劇種的形成或傳播都與中國大陸息息相關。唯有歌仔戲起源於福建，而形成於台灣外，其他戲曲劇種均由大陸直接傳入。

　　從明末開始，日治之前傳入台灣並流行於台灣的戲曲主要有三類：一、偶戲，包括傀儡戲、布袋戲、皮影戲；二、閩南方言戲曲，包括竹馬戲、梨園戲、潮劇、高甲戲、採茶戲；三、被閩南人稱為「北管戲」的北方聲腔戲曲。閩南人不但把豐富多彩的大陸戲曲帶入台灣，更把閩南人熱愛戲曲的民俗帶到了台灣，使台灣成為民間戲曲的熱土。梨園戲、亂彈戲、四平戲、高甲戲、潮州戲、京劇等，到20世紀初已經走過了成熟時期。這些劇種的戲曲結構、音樂聲腔、劇目內容已相當成熟，演出形式也有一定的規範，又具有各自獨特的色彩。

2. 同根同源歌仔戲

　　在戲曲藝術中，歌仔戲是唯一一個誕生於台灣，又由兩岸藝人培育得以豐富的戲曲的一個劇種。可以說歌仔戲誕生於台灣，但它血脈卻在大陸。明末清初，大量的閩南移民遷移台灣，帶去了「歌仔」，在廣泛傳唱過程中，傳入寶島的「歌仔」融合了當地的民謠民歌，吸收了大陸的民間歌舞戲曲，移植了許多京劇、閩劇的劇目形成了富有台灣特色的歌仔戲。大約從1925年開始，歌仔戲已經開始成為台灣最受歡迎的劇種。

　　1929年，建立了歌仔戲最有名的一個團體——明華園。該團

是台灣歷史最悠久的歌仔戲劇團,擁有81年的歷史,和百年歌仔戲共同經歷了興衰浮沉的歲月。近年來,歌仔戲人氣最旺的劇團是唐美雲歌仔戲團,該團以「承傳統、創新局」為宗旨,2006年9月,唐美雲劇團在台北演出歌仔,給人一種標新立異的印象,展示出歌仔戲以適應現代觀眾審美需要而進行的新嘗試。2007年,該團又以《梨園天神——桂郎君》奪得台灣第42屆廣播電視金鐘獎傳統戲劇獎。在1970年代之後,歌仔戲在它的原生地(宜蘭縣)逐漸衰落了。為弘揚這一最具台灣本土特色的傳統文化藝術,宜蘭縣政府於1992年批准成立蘭陽戲劇團,不僅傳承本地歌仔戲、傳統歌仔戲,而且致力於創新歌仔戲。為了爭取青年觀眾群,還積極到各個城市的社區演出。如今,蘭陽戲劇團的足跡不僅遍及社區,而且走到美國、哥斯達黎加、加拿大、新加坡等國家,將歌仔戲文化推介至海外各地。

歌仔戲不但席捲全台灣,而且跨過海峽,1928年,回到歌仔的原鄉故土——閩南,於是歌仔戲兩岸共同發展。台灣的發展就叫歌仔戲,大陸把它改名叫薌劇。薌劇也發展很快,出現了著名的《三家福》,還有《陳三五娘》,都是名噪一時的作品。1951年漳州市的薌劇實驗劇團成立了,薌劇也成為福建的大劇目之一。

3. 客家大戲與贛、粵的淵源

台灣總人口人數的六分之一是客家人,客家人非常喜歡採茶戲。清代,江西南部的九龍山是全國重要茶區,民眾在採茶製茶時即興唱出的歌曲,吸收當地的民間舞蹈,形成客家採茶戲。晚清時期,由大陸江西南部和廣東北部先後傳入台灣。

早期採茶戲的戲劇情節以《張三郎賣茶》的故事為主。民國初年,客家大戲又被稱為採茶大戲,劇情較之前變得曲折複雜,受到

觀眾的普遍喜愛。然而，20世紀70年代起，隨著電影、電視等多元化藝術性形式的興起，採茶戲也和其他戲曲一樣，面臨嚴峻的生存挑戰。1986年，台灣客家採茶戲名伶鄭美妹的孫子鄭榮興重組其祖母當年的劇團，參加台北夏季露天藝術季演出，受到各界人士的讚譽，劇團也從1988年更名為「榮興客家採茶劇團」。2003年，該團當年推出了大型劇目《喜脈風雲》，這台戲的演出較之前有樂更大的進步。2009年，該團又推出了製作精緻的客家大戲《楊家心臼》，在採用山歌、採茶、九腔十八調的傳統曲調基礎上，汲取「亂彈」「四平」「外江」等音樂元素，音樂曲調更加悅耳動聽，為榮興客家採茶劇團建立21週年獻上了一份滿意的大禮。由於榮興客家採茶劇團的不斷努力，為台灣採茶戲的延續和發展作出了貢獻。近年，榮興客家採茶劇團被台灣苗栗縣列為「無形文化資產傳統藝術之保存團體」。

4. 京劇在台灣發展

京劇在清朝傳入台灣，台灣京劇的發展大體上可分為三個階段：

第一階段為清末，劉銘傳任台灣第一任巡撫時，請京班赴台演出，接著上海、北京和福建的京班也陸續赴台演出，並且在台組班，將京劇這一傳統的民間藝術引進台灣。抗戰勝利，台灣光復以後，內地紛紛到台灣演出，演出了很多的傳統劇目，如《霸王別姬》、《擊鼓罵曹》、《釣金龜》等。這期間，還成立了不少京劇團。這些京劇團的成立，有力地推動了京劇在台灣的發展，把京劇藝術推向了一個高峰，在台盛極一時。

第二個階段是1949年，國民黨退據台灣，帶去祖國大陸不少京劇人才。1950年代，台灣海、陸、空先後成立「三軍京劇

團」，開辦三大京劇學校，為京劇在台發展營造了良好的環境，也為京劇在台灣的推廣，造成了積極的扶植作用。在這個階段，祖國大陸赴台的一些京劇藝人，對於推動台灣京劇的傳承和發展也造成了一定作用，為京劇在台灣的振興作出了不少貢獻，而貢獻最大的則是享有「台灣京劇藝術之母」美譽的顧正秋。1949年，組團去台灣演出而留在台灣，為台灣京劇的傳承、發展，貢獻了她自己的一生。

第三階段1987年，台灣「解嚴」後，掀起「國劇尋根熱」的浪潮。拜師學藝、兩岸互訪、同台演出、合作培育新人等活動日益頻繁，體現了兩岸中國人共同攜手推進京劇的發展與傳承，京劇已成為兩岸中國人聯絡感情的一個重要紐帶。

第三節　兩岸戲曲的現狀與思考

一、大陸戲曲現狀分析

近年來，隨著工商業社會的飛速發展，電影、電視、流行音樂、歌舞及歐美文化的流行，使娛樂結構產生了新的分流，戲曲不再是觀眾唯一的選擇。民間戲曲一統天下的時代結束了。戲曲出現衰退現象，戲曲團體萎縮，戲曲走進低谷，究其根源就是失去了觀眾。據中國藝術研究院調查顯示，80年代中國共有戲曲劇種317個，而2004年中國活躍在舞台上的戲曲劇種約為267個，短短二十多年時間消失了近50個劇種。面對戲曲藝術衰微消亡的基本態勢，原因可以歸結如下：

1. 審美方式與審美對象的變化

現代社會，大眾的審美方式與審美對像已經起了很大的變化。戲曲已經有800年的歷史，隨著歷史的進步，社會的發展，傳統的戲曲與現代工業社會產生了矛盾。在新興的多元化藝術中，戲曲自身的審美吸引力已逐漸減弱，已無力與其他新鮮、深刻或娛樂性強的藝術相抗衡。特別是大眾傳媒體系的全面建立，改變了人們的休閒娛樂方式。傳播體系的社會性、娛樂性、教育性與大眾欣賞相契合，給舞台戲曲造成了極大的生存壓力。

2. 戲曲傳承受限

　　社會不斷進步離不開工商業的發展，而工商業的發展需要更多的城市勞動用工，很多農村子弟紛紛湧入城市，成為城市一分子。年輕人擇業的空間越來越大，機會也越來越多，他們可以從事各種高於演員職業的報酬。一般年輕人不願意從事戲曲表演，民間戲曲的傳承受到了很大的限制。

　　再次，全民教育的普及與提高，人們不再需要像過去那樣，從戲曲演出中獲取知識，接受教育。加上一些戲曲傳達的感情，已與年輕人的思維有了一定的距離，很難產生情感的共鳴，所以年輕觀眾越來越少。

　　這裡有客觀原因，當今社會快速發展，人們的娛樂和休閒生活呈現多元化，但更重要的是，戲曲沒有創作出更多的受觀眾喜愛的劇目，戲曲創作與時代脫節了，就會失去戲曲賴以生存的基礎——觀眾。

二、大陸戲曲現狀思考

　　如何改變戲曲藝術衰微消亡的基本態勢，實現戲曲藝術的「新

發展」和「新突破」,已成為應當思考和探索的緊迫課題。

1. 抓住觀眾

戲曲是演給人看的,戲曲的創作演出應當為觀眾而存在,失去了觀眾,戲曲就成了無源之水、無本之木。因此戲曲創作必須考慮觀眾的需求,自覺地受觀眾的制約。

中國的戲曲藝術歷來重視在舞台上塑造栩栩如生的藝術形象。傳統戲曲時刻不忘觀眾。過去的戲曲編劇在選材時,大都取材於廣大群眾喜聞樂見的歷史故事、民間傳記及社會上的新聞等,以此來引起觀眾的興趣。以觀眾的欣賞需要為目的,承認觀眾的存在,重視觀眾的需求,就是尊重戲曲的藝術規律。綜觀戲曲舞台上歷來產生的大批優秀劇目,正是遵循藝術規律、以觀眾為出發點、發揮戲曲獨特的表現手段,才會深深地打動群眾,受到觀眾的好評。

戲曲藝術以觀眾為中心必須堅持思想性、娛樂性、群眾性三結合的原則。首先,它有很強的思想性,表演要深入淺出、寓教於樂;講究娛樂性,要求演出聲情並茂、載歌載舞,唱、念、做、打俱佳;講究群眾性,不能曲高和寡,要做到雅俗共賞、平易近人,才能受到觀眾的歡迎。福州閩劇院的新編歷史劇《蘭花賦》,就是一部既能取得豐厚經濟回報又能讓觀眾愛看的戲。從觀眾審美趣味出發,幾經易稿、修改排練,終於把將《蘭花賦》打造成一出有著驚心動魄的故事情節、清新高雅的歌舞場面、優美動聽的唱腔設計的好戲。《蘭花賦》自2001年參加中國第七屆戲劇節取得成功後,一直活躍在城鄉的演出市場,受到觀眾厚愛,觀眾普遍反映這個戲劇本編得好、導演導得好、演員演得好,這齣戲的成功說明,戲只有編得生動感人才能受到觀眾的歡迎。

2. 創作出好作品

近年來戲劇日趨萎縮，除了客觀因素之外，沒能創作出好作品來吸引觀眾也是一個重要因素。創作與時代脫節，與觀眾的審美需要脫節。《蘭花賦》敘述一個反貪的故事，故事內容恰恰與當今社會老百姓所關心的熱門話題——反腐倡廉相切合，引起觀眾的強烈共鳴。戲曲創作不僅要把觀眾當作參與對象，還要把觀眾當作戲曲創作中的一員。如果說編、導、演只完成創作任務的第一階段，那麼戲曲創作的第二階段，必須透過觀眾的觀看（共同創作），透過觀眾這個審美者的最後評判，才能算完成戲曲的最後創作。如《蘭花賦》的演出，從最初排練到最後參加會演，歷經十幾次的修改，都是不斷地聽取觀眾提出的意見和建議，不斷地進行修改的過程。觀眾積極的參與，提的寶貴的意見，是《蘭花賦》取得成功的關鍵因素之一。

然而，有些戲曲團體為了參加會演獲獎，不惜花費大量的人力、物力、財力和時間，排練會演節目，一味地追求大製作，舞台美術設計極盡奢華，動輒花上幾十萬，甚至幾百萬，獲了獎。可是，觀眾不肯看這樣的戲，會演之後就偃旗息鼓，將好不容易排出來的戲束之高閣。就是因為在創作排演時忽視了觀眾的需要，忽視了觀眾這一最基本的原則。不僅勞民傷財，而且會斷送戲曲的前程，必須引起足夠的重視。

藝術源於生活，戲曲是千百年來在勞動人民的勞動和生活中產生的藝術，它是因觀眾需要而存在的，戲曲演出依賴著觀眾，戲曲創作是在觀眾共同參與下完成的。要以觀眾的需求作為戲曲藝術創作演出的出發點，只有這樣做，戲曲藝術才能得到真正發展。

第四節　兩岸戲曲的交流與合作

　　由於特殊的政治原因,海峽兩岸的阻隔,使兩岸戲曲交流也出現了斷層,台灣的戲曲不能再直接吸收祖國大陸戲曲母體的養分,因此,發展受到嚴重阻礙。在相當長的一段時間裡,台灣要想看祖國大陸的戲曲表演,大陸想要看台灣的戲曲表演,都是一件極為奢侈的事情。從1949年到現在,台灣戲曲與台灣其他文化藝術形式一樣,其與祖國大陸都經歷了「地下交流」、「化暗為明」、「單項交流到雙向交流」這樣一個過程。

　　在這裡主要介紹一下在台灣產生的歌仔戲和頗具影響力的京劇。

一、歌仔戲的兩岸情緣

　　歌仔戲從誕生之日起,已經走過了80多個年頭,它所經歷的曲折和裂變,深深牽動著兩岸人民的情感。包容閩台歷史、地理和風尚的歌仔戲融合了兩岸人民的心聲。歷史的分分合合,總是讓血親相連的骨肉心牽魂縈,在悲歡離合的歌仔戲故事中,悲多於歡,離多於合。

　　真正兩岸藝術家交融的年代,只有二三十年代這20年。在這寶貴的20年的時間,歌仔戲回到了故土,閩南人把它視為本地代表性的地方劇種。在流傳的過程中,民間藝術家們又在它的基礎上不斷地豐富和發展,而台灣的民間藝術家們,在將歌仔戲帶入廈門之後,在廣泛傳播的過程中,又吸收了閩南藝術家豐富的表演內容和表演手段,然後又將它帶到台灣。兩地的歌仔戲就是這樣不斷地融合,不斷地發展,從而使歌仔戲迅速地適應兩地觀眾的欣賞要求

和欣賞興趣。

1949年後，海峽兩岸對峙。兩岸歌仔戲走了30多年的不同的路。不同的政治、社會、經濟背景，使同根文化產生了異樣的走向。80年代伊始，物質生活開始好轉的閩南沿海居民，打開黑白電視機，突然驚喜地發現，電視裡還能收到台灣電視歌仔戲。一時間楊麗花、葉青成為家喻戶曉的人物。許多人被肝膽俠義的武林高手所吸引，被英俊瀟灑的女小生所迷醉。台灣電視歌仔戲闖入禁區，飛越海峽，帶來了30多年分離後既熟悉又陌生的音像。台灣電視歌仔戲以其劇情曲折，特技變換精巧，演員嫵媚，與閩南舞台歌仔戲表演不同使觀眾感到新鮮。在當時只能看到電視歌仔戲的時候，電視歌仔戲自然成為台灣歌仔戲的代表。閩南觀眾在分割30多年後第一次把兩岸的歌仔戲進行比較，發現在表演和唱腔上存在著很大的差別。海峽兩岸第一次單方面的空中交流已經出現了。

1987年，台灣在內外壓力下，終於解除了實施長達38年之久的「戒嚴令」。在歌仔戲悲歡離合的劇情中，浸潤著海峽兩岸血脈交融的生命史。海峽兩岸衝破阻隔，同根同源的歌仔戲成為兩岸文化交流的一大亮點，歌仔戲也迎來了發展的黃金時期。

自1990年起，兩岸文化交流開始明朗化，台灣同胞回到大陸尋根溯源。同根共源的歌仔戲成為兩岸共同關心的焦點。1990年，廈門市台灣藝術研究所舉辦了「閩台地方戲曲討論會」，邱坤良、王振義、王瑞谷等台灣戲曲界和音樂界12位專家學者到會，在兩岸引起了強烈的反響。歌仔戲是此次研討會的重要議題之一。針對歌仔戲在閩南和台灣的發展差異，與會者從多方面進行了分析。台灣專家認為，閩南歌仔戲經歷了40年的變化後，反而保留更多精緻的面貌。台灣由於近年來受到其他藝術和西方文化的衝擊，反而不如大陸保存的古韻多；也有學者認為，大陸文人的參與太厲害，使歌仔戲失去了淳樸粗獷的風格。這是第一次真正坐下

來，真誠地探討，對兩岸歌仔戲複雜的歷史現象進行了深刻的剖析。雖然其間也有觀念上的爭論和觀點上的分歧，也有對對方理解上的差異，但已經走向共同參與、全面探討歌仔戲歷史的第一步。這是兩岸歌仔戲在分割40年後的首次交流表演。

在學術交流研討熱中，台灣一些歌仔戲表演團體也衝破政策的限制。1990年，北京亞運會期間，台灣最具代表性的歌仔戲劇團「明華園」率先赴大陸演出。1995年，福建省潮州市薌劇團率先跨過海峽，實現了雙向交流。台灣《民生報》寫道：「大陸歌仔戲來了」，「相隔40餘年，第一支大陸歌仔戲帶著『同源同曲』心情抵台，來自福建的漳州歌仔戲團主要演員昨日率先亮相。《自由時報》寫道：「潮州歌仔戲團終於克服若干波折後來台，成為第一支叩響台灣地方劇種的大陸歌仔戲團。」在台期間，兩岸歌仔戲界進行了多種形式的交流比較。最引人矚目的是，潮州薌劇團與蘭陽歌劇團聯袂演出了邵江海的力作《謝啟娶妻》。這是隔絕46年後最具有歷史意義的第一次合演。聯合演出讓兩岸的藝術家有了真正相互瞭解、相互學習的機會，取得了較好的效果，也在觀眾中引起了較大的反響。

兩岸殊途同歸，只有一個願望，就是如何發揚光大兩岸共同培育的歌仔戲，也只有兩岸的共同攜手，歌仔戲才會不斷突破，出現生機，在多元組合的藝術天地裡求得新發展。

二、兩岸京劇交流

自清朝以來，京劇在兩岸藝人的共同努力下，不但取得了很大的藝術成就，而且在國內外都享有盛名。但由於各自的具體歷史條件、社會背景和生活環境、意識形態和傳承渠道不盡相同，因此，在發展上也有某種不同特色。

早在台灣解嚴前，祖國大陸的京劇錄影帶由票友自香港帶往台灣，借給劇團的演員們看。以後，逐漸在台灣島內京劇界盛行，幾乎發展到了「化暗為明」的境地。一些唱片走私進島，尤其一些片商，大量翻拷，十分暢銷。一些思想開放的劇團，主動蒐集拷貝大陸系列影像，供台灣演員參考。參考學習祖國大陸的唱功、身段，甚至連舞台觀念也都有所改變。對於台灣的京劇演員來說，正好彌補了演員的「學」和「看」的不足，認識到祖國大陸傳統戲曲的博大精深。

　　隨著兩岸文化的進一步展開，兩岸京劇界的交往也化暗為明。演員之間的接觸，也越來越頻繁。1990年，郭小莊到北京訪問，在京期間，她和祖國大陸名演員袁世梅、李世濟、梅葆玖、葉少蘭，以及中國京劇院院長呂瑞明等，共同切磋技藝，就京劇的發展與革新等問題，進行了座談。1992年，第八屆《中國戲劇》「梅花獎」得主王海波，作為裘派系的徒孫，專程從台灣飛抵上海，參加由上海藝術研究所主辦的裘派戲表演藝術研討會。會上，她激動地表示：「我殷切地希望大陸的京劇藝術家和京劇理論家，能到台灣去演出，去講學，也希望像今天這樣的高水平的表演藝術研討會能在台灣舉行。」以後，隨著兩岸交流熱潮的進一步深入，台灣京劇界一些名伶紛紛到大陸尋根，拜師學藝。如：台灣著名花臉王海波拜方榮翔為師，青衣魏海敏拜梅葆玖為師，都表示了她們希望得到正宗傳承的願望。

　　1993年，應台灣中華文化發展基金會的邀請，北京京劇院組成了一行68人的赴台演出團。在台北市中山堂進行了14場演出，作為50年來祖國大陸京劇首次赴台演出的京劇團。他們的到台，在台灣引起了轟動，收到台灣各界人士及廣大觀眾的熱烈歡迎。同年5月，有呂瑞明院長領隊，袁世梅、杜近芳為藝術顧問的中國京劇院赴台演出團一行97人，也分兩批登上寶島台灣。分別在台北、台中、台南演出了16場、30個劇目，大多以傳統戲為主。如

《楊門女將》、《春早闖堂》、《白蛇傳》、《群英會》、《龍鳳呈祥》等，全面展示了40多年來中國京劇院在繼承傳統藝術方面的碩果。祖國老、中、青三代的強大陣容，人才濟濟，名角薈萃，劇目豐富，以傳統劇和創新劇的精彩表演，在整個台灣島引起了異常強烈的反響，使台灣觀眾大飽眼福。

　　祖國大陸專業人員赴台同時，台灣的京劇演員也前來大陸一展絕活兒。1995年春節，王海波與梨園好友姜竹華、孫麗虹和朱陸豪等人，一起赴山東，與山東京劇院在濟南、濰坊、淄博3市作了5天7場的演出，場場觀眾爆滿，反應十分強烈。由此可見，兩岸藝人同台獻藝的合作方式是備受歡迎的。

　　近年來，隨著交流向縱向發展，兩岸京劇的交流已不僅限於登台演出和技藝指導上，請祖國大陸藝人到台任教培養新人已取得了初步成果。海峽兩岸京劇界的交流和交往，對擴大京劇的影響，增加兩岸同胞的聯繫和感情，造成了相當大的作用。

第二章　戲劇名家和戲曲節漫談

　　各個時期的戲曲名家為戲曲這一中國傳統的藝術奇葩的傳承作出了巨大的貢獻，用堅實的舞台功底和精湛的表演技巧演繹著戲裡的故事，即使歷經百年滄桑、歷史巨變，依然錘煉出家喻戶曉、膾炙人口的經典名段。在此僅對現當代戲曲名家作以簡單介紹。

第一節　大陸戲曲名家

一、京劇「四大名旦」之首：梅蘭芳

　　梅蘭芳原籍江蘇泰州，1894年出生在北京的一個梨園世家。梅蘭芳10歲就登台演出《天仙配》，攻花旦。在北京舉行京劇演員評選活動中，剛剛16歲的梅蘭芳名列第三名探花。1913年他首次受邀到上海演出，第一台演出了《綵樓配》《玉堂春》《穆柯寨》等戲，贏得滿堂彩，初來上海就風靡了整個江南。梅蘭芳在獲得精彩演出成就的同時，還吸收了上海文明戲、新式舞台、燈光、化妝、服裝設計等改良成分，返京後創演時裝新戲《孽海波瀾》。梅蘭芳曾先後三次到上海演出。

1915年，梅蘭芳不斷排演新劇目，在京劇唱腔、念白、舞蹈、音樂、服裝上均進行了大膽的獨樹一幟的藝術創新，被稱為梅

派大師。1918年後，移居上海後的梅蘭芳，戲劇藝術達到了爐火純青的頂峰時代，在探索藝術創新的同時，梅蘭芳集京劇旦角藝術的大成，綜合了青衣、花旦、刀馬旦的表演方式，創造了醇厚流利的唱腔，形成獨具一格的梅派。

1919年，梅蘭芳應日本東京帝國劇場之邀赴日本演出，演出了《天女散花》《玉簪記》等戲。1921年編演新戲《霸王別姬》。

1927年，北京《順天時報》舉辦中國首屆旦角名伶評選，梅蘭芳憑藉深厚的功底、圓潤的嗓音、秀美的扮相，與程硯秋、尚小雲、荀慧生一同被選舉為京劇四大名旦。

1930年春，梅蘭芳率團赴美國，在紐約、芝加哥、舊金山、洛杉磯等市獻演京劇，獲得巨大的成功。報紙評論稱，中國戲不是寫實的真，而是藝術的真，是一種有規矩的表演法，比生活的真更深切。

1931年「九·一八」事變後，梅蘭芳遷居上海，他排演《抗金兵》《生死恨》等愛國劇目，積極宣揚愛國主義。1935年他曾率團赴蘇聯及歐洲演出並考察國外戲劇。在京劇藝術家中，梅蘭芳出訪最多。也是接待外國藝術家最多的，他把中國京劇表演藝術和藝術家謙遜、樸實的優秀品質傳遞給了各國人民，被人們稱為1920年代至50年代中國京劇藝術的文化使節。

1937年，抗戰爆發後，日本帝國主義想借梅蘭芳收買人心、點綴太平，幾次要他出場演出均遭拒絕。梅蘭芳考慮到在上海不能久留，遂於1938年赴香港。他在香港演出《梁紅玉》等劇，激勵人們的抗戰鬥志，積極投入到愛國主義的宣傳中去。1941年香港淪陷後，他安排兩個孩子到大後方讀書，自己於1942年返回上海。

1945年，抗戰勝利後，梅蘭芳在上海復出，常演崑曲。1948年拍攝了中國第一部彩色戲曲片——《生死恨》。1950年，回北京定居，任文化部京劇研究院院長，1951年，任中國戲曲研究院院長，1952年，任中國京劇院院長，並先後當選為全國人大代表。1955年，梅蘭芳拍攝了《梅蘭芳的舞台藝術》，收入各個時期的代表作《宇宙鋒》《斷橋》等生活片段和在工廠、舞台演出的《春香鬧學》等戲的片段。1956年，率中國京劇代表團到日本演出。1959年6月，已年近65歲的梅蘭芳在北京演出《穆桂英掛帥》，作為國慶十週年的獻禮節目。1961年8月8日在北京去世，走完了他的一生。

　　梅蘭芳是「四大名旦」之首，同時也是享有國際盛譽的表演藝術大師，他的表演被推崇為「世界三大表演體系」之一。具有代表性的表演作品：京劇有《貴妃醉酒》、《霸王別姬》、《打漁殺家》、《天女散花》等；崑曲有《遊園驚夢》、《斷橋》等。同時，著有論文編《梅蘭芳文集》，演出劇目編《梅蘭芳演出劇本選集》。先後培養、教授學生100多人。梅蘭芳集京劇旦角藝術的大成，綜合青衣、花旦、刀馬旦的表演特點，創造出自己特有的表演形式和唱腔——梅派。

二、頭牌京劇老生：于魁智

　　于魁智，於1961年出生在一個普通的工人家庭。自小受到當音樂教師的母親啟發誘導，加上與生俱來的音樂天分，未滿10歲就被瀋陽京劇院選入，開始學京劇，在楊元詠、黃雲鵬等名師的精心培育下，在唱、念、做、打各方面均打下紮實的基礎。13歲的于魁智在現代京劇《大櫓歌》中擔任主角，連演百餘場次，受到廣泛好評，從此他愛上了京劇。為了進一步深造京劇藝術，也在強烈的求學慾望促使下，1978年9月，憑藉其紮實的功底和刻苦的努

力，以優異成績考取中國戲曲學院，成為當年表演系面向全國僅招收兩名老生學員的其中一個。

于魁智嗓音高亢圓潤，蒼勁厚實，演唱講究韻味，聲情並茂，

在1987年舉辦的首屆全國青年京劇演員電視大賽中，榮獲最佳表演獎，成為喜歡京劇的人們心中的明星，成了不喜歡京劇的人們眼裡的名人。

多年來，除了在全國各地巡迴演出，于魁智數次率團赴港澳台演出，多次出訪亞洲、非洲、歐洲、美洲等國家，為傳播中華文化作出了積極貢獻。1996年6月，赴美國夏威夷為張學良將軍祝壽；從1993年起，他多次赴台灣演出，被台灣《中時晚報》譽為「最具票房魅力的青年文武老生」；在1996年，在香港個人領銜連演五場文武大戲時，被香港《信報》一篇名為《美哉，于魁智》的戲評寫道：「于魁智嗓子確實很好……但並不光憑天賦本錢，而是在行腔韻味上下功夫，牢牢掌握分寸，不多一絲，不少一分。」2004年，在世界音樂之都——奧地利維也納金色大廳唱響國粹之聲，開中國京劇藝術之先河。

于魁智代表劇目《打金磚（上天台）》、《奇冤報》、《伍子胥》、《楊家將》、《擊鼓罵曹》、《四郎探母》、《紅鬃烈馬》、《龍鳳呈祥》、《野豬林》、《滿江紅》、《彈劍記》、《群英會·借東風·華容道》、《打漁殺家》等。從1972年的京劇啟蒙，到2004年的大型京劇交響史詩《梅蘭芳》，再到2005年的新編京劇《袁崇煥》，再加上新編歷史劇《赤壁》中諸葛亮的表演。于魁智已經在京劇之路上走過了30多年，為國粹京劇事業的振興而不懈地努力著。

三、豫劇皇后：常香玉

常香玉，河南鞏縣人，1922年出生，2004年逝世。出身於藝人家庭，九歲時跟隨父張福仙搭班學戲，拜翟燕身、周海水為師，練就了「吐字重而不死，輕而不飄」的絕功。十歲登台，十三歲主

演6部《西廂》，名滿開封。豫劇《花木蘭》使常香玉風靡藝壇。1948年在西安創辦香玉劇社，致力於培養青年演員。1951年為支援抗美援朝，率劇社在西北、中南、華南各地演出，以演出收入捐獻「香玉劇社號」戰鬥機一架。

常香玉的唱腔舒展奔放，吐字清晰；她的表演細膩灑脫，在表達人物內在的思想感情上，細緻入微，一人一貌，栩栩如生。她表演的豫劇《拷紅》《白蛇傳》《花木蘭》《破洪州》《大祭樁》《五世請纓》等諸多劇目家喻戶曉，被譽為「豫劇皇后」。博採眾家之長，把風格不同的各種豫劇唱腔——豫東調、祥符調、沙河調等，融會於豫西調中，而且廣泛吸收京劇、評劇、秦腔、河北梆子及河南墜子等劇種和曲藝的聲腔技巧，獨創新腔，成為豫劇中的一支主要流派——常派。

為了讓戲「順民心，反映時代」，在改造傳統題材的同時，積極演繹現代戲。《拷紅》《白蛇傳》《大祭樁》等傳統劇目的改編，使歷史與時代產生強烈的共鳴，成為常派藝術的傳世之作。《朝陽溝》《李雙雙》《紅燈記》等現代戲的探索，讓常派藝術煥發出新的光彩。

常香玉代表作有《花木蘭》《拷紅》《斷橋》《大祭樁》《人歡馬叫》《紅燈記》等。從藝70年，常香玉把對豫劇藝術永無止境的追求當作自己生命的全部，使一個鄉間小戲成為中國第一大地方劇種，不僅唱遍黃河兩岸、大江南北，而且走出了國門，擁有億萬觀眾和戲迷。正是憑著對豫劇藝術的執著追求，常香玉才成為現代豫劇一代宗師。

第二節　台灣戲曲名家

一、布袋宗師：黃海岱

　　黃海岱，1901年出生於台灣雲林，11歲，黃海岱被父親黃馬送到學堂讀漢學，建立起文學、音樂的基礎。16歲進入父親黃馬的「錦春園」布袋戲班，與其弟程晟（母姓）跟隨父親學習布袋戲，18歲時黃海岱已可獨當一面。

1930年，執掌布袋戲班的黃海岱把父親的「錦春園」改名為「五洲園」。憑藉其較強的創新精神和特殊的文學、音樂修養，使

他在藝人中脫穎而出，能演能唱能寫，「紅岱師」的聲名逐漸傳開。中日戰爭爆發後，發布禁演令，日本批准五洲園等7個較有名的布袋戲班演出，但規定只能演「皇民化布袋戲」，禁止使用及傳播中國文化。

　　1945年台灣光復後，布袋戲再度盛行，五洲園轉演戲院戲，加大了戲偶，為了取得更好的舞台效果，設立體布景，運用燈光變化與音響效果。劇本取材以反映江湖恩怨、武林正邪鬥爭的連續劇為主。由於劇情環環相扣，懸念不斷，吸引眾多的觀眾，戲院場場滿座。五洲園漸漸成為台灣島內最具勢力的布袋戲團。1960年代初期，黃海岱開始交棒給其長子黃俊卿與二子黃俊雄。長子黃俊卿是60年代戲院戲的霸王；次子黃俊雄在70年代借助電視媒體，成為台灣布袋戲的新盟主。

　　這位台灣「布袋戲王」，歷經台灣布袋戲百年風華，能說能寫能畫，使其在表演、編劇、作曲、雕像方面都有卓越造詣。他創建的五洲園，將古老的偶戲藝術與現代聲光科技巧妙結合，並拓展了多媒體文化，在台灣影響深廣。作為台灣「傳統戲曲界最有文學根基、音樂修養」的藝人，加之多年對布袋戲的實踐與探索，台灣當局授予了已屆不惑之年的黃海岱「金爵獎」等至高獎項。1999年，更獲得全球中華文學藝術薪傳獎、終身奉獻獎。

二、梅派在台再傳弟子：魏海敏

　　1957年生於台北，祖籍河北省清宛縣。自幼年起，她就在台北海光劇校學戲，初學刀馬旦後習青衣。因她扮相俊美，嗓音亮麗，領悟力強，對京劇頗有造詣，所以一畢業就成為海光國劇團的當家青衣、花旦。虛心上進的她，又於1982年進入藝專進修。1986年，她加入當代傳奇劇場，主演的《慾望城國》、《樓蘭

女》、《奧瑞斯提亞》等莎士比亞戲劇改編的京劇劇目，在國際上引起了很大的轟動。1991年，業已成名的魏海敏仍虛心地師從梅蘭芳兒子梅葆玖先生，成為台灣第一位梅派弟子。魏海敏說，透過跟隨梅先生同台演出，她學到了很多東西，風格也逐漸成熟。1994年，為慶祝梅蘭芳百年誕辰，魏海敏與梅葆玖同台演出《太真外傳》，師徒同台一時成為梨園佳話。1996年，她在北京獲得第十三屆中國戲曲梅花獎，這無論對梅派、對台灣京劇、對魏海敏的成功都具有非同尋常的意義。在2010年6月，魏海敏來到上海，參加上海世博會「兩岸城市藝術節——台北文化週」演出活動，主演新編京劇《金鎖記》。魏海敏飾演劇中既可恨又可憐的女主角曹七巧，她透過曹七巧生命中的幾個重大事件：兩場婚禮、兩場麻將、兩段「十二月小曲」、兩段吃魚，把曹七巧一生虛實、真假、悲喜的變化凸現出來，從初嫁少婦一直演到老年，透過傳統京劇的表演手法淋漓盡致地將曹七巧渴望、失落、壓抑的情緒和意識展現在舞台上。

從《金鎖記》可以看到魏海敏不同的藝術道路，透過從藝30多年的經歷，對京劇的承傳與創新有了新的認識，京劇的傳承與創新是如此自然地結合在一起。她認為戲曲的生命不在於一成不變地搬演傳統的東西，而是要開發新的創作空間；傳統與現代、寫實與寫意、程式表演與心理刻畫是既有矛盾又是可以統一的。要吸收前輩藝術家的精華，學習他們的創新精神，從而創造出自己的東西。魏海敏不愧為「當代梅派弟子中最具有創新精神的藝術家」，其實這種創新精神，正是梅蘭芳留下來的最大的精神財富。

三、台灣歌仔戲天王：楊麗花

楊麗花，1944年出生於亂彈北管子弟世家，從小並沒有接受任何正規學校教育。四歲時就上台跑龍套，六歲時首次擔綱演出

「安安趕雞」的「小安安」深受矚目。在母親與劇團的嚴格訓練下，楊麗花舞刀弄槍、劈腿翻滾等基本功底非常紮實。十三歲的楊麗花正式成為「宜春園」歌仔戲劇團的成員，所有演出均以「女扮男裝」小生演出，迅速成為該團的台柱。不久，更以《陸文龍》一劇走紅全台灣，奠定她為「台灣歌仔戲第一小生」的名號。

從1947年就上台演出的楊麗花，不但是1950～60年代的知名的台灣歌仔戲野台戲演員，也是1970年後台灣「電台歌仔戲」、「電視歌仔戲」的創始者。楊麗花優美渾厚的磁性嗓音，清晰純正的地道閩南語，在廣播歌仔戲的放送下紅遍全台灣，錄製了許多膾炙人口的歌仔戲唱片，發行於海內外。2009年首度在台灣黃金八點檔時段，推出在祖國大陸實景拍攝的「洛神」。且更作為「現代劇場歌仔戲」的時代先驅，《漁娘》、《呂布與貂蟬》、《雙槍陸文龍》與《梁祝》的精緻歌仔戲，均是滿票房。楊麗花不僅身兼製作人與導演，積極發展、推廣歌仔戲，還積極培養諸如陳亞蘭、潘麗麗、簡嘉伶、葉麗娜等歌仔戲名伶，使歌仔戲延續發展下去。

第三節　戲曲節漫談

一、中國戲劇梅花獎

中國戲劇梅花獎，始創於1983年，每年評一次。2005年起改為兩年評一次，2007年更名為「中國戲劇獎·梅花表演獎」，是「中國戲劇獎」的子獎項之一，由中國文聯、中國戲劇家協會主辦，是中國戲劇界優秀中青年演員的最高獎項。

十年「文革」浩劫使得中國戲劇舞台蕭條沉寂，演員青黃不接。為了使戲劇表演藝術重新煥發青春，1983年，中國戲劇家協會《戲劇報》（即《中國戲劇》前身）以「梅花香自苦寒來」為寓

意，設立了中國第一個以表彰和獎勵優秀戲劇表演人才、繁榮和發展社會主義戲劇事業為宗旨的戲劇大獎——梅花獎。梅花獎已成為中國最有影響力的戲劇獎，甚至被人譽為「中國戲劇的奧斯卡獎」。

1984年，第一屆中國戲劇梅花獎有15人獲獎，梅花表演獎分為一度梅（名額為20名）、二度梅（名額為2名）和三度梅，即梅花大獎（名額為1名）。隨著中國戲曲、戲劇事業的發展，在實際評選中有所突破，產生了第十七屆出現了5個「二度梅」，第二十三屆同時誕生了2名「梅花大獎」獲得者。

2013年，第26屆中國戲劇最高獎項梅花獎成功在成都舉辦，瀋陽評劇院馮玉萍獲得梅花大獎，至此，中國戲劇梅花獎已經整整走過了30個年頭。

二、電視戲曲蘭花獎

中國電視戲曲蘭花獎，由中國廣播電視協會主辦，電視文藝工作委員會承辦，代表中國電視戲曲最高級別的專家獎項。首屆「蘭花獎」的評選活動從2003年2月份開始，在全國範圍先後有56家電視台提供了116個電視戲曲節目。參評節目涵蓋了黃梅戲、越劇、豫劇、評劇、京劇、呂劇、川劇、秦腔、滬劇、崑曲、柳琴、河北梆子、婺劇、彩調、蓮花落、蒲劇、高甲戲等30多個劇種，薈萃了全國戲曲的經典。自2009年開始，蘭花獎的評選和頒獎活動長期落戶河南省。

第四篇　兩岸綜藝節目

第一章　兩岸綜藝節目發展歷程

　　綜藝節目一直以來都是電視形態中最為重要的電視節目類型之一，也是受到觀眾喜愛最多的節目類型。伴隨著兩岸關係的不斷發展和文化交流的日漸頻繁，兩地之間的節目內容、人才的交流日益增多。台灣綜藝節目至今已有40多年的歷史，人才輩出，各種形態的綜藝節目都得到了充分的發展。而大陸的綜藝節目發展較晚，僅有20年左右的歷史。基於兩岸文化同根同源，語言相通，休閒娛樂趣味相近，這些年來，大陸的電視台紛紛向台灣學習。台灣的綜藝節目，無論是節目形態設計，主持人話語方式，還是前期的策劃，演播廳的設計，後期製作等方面，都對大陸的同類節目有很多啟發和促進作用。

第一節　台灣綜藝節目發展歷程

一、初露鋒芒的電視綜藝

　　1960年代，台灣的電視文藝還不具備綜合的規模。1962年10月開播的「台視」，因技術原因還不能錄影，因此全部的節目都要現場直播。當時最有影響的綜藝節目是由慎芝、關華石製作的《群星會》，以演唱國語歌曲為主。雖然這個節目的表現形式比較單一，單由於當時的台灣電視只有新聞、教育、歌唱節目，所以，《群星會》是娛樂性最高、最受歡迎的節目，1966年到1969年是《群星會》的黃金時代，至今它的主題曲《群星在天空閃耀，百花在地上開放》仍讓四十歲以上的人耳熟能詳，它也是台視最長壽的歌唱節目。同一時期製作的歌唱節目還有專門演唱閩南語歌曲的

《台灣歌曲》和《寶島之歌》等，以及演唱西洋歌曲的《星期之歌》、《爵士新聲》、《星星星》等節目。

隨著科技水平的提高和時代的進步，台灣電視節目也在不斷地變化，其中徐天賜製作的《綠島之夜》，是熔國語、閩南語、西洋歌曲與一爐的綜合性歌唱節目，已經顯示出了綜藝節目的雛形。同時，編導們又在其中加入了歌舞、訪問、魔術、競賽等，逐步向綜藝節目邁進。

隨著「中視」與「華視」的開播，結束了「台視」在綜藝舞台一家獨大的局面，競爭加劇導致了台灣綜藝節目進入一個新天地。第一個具有真正意義的綜藝節目是「台視」在1969年開播的《歡樂週末》，這個90分鐘的節目綜合了歌曲、舞蹈、雜技、相聲等表演形式，場面浩大，轟動一時。此後，「中視」也開辦了《上上下下》、《分秒必爭》、《全神貫注》等綜藝節目，其中最著名的是由包國良主持的《歡樂假期》，它是「中視」的招牌和長壽節目，1970年開播，1989年才結束。此外，「中視」在綜藝節目民族化方面可謂用心良苦，在傳播民族文化傳統神韻上大顯身手。他們在1973年製作了《國劇的欣賞》，一炮打響，在好萊塢國際電視展中獲得「最佳文化獎」，又接連錄製了《中國音樂與舞蹈》、《傳統到現代音樂與舞蹈》等具有藝術特色的作品。

「台視」在競爭的壓力下開闢新途徑，他們率先走到戶外去拍攝綜藝節目，以青山大海為背景，攝製了大型綜藝《翠笛銀箏》，所到之處人山人海。在1970年代初，「台視」還推出了具有濃厚文藝氣息的《銀河漩宮》，以訪問文藝界前輩而著稱。其中由張小燕、孫越合演的《橋》更是令人難忘，首開在綜藝節目中加入短劇之風。

「華視」也同樣在開播不久就在綜藝節目上大下功夫，他們推出的音樂節目以幽雅的氣氛和優美的畫面取勝，如《晚安曲》、

《四頻道》等，不僅受到了觀眾的喜愛，也受到了音樂界的好評。不久，他們也推出了走向陽光與綠野的戶外節目《陽光·綠野·攝影棚》，以及洋溢著輕鬆活潑、充滿田園之樂和風光之美的綜藝節目《翠堤春曉》，令觀眾耳目一新。

在這一時期，台灣當局於1965年設立了「廣播電視金鐘獎」，激勵廣播電視從業人員創新求變，提高節目的品質和質量。這一獎項的設立對於推動台灣本土節目發展、擴大節目影響、培養和鼓勵電視人才等方面造成了非常巨大的作用。

二、形態各異的電視綜藝

1970年代末80年代初，台灣經濟迅速發展，從而促進了電視業的繁榮，其間，電視綜藝節目的形態日臻完善，綜藝節目樣式複雜多變。這一時期主要的節目類型有：

1. 拼盤式綜藝節目

所謂拼盤式綜藝節目是指節目中薈萃各類節目之精華，創造出雜燴、拼盤之綜藝形式。比較有代表性的包括：「台視」創辦的由張艾嘉主持的《幕前幕後》，首次將電視人幕後的酸甜苦辣搬上銀幕，讓觀眾一睹為快。還有陶大偉、夏玲玲等主持的《小人物狂想曲》，以短劇為架構，幽默新穎。《電視街》內容紮實，形式新穎，單元眾多，一經播出便獲得了觀眾的認可；「華視」的代表作是1979年開播的《綜藝100》，這個節目長度為100分鐘，熔歌舞、短劇、雜技於一爐，做到常演常新。這個節目一直持續播出到1984年，受到觀眾的厚愛，使「華視」贏得了「綜藝看華視」的美譽，並連續獲得三年的「金鐘獎」。「中視」則推出喜劇性拼盤

節目《黃金拍檔》，由張菲等五位活寶式主持人主持，懸念逗趣，天馬行空。

2. 帶狀綜藝節目

帶狀綜藝節目是指一週連續播出四次以上的節目。1980年代，有三個響亮的帶狀綜藝節目出現，分別是「華視」的《連環泡》、「台視」的《強棒出擊》與《天天開心》。此後，湧現出一系列的帶狀節目《女丑劇場》、《今晚有約》、《綜藝萬花筒》等。它們以強勁密集的攻勢、天天連續播出的形態，占據有利地位，造成相當的聲勢。

3. 談話類綜藝節目

1980年代後期，為探索各類社會問題、生活問題和疑難問題而興起的談話型的綜藝節目，成為綜藝新寵。這些節目邀請當下矚目的新聞人物、名人名嘴、影視明星到現場，和現場觀眾或透過熱線的方式，全方位討論社會及家庭婚姻等諸多問題。這些節目親切自然，有內容有品位，一亮相就收到觀眾的喜愛。其中，「中視」的《女人・女人》是談話綜藝類節目的佼佼者，也是專門為女性設計的節目，其中的很多內容大膽辛辣又富有一定的意義。此外，「華視」的《婚姻・婚姻》也同樣受到好評。

4. 遊戲競技類綜藝節目

為適應台灣社會發展變化的快節奏，各家電視台紛紛推出遊戲競賽型節目，這些節目集知識性、趣味性與娛樂性於一體，驚險刺

激，長盛不衰。其中比較有代表性的包括「台視」的名牌節目《五燈獎》《大遊戲》《綜藝龍虎榜》；「中視」的《大家一條心——全民趣味運動》、《歡樂假期》；「華視」的《大精彩》、《對對碰》、《趣味大對抗》等等。

三、創新求變的電視綜藝

1990年代，就台灣本土的媒體環境來講，隨著有線電視等新媒體的加入，市場競爭更加激烈，過去拼盤的模式、逗笑的內容，在很長一段時間內引起了觀眾的審美疲勞，為挽回頹勢，各家電視台的綜藝節目紛紛進行大刀闊斧的改革，千方百計進行創新。

1. 推陳出新創辦新節目

「中視」推出以歡樂為招牌的系列節目，從《歡樂假期》、《歡樂街》到《歡樂星期五》、《歡樂喜碰碰》等等；「台視」在節目中側重重新定位，堅持自己的風格，其中，張菲、費玉清主持的《龍兄虎弟》獲得1994年的收視冠軍；「華視」特別注重節目的企劃和製作，《綜藝萬花筒》、陶晶瑩主持的《全家樂》等都很和諧新穎。

2. 名牌節目常變常新

台灣歷史上最長壽的節目《五燈獎》推出新的比賽單元；「台視」的《我愛紅娘》、「華視」的《連環泡》、「中視」的《歡樂100》都推出新的環節和內容；台灣名牌節目、在大陸流行甚廣的《非常男女》也都不停改版，追求常變常新。

3.面向全球拓展視野

在面向台灣的同時,很多電視台放開視野,爭取在更廣闊的舞台中吸引觀眾。「中視」推出《發達一族》,介紹全球各地稀奇古怪的職業;這時,各種境外旅遊節目也不停出現;《超級星期天》也走出國門,採訪了當紅歌星瑪丹娜。同時,一些介紹大陸文化和風光的節目也受到歡迎,像是《大陸尋奇》、《海棠風情》等等。

4.加強與大陸的交流合作

近年來,隨著網路的發達,越來越多的台灣節目傳播到大陸,受到了很多觀眾的喜愛,如《綜藝百分百》、《我猜我猜我猜猜猜》、《超級星光大道》、《康熙來了》、《大小愛吃》、《全民最大黨》、《國光幫幫忙》、《王牌大賤諜》、《大學生了沒》等等,隨著這些節目的躥紅,主持人們也都成為了大明星,如大小S、蔡康永、吳宗憲、陶晶瑩、阿雅、羅志祥等等。先是主持人們紛紛來大陸發展,2000年後,台灣的電視人也不斷加強和大陸的合作與交流,2010年,由金牌製作人王偉忠和詹仁雄打造的《幸福晚點名》與《華人大綜藝》紛紛登陸江蘇衛視、東方衛視等大陸電視台,台灣的綜藝模式正在和大陸尋找更大的合作空間。

第二節　大陸綜藝節目發展歷程

海外的綜藝節目起步相對較早,對於台灣與大陸的娛樂節目發展都有深遠的影響。早期台灣的綜藝節目受到日本和西方的影響很多,而大陸的綜藝節目又是對港台節目的模仿。例如,《快樂大本營》就是模仿香港的《綜藝60分》,在全國上下掀起一股「快

樂」熱；後來的《玫瑰之約》也是借鑑台灣的《非常男女》引導了一場「婚戀熱」；被觀眾喻為「平民狂歡節」的《超級女聲》、表現普通人實現夢想過程的央視的《夢想中國》與《非常6+1》都借鑑的是美國的《美國偶像》等同類節目。大陸的綜藝節目經歷了幾個過程，也在朝著品牌化與國際化的方向前進。

一、以綜藝節目為主的階段

最早的綜藝節目出現在香港和台灣，大陸內地的綜藝節目起步較晚，1980年代才初見端倪，中國內地電視綜藝節目真正受到關注是從1983年起舉辦的中央電視台春節聯歡晚會和1990年開播的《綜藝大觀》開始的。

1983年的央視春節聯歡晚會在全國引起的轟動，是現在任何一個電視節目都無法與其相比的。也就是從這一年開始，除夕之夜看春節聯歡晚會成了中國家庭和吃年夜飯、放鞭炮一樣必不可少的事情。

這一階段的電視娛樂節目內容以傳統的專業歌舞和曲藝為主，明星表演、觀眾觀看，節目形式比較固定，雖然有時也出現主持人向觀眾問話等環節，但觀眾基本不能主動參與到節目之中，與觀眾有較大的距離。內容缺少親和力、形式缺少變化、與觀眾缺少互動成為傳統綜藝節目的硬傷。表演類綜藝節目運作模式即「明星＋表演」。明星是節目的當然主角，由明星的舞台表演是構成節目的主要內容，而各個很少相干的節目之間的串聯則由主持人來完成。與之相對應，傳統表演美學和播音美學決定了表演類綜藝節目的整體面貌與審美形態，「舞台」和「話筒」成為電視觀眾可望而不可及的「神聖」，傳播學意義上與傳者具有互動功能的受眾，也在這裡成為一個純粹的「看客」或「他者」。2004年10月8日，《綜藝大

觀》成為央視綜藝頻道正式改版播出後首批被淘汰的節目之一，擁有14年歷史的《綜藝大觀》被淘汰，改版為《歡樂中國行》，成為中國電視娛樂節目發展史上的一個標誌性事件。

1990年代，經濟發展、人民生活水平的提高直接帶動電視的發展。人民群眾對電視的需求不僅僅滿足於《新聞聯播》的基本資訊、每年一次的春晚，於是，《正大綜藝》應運而生。其全新的互動形式、輕鬆隨意的節目風格、奇妙世界的講述，一下子打開了一扇心靈世界之窗。

二、以遊戲節目為主的階段

1997年，湖南電視台模仿港台節目製作了《快樂大本營》和《玫瑰之約》。此後，大陸以「歡樂」「快樂」和「速配」為主題的節目掀起電視娛樂節目的第二次浪潮。這一階段節目的娛樂性增強，觀眾的參與性和互動性增強，現場觀眾甚至有直接參與節目的機會。各種各樣的遊戲、輕鬆活潑的氛圍曾令觀眾耳目一新，但簡單的遊戲已難以滿足觀眾的需求，其地位很快被以知識競技為主的益智類節目代替。

湖南衛視《快樂大本營》在全國颳起了快樂旋風。李湘與何炅以古靈精怪的造型、機智非凡的對答，霎時虜獲了無數人的笑聲。此節目也是第一個讓明星以常態參與遊戲的娛樂節目。從2004年開始，《快樂大本營》逐漸淡化明星套路，越來越強調海選、真人秀、PK等新概念，突出全民娛樂。

1999年1月2日，北京有線電視台《歡樂總動員》亮相，江蘇衛視推出《非常週末》，福建東南台推出《開心一百》，安徽衛視《超級大贏家》，各大媒體競相搶占這一「娛樂市場」。1999年6月中旬，國家廣電總局總編室在北京順義召開的廣播電視文藝研討

會提供的材料顯示，全國省級電視台辦娛樂節目的有33家，地市級電視台開辦娛樂節目的有42家，之後又有32家電視台開辦或引進了娛樂節目。北京有線電視台開播的《歡樂總動員》，被全國近40個城市的電視台引進播出，全國上下掀起一股「快樂」「歡樂」熱。但是這股熱潮並沒能繼續持續下去，隨著一批批複製節目的出現，「快樂」「歡樂」充斥各個螢幕，觀眾開始對這種無處不在的「純娛樂」節目感到膩煩，收視率在大幅下滑。「你有我有全都有」的狀況使得觀眾產生了嚴重的「審美疲勞」，一些節目逐漸退出了螢幕。

三、以益智節目為主的階段

中央電視台1998年推出的《幸運52》與2000年推出的《開心辭典》是中國內地益智類節目的代表。益智類節目，不僅保留了遊戲闖關等環節，出現了一些知識性與娛樂性兼備的題目，還增加了博彩、參與者與現場及場外觀眾的互動等環節，節目更具親和力。益智類節目受到自身的限制，節目除了在演播室的裝飾和題庫上下功夫外，很難獲得較大的突破。在探索新的娛樂節目時，國內電視業界找到真人秀這一新的突破口。

央視王小丫主持的《開心辭典》和李詠主持的《幸運52》開播之初就受到了很大的關注。豐厚的獎品刺激了觀眾的參與熱情，而地方電視台更是將益智節目發揮到了極致。2002年元旦誕生於上海的《財富大考場》，以創造了最高獎可達22萬元的獎金紀錄而風靡全國40多個城市。湖南的《財富英雄》更是以「千金一題」為廣告：答對5道題5000元，10道題5萬元，15道題50萬元，平均每道題33333.33元。

在「2000年中國電視節目榜」《幸運52》一舉獲得「年度電

視節目」「最佳遊戲節目」「最佳遊戲節目主持人」三項大獎。在首屆大學生電視節上，《幸運52》被評為「最具生命力」的節目之一。如今，《開心辭典》已經沒有當年的輝煌，《幸運52》也停播改版為明星訪談類節目《詠樂匯》。

以智力競猜加高額獎品，從表面看來似乎只是與一些娛樂節目的側重點調了個位兒，加大競猜得獎成分的比重，縮小了娛樂成分的比重，可它恰好迎合了觀眾喜歡刺激性活動的心理，同時競猜節目、益智類節目由於創意、製作的技術門檻不高，引起了地方頻道競相模仿，大有天女散花之勢，全國上下又掀起了一輪「競猜時代」的高潮。如上海衛視《財富大考場》、廣東電視台《贏遍天下》、重慶衛視的《魅力21》、江蘇衛視的《奪標800》等等。

四、以真人秀為主的階段

以廣東電視台的《生存大挑戰》、北京維漢文化傳播公司的《走入香格里拉》等野外生存挑戰類為代表的節目成為國內真人秀的先行者。

2004年《超級女聲》《萊卡我型我秀》和《夢想中國》三箭齊發使選秀類節目初露鋒芒，激烈競爭引起一浪接一浪的發展高潮。2005年是國內真人秀快速發展的一年。其中，以「海選」「全民娛樂」「民間造星」為主要特徵的「表演選秀類真人秀」成為最大贏家。《超級女聲》2004年的報名人數為5萬，2005年迅速飆升到了12萬，光成都賽區就達到了4萬人。「新娛樂」也成為湖南衛視在2004年隆重推出的口號，所謂「新娛樂」就是改變以往明星娛樂大眾的方式，變成大眾娛樂大眾。此外，《夢想中國》和《萊卡我型我秀》都取得了不俗的收視成績。同時，一批職場真人秀節目如東方衛視的《創智贏家》也發展起來，開始引發人們的

關注,成為國內真人秀節目的又一大熱門。此外還有《非常6＋1》《星光大道》《快樂男聲》《快樂女聲》《加油！好男兒》《絕對唱響》《化蝶》《第一次心動》等。透過自身的探索和借鑑境外的相關節目,真人秀節目迅速發展起來,目前已經成為中國內地娛樂節目的主流。

五、以版權引進節目為主的階段

2010年的《中國達人秀》,才開始正式告訴大家有「引進國外節目版權」這回事。由此,幾乎是一夜之間,大多數衛視的拳頭節目多了一個前綴形容詞——「引進自國外版權」,包括2012年火爆銀幕的《中國好聲音》,2013年湖南衛視的金牌節目《我是歌手》。從最初的「山寨」到如今的花重金買版權,中國電視人往前邁了一步。

《中國達人秀》的成功,讓國內不少衛視看到透過節目版權引進增強自身競爭力的曙光。隨後,《激情唱響》、《我愛我的祖國》、《以一敵百》、《夢立方》、《年代秀》等一批引進版權的節目湧現。縱然「購買海外模式」已成為各衛視招攬收視的法寶,但從各家衛視的收視成績看,同樣是購買國外版權的節目卻有著「冰火兩重天」的境遇。與《中國好聲音》的火爆相比,許多節目反響甚微。從長遠角度來看,如何能夠讓節目製作得又好看又接地氣是目前所有綜藝節目面臨的最大問題,觀眾們期待看到好的綜藝節目,更期待看到由中國本土製作公司做出的「中國好綜藝」。或許當我們不是一味輸入,而是開始輸出的時候,電視行業的春天也許才算真正到來。

第二章 兩岸經典綜藝節目介紹與比較

第一節 大陸綜藝節目的代表

1.湖南衛視《快樂大本營》

主持人：快樂家族（何炅、謝娜、李維嘉、杜海濤、吳昕）

2.湖南衛視《天天向上》

主持人：天天兄弟（汪涵、歐弟、錢楓、田源、俞灝明、矢野浩二、金恩聖）

3.安徽衛視《說出你的故事》

主持人：陳魯豫

4.湖南衛視《背後的故事》

主持人：何炅、張丹丹

5.浙江衛視《我愛記歌詞》

主持人：華少、朱丹

6.湖南衛視《勇往直前》

主持人：李銳、曹穎、杜海濤等

7.江蘇衛視《時刻準備著》

主持人：彭宇、陳漢典、李響等

8.浙江衛視《我是大評委》

主持人：華少

9.中央三套《星光大道》

主持人：畢福劍

10.安徽衛視《劇風行動》

主持人：歐弟等

第二節　大陸經典綜藝節目介紹

一、永遠不敗的收視王牌——《快樂大本營》

　　由湖南衛視製作的綜藝節目《快樂大本營》從1997年開播直至2012年，長達15年的時間，依然為大陸最火爆的綜藝節目。它

不僅在大陸掀起了一波又一波的快樂狂潮，而且成為各家電視台綜藝娛樂節目模仿和學習的範本。如今，它已經形成了自己的特色與品牌，也是引領大陸綜藝節目發展方向的風向標。

《快樂大本營》誕生於1997年7月11日，以清新、自然、真實、健康及具有一定知識含量為內容定位。形式上以娛樂性為主，包容文藝、遊藝、新聞、訪談、獵奇、絕技等於一體，融知識性、趣味性於其中，強調貼近生活、貼近群眾。

在節目創辦初期，以娛樂休閒為主導，設有「精彩二選一」「快樂傳真」「心有靈犀」「火線衝擊」等遊戲環節，特別注重參與性，既有場內嘉賓和觀眾的現場參與，又有場外電視觀眾的熱線參與。從2004年開始，節目開始確立以階段性活動為亮點，以普通觀眾為主角的節目改版方向，淡化「大綜藝」的明星套路，逐步嘗試「海選」「真人秀」「現場PK」等「泛娛樂化」的新概念。

2005年，《快樂大本營》雖然經歷了更換主持人風波，但仍保持著比較良好的發展軌跡，重新組合而成的「快樂家族」不僅保留了節目創立時期的主持人何炅與節目發展期培養的主持人李維嘉、謝娜還加入了新生代主持人杜海濤和吳昕，他們風格各異、取長補短，以「群聊」式的方式開創了大陸綜藝節目主持人群的先河。這一年，它被《新週刊》評為15年來中國最有影響力的電視節目之一。

2007年，《快樂大本營》全新創意的主題型綜藝節目，突出了「全民娛樂」的新概念，為普通觀眾或草根團體、組合打造了一個展現個性的「全民娛樂」平台和分享快樂的機會，同時也極力為電視機前的觀眾推介時尚、新奇的文藝表演形式，傳遞「快樂至上」的娛樂精神，突出了以觀眾為主體的「娛樂天下」的節目宗旨。2007年《快樂大本營》擊敗全國數十台大型綜藝節目，勇奪由騰訊網組織網民投票選出的「2007年度最受歡迎綜藝節目

獎」。

2008年以來，《快樂大本營》節目形式轉為主要邀請偶像明星來參與遊戲、訪談、互動遊戲等。因此改動而使大本營的收視率節節高升。2008年《快樂大本營》獲得年度亞洲電視節最佳綜藝節目大獎，成為中國世界紀錄協會2009年度中國收視率最高的電視綜藝娛樂節目。

根據央視索福瑞公司有關調查，目前《快樂大本營》年輕觀眾數量眾多，24歲以下觀眾比例為36％，同時輻射各個群體，45歲以上觀眾比例也超過28％。女性觀眾比例在頻道節目中居第1位，已達到60％。從1997年令全國觀眾刮目相看的「快樂旋風」開始到目前全國綜藝節目在螢幕上遍地開花、異彩紛呈，十幾年來，《快樂大本營》不僅是中國電視界綜藝娛樂節目的領頭羊，已經當之無愧成為中國億萬觀眾娛樂生活的一部分。《快樂大本營》的成功有如下理由：

首先，定位快樂受眾明確。

《快樂大本營》開始就是以「快樂」定位，以此來娛樂大眾，讓那些忙碌了一週的觀眾們能在節目中找到快樂，放鬆身心。其實「快樂」本來就是人人都嚮往的一種生活態度，也是生活幸福的一種表現，是人人都想追求的東西，所以《快樂大本營》拋出快樂概念，必然會引起受眾的關注和持續的支持，因為快樂對於人們來說是永遠都不會過時的時尚概念。《快樂大本營》的「張揚快樂，張揚個性，張揚青春」的理念，牢牢地抓住了年輕受眾群體的心，使得《快樂大本營》成為年輕人每週的必備話題。同時該節目的這一定位，直接導致湖南衛視「快樂中國」理念的形成和發展，其已經成為湖南衛視的典範，並且將其概念擴大到整個湖南衛視，讓快樂中國成為電視台的標誌，這也是湖南衛視領先於其他兄弟電視台的重要原因之一。

其次，充分發揮主持人的明星效應。

《快樂大本營》將「快樂家族」的每一人都包裝成「明星」，每一個人都有自己的「粉絲」，這就使得《快樂大本營》的主持人陣容本身就已經具有強有力的吸引力，因為他們自身已經有一定的影響力和號召力，本身就成為了收視率的保證。同時由這些主持人來主導整個節目的進程，也使得現場的娛樂氣氛到達最大化。還有就是每個主持人的風格不同，「各有特色」這也使得主持人陣容得到觀眾的認可。特別是何炅和謝娜的主持風格明顯，是其他主持人難以複製的，這直接使得整個節目形式難以被其他綜藝節目複製，因為主持人成為了節目的關鍵，成為了一期節目當中，除嘉賓之外的核心人物。

二、迅速崛起的娛樂新貴——《天天向上》

湖南衛視推出的大型脫口秀節目《天天向上》是一檔以展現普通人性格魅力為主要目的，地域風土人情為輔助背景，探訪搜奇為敘事噱頭，藝術表演為基本表現對象，主持訪談為引領挖掘手段，記錄、遊戲、互動相結合的綜合性的大型、系列綜藝節目。其節目資源豐富多彩，平民性、草根性、原生態是節目的一大亮點，同時借助中華傳統禮儀的直觀外殼，運用插科打諢式的脫口秀節目方式，在嬉笑怒罵的現場氛圍中巧妙地將大眾文化與傳統文化進行整合，使節目具有深遠的立意和深度的內涵。2008年8月份開播至今，該節目採用全國第一支偶像男子團體的概念，用各種形式來傳播中國千年禮儀之邦的禮儀文化。節目氛圍歡快輕鬆幽默，受到廣大觀眾的好評，有較高的收視率。

　　在2008年《新週刊》的中國電視榜的評比中，《天天向上》就榮獲了年度最佳娛樂秀，《天天向上》主持人群榮獲最佳娛樂秀主持人，歐弟獲年度新人；2009年度綜藝節目及電視人評選活動中，《天天向上》成為最大贏家，囊括了網友最喜歡的電視節目、12大年度節目、年度主持人（汪涵）、年度製片人（張一蓓）等四個獎項。除了受到業內人士的肯定外，《天天向上》在運作一年之後，迅速上位，成為湖南衛視的又一檔主打節目，其收視率直逼已有十幾年積蓄之功的《快樂大本營》。

　　首先，節目的定位獨特準確。

　　2008年開播的《天天向上》定位在傳播中華禮儀文化，讓世界認識真正的中華民族傳統美德與禮儀風範，讓觀眾在開懷大笑之餘，感受中華傳統美德的精髓並借此發揚光大。其開場如同大型晚會，主持人與嘉賓載歌載舞，進而邀請各個行業、不同身分的嘉賓參與脫口秀娛樂訪談，並穿插歌唱、舞蹈、情景表演、與觀眾互動等形式，展現不同嘉賓的職場風采、人性魅力，潛移默化地傳播中國千年禮儀之邦的禮儀文化。

此外，《天天向上》節目堅持草根文化，拒絕明星的參與，而是把炫亮的舞台交給各行各業的普通人，這些來自不同國度、省份、職業、年齡層次的嘉賓，帶著各自行業的風采，在舞台上悉數展現職場風度與人格魅力。其職業的陌生化效果對觀眾具有極大的吸引力，比如國際廣播電台播音員、外國譯製片配音演員、微軟公司、百度公司、中國刑警學院警務戰術訓練隊、《正大綜藝》外景主持人、大學生村官、解放軍藝術學院、中醫大學高才生、平面模特、鋼鐵廠拔河隊、國家羽毛球隊等，這些平時我們不瞭解、不熟悉的行業精英，成為《天天向上》最大的亮點，每個人都有自己獨特的魅力，或睿智，或幽默，或憨厚，或狡黠，在介紹自身職業祕密的同時將自己的性格魅力展露無遺，有人酷得徹底，有人炫得耀眼，有人靈氣逼人，有人憨態可掬。正所謂「藝術來源於生活，又高於生活」，《天天向上》善於挖掘民間智慧，把普羅大眾請上表演的舞台，既使節目資源愈加豐富多彩，也充分展現了「陌生化」的藝術審美效果，平民性、草根性、原生態是節目的一大亮點。

其次，充分展現脫口秀的魅力。

《天天向上》開啟新一輪脫口秀節目形態，它既秉承脫口秀節目的娛樂特質和搞笑幽默的風格，同時又以嶄新的形式設計和內容建構將脫口秀推向新的發展方向。《天天向上》採取演播室主持人與觀眾「同呼吸，共欣賞」的播出形式，這既保證現場溫馨、融洽的氛圍，也給主持人的臨場發揮提供了背景條件，並規避了類似《東方夜譚》由主持人單打獨鬥、容易讓觀眾產生審美疲勞的弊病。《天天向上》打破了以往由俊男靚女搭配主持或者某一位資深媒體人士單一主持的套路，打造了國內第一支清一色男性的主持團隊，該團隊七位成員各有特色，配合默契。「團長」汪涵是掌控現場和推動節目進行的軸心，其老謀深算、妙語連珠、詼諧機警，不經意間摻雜進揶揄、調侃、娛樂的因素，並將自己的人生感悟融入到與嘉賓的閒聊中，讓觀眾在笑得前仰後合之際，又有所收穫，充

分顯示其大氣、睿智、理性的主持特色。歐弟才藝出眾，善於抓住談話的間隙見縫插針地表演情景劇或者才藝，既是和嘉賓的良性互動，又使得節目鮮活有趣；而錢楓的冷笑話和經常被主持人調侃的「大腦袋」以及田源的臨場吟詩作對、俞灝明的帥氣與歌聲、矢野浩二與小五不太流暢的中國話，都無疑使這檔融合了傳統噱頭與時尚笑料，既有嘉賓訪談，又有才藝表演和模仿演繹的《天天向上》成為綜藝大雜燴。

第三節　台灣綜藝節目的代表

1.《康熙來了》

主持人：蔡康永、徐熙娣

2.《我愛黑澀會》

主持人：黑人（陳建洲）

3.《模范棒棒堂》

主持人：范瑋琪

4.《女人我最大》

主持人：藍心湄

5.《娛樂百分百》

主持：小豬和小鬼

6.《超級星光大道》

主持人：陶晶瑩

7.《大小愛吃》

主持人：大S、小S

8.《我猜我猜我猜猜猜》

主持人：吳宗憲、侯佩岑

9.《國光幫幫忙》

主持人：孫鵬、庹宗康、屈中恆

10.《王牌大賤諜》

主持人：梁赫群、黃國倫

第四節　台灣經典綜藝節目介紹

1.兩岸人氣最高的綜藝節目——《康熙來了》

《康熙來了》是台灣省當紅的一檔娛樂節目，由中天綜合台主辦。節目邀請台灣當紅明星來到節目當中，透過訪談讓人瞭解藝人不為人知的一面。多才多藝的小S加上知識淵博的蔡康永，穿插搞笑元素，在知性與理性的對話中瞭解明星的幕後故事。

《康熙來了》的名字取自主持人蔡康永與小S徐熙娣名字中的兩個字而拼成。每晚收視率為1.2%～1.3%，每週吸引了超過500萬觀看人次，是台灣收視率最高有線電視台綜藝節目。《康熙來了》給了主持人相當大的發揮空間，這也保證了他們「怪」的特色能夠充分發揮。完全即興的提問和無底線無禁忌的話題讓現場總是驚喜爆笑的場面迭出。

每集都採訪一個潮流知名人物，並以這位嘉賓為軸心，另外邀請與他們的好友、幕後工作夥伴如化妝師、場務、嫲母等三人作現場「爆料」嘉賓。主持人毫不留情地發問，揭露嘉賓心深處的祕密，加上三位「爆料」嘉賓背後起底，說出知名人士的生活陋習、

不修邊幅的品性、心靈隱私和出道前的窘態笑話，讓你看到被訪者不為人知、在鏡頭以外的真我個性，也許是笨拙的，是無聊的，是狂放的，也許更是觀眾最感興趣的一面。曾經被訪問過的嘉賓包括文壇才子李敖，亞洲小天王周杰倫，人見人愛的「仔仔」周渝民，台灣性感女神田麗，綜藝天王吳宗憲、超級歌手張學友、張宇、任賢齊、齊豫、蕭亞軒等；還有少男殺手蔡依林、香港壞男孩謝霆鋒和玉女梁詠琪等。在後期的《康熙來了》節目中，往往不再邀請大牌明星，而是每期出現一個主題，請台灣一些娛樂節目中走出來的藝人、網路紅人、大嫂團或是模特等等進行多人訪談。這些俗稱為「綜藝咖」的藝人們通常幽默搞笑、多才多藝，同時尺度更為開放，為節目增加了活躍與生活感。他們包括最近非常走紅「hold住」姐、趙哥、小鐘、小甜甜、沈玉琳等等，其中很多主題也非常受歡迎，如藝人現場卸妝、明星交換禮物或是《康熙來了》街頭調查等等。

　　《康熙來了》的成功主要得益於兩位主持人的表現，節目中兩人的角色與節奏把握得天衣無縫。小S古靈精怪，但刁鑽大膽，勢要「恃勢凌人」，伺機大揭嘉賓的瘡疤，搶盡風頭；蔡康永則敏銳犀利、機智幽默，逮住「爆料」供詞不放，讓來賓心跳加速、冷汗直冒，上演真情「脫口秀」原形畢露。觀眾看得頻頻大呼過癮，爆笑連連，場面隨時不受控制，節目天馬行空，妙語如珠，卻又痛快淋漓，嘉賓什麼收放自如、從容不迫的外殼都得一一褪去。

　　雖然辛辣、大膽、無底線是《康熙來了》的招牌特色，但與許多綜藝節目虛偽的煽情不同，貌似很辛辣沒有尺度的「康熙」遵循著他們的道德底線——那就是每個名人的「痛處」。在來賓訪談之前，他們第一個問題就是：你有哪些東西不想談？即使是以大膽出位和無厘頭風格著稱的小S，其實也在遵循著「康熙」共同的底線，絕對不會問出讓來賓真正尷尬的問題。正是上述諸多風格使《康熙來了》一直以來不單單受追星族們的喜愛，更受白領和知識

階層的青睞。當然，單單依靠獨樹一幟的風格還是不能走紅那麼久。《康熙來了》從開播以來就沒有把節目定位在「純娛樂」中，而是刻意營造「製作話題者」的形象。比如除了一般娛樂節目的大牌明星，「康熙」的來賓更包括李敖、吳淡如這樣的作家文人；陳文茜這樣的政治狂客亦是才女；許純美這樣個性張揚的台灣億萬富豪，蔣友柏這樣的豪門王子，李昌鈺這樣的法證大家，甚至連連戰、馬英九、呂秀蓮這樣的政治人物也曾被邀請到節目中接受訪問。從某種意義上，這些人物的訪問既是節目品位的提升，更是人文關懷的體現，可以說，《康熙來了》用自己的獨有風格來逐漸改變觀眾的欣賞取向，而並不簡單地迎合和取悅大眾。這也使「康熙來了」既受大眾追捧，也被精英們所喜愛，從而創造出了其他電視節目所難以企及的獨一無二的新消費群體。

隨著網路的發達，《康熙來了》獲得了更多網友的支持。台灣東森網曾有一個綜藝節目投票調查，結果顯示，《康熙來了》以65.07%的支持度，成為網友心目中最佳綜藝節目。在大陸地區，《康熙來了》超人氣受歡迎度甚至超過了台灣，這當然歸功於眾多視頻網站。比如，從2008年開始，《康熙來了》正式授權給土豆網播出之後，長期占據搜索排行榜土豆熱門前三名，而在優酷網中，「電視節目類」點擊排行榜上，《康熙來了》多年來占據第一；不光是點擊觀看排名靠前，許多網民還將《康熙來了》下載保存，在中國內地最大的BT下載網站中，《康熙來了》亦長期占據熱門排行下載前十的位置。可以說，依託網路，《康熙來了》自播出以來就在內地風靡，其受歡迎度至今有增無減。

2.播出壽命最久的綜藝節目——《我猜我猜我猜猜猜》

《我猜我猜我猜猜猜》是「中國電視公司」播出的電視綜藝節目，1996年7月4日開播，目前仍在播出中。2010年5月15日播出第700集，成為全台灣播出時間最長的綜藝節目。2010年6月22日

吳宗憲請辭「中視」的《我猜我猜我猜猜猜》，由庾澄慶、Selina接替，為製播14年的節目注入新活力。

自1996年8月開播以來，《我猜我猜我猜猜猜》就一直高居台灣綜藝節目收視率前幾名，其受歡迎程度多年不減，被視為台灣綜藝節目收視率的一個奇蹟。主持人吳宗憲，現在已成為台灣本土的綜藝天王，他機智幽默，反應奇快，常常出人意料，良好地凸顯了節目的娛樂品質。

聲勢浩大的《我猜我猜我猜猜猜》在台灣播出時，收視曾一度為全台灣最高，傲視同群，成績驕人。節目每集都會邀來男女嘉賓，包括梁詠琪、安雅、袁詠儀、張智霖、林炫、黃品源和劉恆等。節目單元有「真的假不了」、「人不可貌相」、「久久神功」、「小聰明大發現」及「老王賣瓜」等，各有特色，娛樂性豐

富。其中「真的假不了」是最受好評的環節，每次請來奇人介紹奇事，不可思議，需要觀眾開動腦筋。

《我猜我猜我猜猜猜》最大的節目特色就是「年輕」，早期的節目是以新舊人類對立為題，主持人吳宗憲，後來不論是布景、內容、主持人都改走年輕路線，開始大受新新人類歡迎。尤其是「腦內大革命」、「猜不常見的成語」等幾個單元，立意甚佳，有趣又富教育性，屢創收視高峰，相當難得。其中「人不可貌相」環節還是造就《我猜我猜我猜猜猜》高收視率的招牌單元，這個單元從普通觀眾中找出有可塑能力、表演慾望的男孩女孩，予以包裝後上台亮相，這些男孩女孩不僅要回答吳宗憲各種刁鑽古怪的問題，還要載歌載舞，進行各種表演，頗能抓住觀眾的眼球。

2010年4月由於「中視」《我猜我猜我猜猜猜》收視率率偏低，主持人阿雅也宣布請辭，為拯救收視率，製作單位將調整節目單元，內容做全新改版，推出「一見不鍾情」單元，找來漂亮女孩與藝人做交友配對，也請到S.H.E.錄製「先生你哪位」單元，另外主持人吳宗憲也嘗試外景單元，將把《我猜我猜我猜猜猜》的主題擴展到室外，讓觀眾能收看到更不一樣的節目內容。

吳宗憲請辭「中視」《我猜我猜我猜猜猜》後，新版《我猜》主持人以哈林、Selina呼聲最高，「中視」希望兩人擦亮綜藝老字號。

《我猜我猜我猜猜猜》節目取勝的法寶之一是有甘於犧牲個人形象的主持人。無論是《我猜》開播早期的吳宗憲＋ASOS，還是近幾年的吳宗憲配阿雅，我們都可以看到《我猜》主持人的一貫風格：不惜個人形象。吳宗憲可以不顧自己主持界一哥的身分高唱閩南語老歌加RAP，也可以在年輕人跳街舞的時候搶著鏡頭展現他「活潑的中年人」形象；無論是小S還是阿雅和吳宗憲的配合都默契十足，她們完全不顧美女的形象和憲哥同台瘋狂，可以是帶著牙

套扮性感，也可以是動手動腳情歌對唱。不無誇張地說，如果《我猜》少了吳宗憲的搞笑與機智，那便不會有持續紅到今日的《我猜》。

法寶之二是娛樂至上的猜謎性。《我猜》主要分為兩個環節：「真的假不了」和「人不可貌像」。真的假不了主要是從三個來賓中選出作假的一個，「人不可貌像」則是從五位帥哥或美女中選出與眾不同的一人。猜謎的結果並不重要，就算猜錯嘉賓也只是被噴乾冰，節目真正的看點在於推出新人以及介紹奇人奇事。在此基礎之上，配合吳宗憲的八卦、搞笑與某些寓意深刻的有色笑話，真正造就了《我猜》的純娛樂性質。

法寶之三為與觀眾無距離互動。與中央電視台寬敞的演播廳不同，《我猜》的錄製棚只有小小的一塊地，而且地上還圍坐滿了台灣某些高校的學生，以至於吳宗憲可以拉著一個男生的手說「你不要拉我，你讓我去死」，也可以讓他調侃看帥哥看得流口水的女生們。這種效果很好，不僅為搞笑增加了來源，也拉近了節目與觀眾之間的距離。《我猜》的另一大特色，是吳宗憲與樂隊老師阿咪天衣無縫的配合。吳宗憲搞笑的主要手段基本上得力於阿咪，阿咪可以在吳宗憲唱歌跳舞之前就給出合適的曲子及節奏，其準確率之高以至於我們看到的是沒有吳宗憲不會唱的歌，沒有吳宗憲找不到拍子的舞。

以上的這些造就了《我猜》在台灣曾經創下的最高收視紀錄以及長達十幾年的經久不衰。

國家圖書館出版品預行編目(CIP)資料

兩岸大眾文化比較 / 趙淑梅、王書洋、唐淑宏、張雪英 著. -- 第一版. -- 臺北市：崧燁文化，2018.12

面； 公分

ISBN 978-957-681-659-8(平裝)

1.文化研究 2.兩岸交流 3.文集

541.2807　　107021625

書　名：兩岸大眾文化比較
作　者：趙淑梅、王書洋、唐淑宏、張雪英 著
發行人：黃振庭
出版者：崧燁文化事業有限公司
發行者：崧燁文化事業有限公司
E-mail：sonbookservice@gmail.com
粉絲頁　　　　　網　址：
地　址：台北市中正區重慶南路一段六十一號八樓815室
8F.-815, No.61, Sec. 1, Chongqing S. Rd., Zhongzheng Dist., Taipei City 100, Taiwan (R.O.C.)
電　話：(02)2370-3310　傳　真：(02) 2370-3210
總經銷：紅螞蟻圖書有限公司
地　址：台北市內湖區舊宗路二段121巷19號
電　話：02-2795-3656　傳真：02-2795-4100　網址：
印　刷：京峯彩色印刷有限公司（京峰數位）

　　本書版權為九州出版社所有授權崧博出版事業股份有限公司獨家發行電子書繁體字版。若有其他相關權利及授權需求請與本公司聯繫。

定價：600 元
發行日期：2018 年 12 月第一版

◎ 本書以POD印製發行